知識と文化の経済地理学

松原 宏 編著

古今書院

はしがき

　昨年の夏,経済産業省の『経済産業ジャーナル』に,「インタンジブルなものへの挑戦」と題した巻頭言を書かせていただいた。工場の立地件数や地域経済の成長率など,数値情報が飛び交う実物経済の世界に身を置いていると,そこから少し距離を置いて,背後にある不可視的で捉えにくい事象に惹かれることがある。狭義の経済地理学の枠を飛び越えて,経済地理学の対象を思い切り広げてみたい,本書はそうした思いを起点にしている。

　インタンジブルなものとして,本書では,知識と文化を取り上げている。知識については,これまでも知識フローの可視化や地域イノベーションの実態把握にチャレンジしたことがある。一方「知識経済の時代」にあって,技術の重要性を思うところがあり,本書では進化論的な技術軌道の議論に着目し,工業地域の再編を論じている。これに対し,文化の経済地理学は,全く新しい分野であり,手探り状態からのスタートといえる。本書では,広告や映画などの文化芸術産業の地理的集積を分析することを通じて,あるいはまた,祭りやまちづくりなどの文化的事象を,地方創生という政策的な領域に絡ませることで,文化と経済地理との橋渡しを試みている。

　本書は,全体を概観した序章に続き,知識に関わる前半（第Ⅰ部,第Ⅱ部）と文化に関わる後半（第Ⅲ部,第Ⅳ部）,あわせて16の章から成る。第Ⅰ部は,科学的知識に焦点を当て,第1章では,多国籍企業のグローバルR&Dに関する既存研究の整理と課題の提示がなされ,続く第2章では,日系電機メーカーによるグローバルR&Dの戦略的な配置の論理が明らかにされている。第3章ではパリ,第4章ではミュンヘンの知識集積が取り上げられ,それぞれフランスのクラスター政策,ドイツの「対ベンチャー観」の変化との関係が論じられている。

　これに対し第Ⅱ部では,ものづくり産業の技術蓄積や継承,技術移転に視点を移しながら,日本の工業集積地域の変化が検討されている。第5章と第6章では,ともに日本の造船業を取り上げ,第5章では今治市における造船業集積が維持されてきたメカニズム,第6章では長崎市と佐世保市における造船業からのスピンオフの対照性が明らかにされている。また,第7章では鉄道車両工業,第8章では米菓産業,ともに研究成果が希少な業種が対象とされ,それぞれサプライヤーシステム,地域イノベーションと地域に定着した技術との関係が論じられている。

後半の第Ⅲ部は，文化芸術産業の集積と地理的環境に関わる 4 つの章から成り，第 9 章では東京，第 10 章では上海の広告産業が取り上げられ，両都市での広告産業集積の特徴やクリエイターの特性などが比較可能となっている。続く第 11 章と第 12 章では，自治体によるパブリックアート施策，映画のロケ地選定とフィルムコミッションといった芸術に関わるテーマが対象とされ，芸術家や映画関係者の創造性と受け入れ側の地域との関係性が論じられている。

　最後の第Ⅳ部では，より幅広い文化的事象が対象となり，日本の地方都市の活性化との関係が分析されている。第 13 章では北東北の県庁所在都市である青森市と秋田市，第 14 章では古くからの企業城下町である倉敷市と日立市が取り上げられ，それぞれ都市祝祭，産業遺産の分析を通じて，都市間比較がなされている。また，第 15 章では城下町の風情が残る鳥取県旧鹿野町の街並み，第 16 章では宇都宮市のオタク関連商業集積といった対照的な都市景観にそれぞれ注目しつつ，市町村合併に伴うまちづくり主体の変化，中心商店街の空き店舗対策といった地方都市の新しい政策課題が検討されている。

　ところで本書は，私の還暦を記念して，企画されたものである。1997 年に 12 年間勤めた西南学院大学から東京大学に移って，早くも 20 年が経とうとしている。最初の 10 年間の東大松原ゼミの研究成果は，『立地調整の経済地理学』として刊行され，立地調整の考え方は，幸い多くの人に関心を持っていただき，今も議論が続いている。本書は，その後の 10 年間に，東京大学大学院総合文化研究科もしくは教養学部で私が指導した大学院生や学部生の博士論文，修士論文，卒業論文をもとにしたもので，編者の再構成によりまとめ直したものである。

　顧みれば，論文指導にあたり，自由を重んじつつしかし大きなテーマを追求することを勧めてきた。その成果を並べてみると，学生の関心が大きく変わってきていることに改めて驚くが，私の専門分野の方法論が追いついていないことも痛感している。もとより，それぞれの論考は，一書になることを意図して書かれたものではないが，知識と文化の経済地理学の理論・実態・政策を検討するという課題に照らせば，不十分な点や取り上げるべき点は少なくないであろう。読者各位のご意見・ご批判を得て，さらに充実した内容にしていきたいと考えている。

　最後に，本書の出版を快くお引き受けいただいた古今書院の橋本寿資社長と，いつもながら手際の良い編集作業をしていただいた編集部の原光一氏に，心よりお礼申し上げたい。

2016 年 11 月　木々の紅葉に包まれた駒場キャンパスにて

松原　宏

目　次

はしがき　i

序章　知識と文化の経済地理学　1
1　経済地理学の歴史　1
2　狭義の経済地理学から広義の経済地理学へ　4
3　知識の経済地理学　8
4　文化の経済地理学　11

第Ⅰ部　知識のグローバル化と集積

第1章　グローバル知識結合と研究開発の地理的集積　18
1　多国籍企業によるR&Dの立地と知識結合　18
2　R&D機能の地理的集積と多国籍企業　23
3　研究開発人材の移動と知識フローのグローバル・ローカル関係　26
4　グローバルR&Dに関する経済地理学の課題　30

第2章　日系電機企業による研究開発の海外展開　33
1　日系電機企業の海外R&D　33
2　松下電器グループの海外研究開発活動　34
3　松下電器グループの中国における研究開発活動　38
4　グローバルな研究開発体制における中国の位置づけ　41
5　グローバルな研究開発体制の展望　44

第3章　パリ大都市圏における研究開発集積の変容　47
1　パリおよびイル・ド・フランスにおける研究開発集積　47
2　「競争力の極」政策の登場　50
3　イル・ド・フランスにおける「競争力の極」　54
4　政府間関係と研究開発集積　58

第4章　ミュンヘンにおけるバイオベンチャー集積の形成　61
　1　ベンチャーキャピタルの経済地理学　61
　2　ミュンヘンにおけるバイオテクノロジー新興企業の出現と発展（1990年代）　63
　3　バイオテクノロジー・ブームとベンチャーキャピタル（2000年以降）　67
　4　バイオテクノロジー・クラスター形成の因果関係　68

第Ⅱ部　技術軌道と工業地域の再編

第5章　日本の造船業集積の維持メカニズム　76
　1　グローバル競争と日本の造船業　76
　2　日本造船業の立地調整　77
　3　今治市における造船業産業集積　82
　4　造船業集積を支える地域社会組織　87

第6章　造船業地域におけるスピンオフと技術波及　91
　1　造船業不況とスピンオフ　91
　2　長崎造船所と佐世保造船所の比較　92
　3　長崎市と佐世保市におけるスピンオフ企業の事例　94
　4　スピンオフ事例の比較・分析　101
　5　造船業におけるスピンオフと地域への影響　103

第7章　鉄道車両工業の技術蓄積とサプライヤーシステム　106
　1　鉄道車両工業の変化　106
　2　日本の鉄道車両工業の全国的概況　107
　3　山口県下松地域における鉄道車両工業の展開　112
　4　日本の鉄道車両工業の課題　120

第8章　米菓産業集積における技術継承と技術革新　122

1　日本の米菓産業　122
2　新潟県における米菓産地の形成　123
3　産学協同による共同研究の取り組み　126
4　産学協同の変化　129
5　地域イノベーションの変化　133

第Ⅲ部　文化芸術産業の集積と地理的環境

第9章　東京における広告産業集積の多極化　138

1　構造変化に直面する広告産業　138
2　広告産業の東京一極集中　139
3　東京における広告産業集積の構造変化　140
4　東京の広告産業集積と創造性　145

第10章　上海における広告産業集積の変容　149

1　文化産業の集積とグローバル化　149
2　中国広告産業の制度変更と企業間関係　150
3　上海市における広告産業集積の変容　154
4　広告会社の空間的リンケージ　157
5　外的リンケージからみた広告会社の重層性　160

第11章　パブリックアートの拡散と地域の受容　166

1　パブリックアートの意義　166
2　神奈川県旧藤野町における芸術関連の取り組み　167
3　旧藤野町におけるパブリックアートの展開　170
4　パブリックアートをめぐる主体間関係の変化　177
5　パブリックアートと地域の課題　179

第12章　映画ロケ地の選定とフィルムコミッション　183
1　映画産業におけるロケ地の意義　183
2　日本映画におけるロケ地の選定　184
3　日本におけるフィルム・コミッション　186
4　ロケ地選定とフィルムコミッション　198

第Ⅳ部　文化の多様性と地方創生

第13章　地方経済の変化と都市祝祭の存立基盤　204
1　地方都市の変化と都市祝祭　204
2　全国的な都市祝祭の動向　205
3　青森ねぶた祭の運営システムと存立基盤　207
4　秋田竿燈まつりの運営システムと存立基盤　211
5　都市祝祭の形態　214

第14章　企業文化と近代化産業遺産の保存・活用　219
1　近代化産業遺産と企業文化　219
2　日本の近代化産業遺産の概要と事例地域の析出　220
3　倉敷地域における繊維工業関連の近代化産業遺産の保存と活用　222
4　日立地域における鉱業・機械工業関連の近代化産業遺産の保存と活用　228
5　企業文化と近代化産業遺産　234

第15章　市町村合併と修景まちづくり事業の継承　237
1　市町村合併とまちづくり　237
2　旧鹿野町におけるまちづくり事業と編入合併の展開　238
3　市町村合併後のまちづくり事業変化と非営利組織による継承　242
4　市町村合併後のまちづくり事業におけるアクター間関係の変化　245
5　合併地域におけるまちづくりの展開と課題　251

第 16 章　オタク商業空間と中心市街地の活性化　253
　1　オタク市場の拡大と商業集積の形成　253
　2　オタク系ショップの全国チェーン展開　254
　3　宇都宮市におけるオタク関連商業集積　256
　4　地方都市におけるオタク関連商業集積の形成　264

文献一覧　269
索引　285

序章

知識と文化の経済地理学

1　経済地理学の歴史

　経済地理学は，生産や消費といった経済現象の空間的側面を扱うものであり，地域間格差をはじめとした地域問題の発生メカニズムを解明し，地域と地域との関係である地域的分業のあり方を提起することを重要な課題としてきた。

　経済地理学の入り口は，大きく2つに分けられ，1つはミクロ経済学やマクロ経済学などからなる経済学から，もう1つは大きく自然地理学と人文地理学に分けられる地理学からである。法則の追求，モデルの構築を目標とする経済学と，地域の個性探求，地域の記述を目標とする地理学，性格の全く異なる2つの学問が融合する領域に経済地理学は位置づけられる（図序-1）。さらにこの図では，後述するように，社会や政治，文化研究などと交差する「第3の領域」が現れているとし，「広義の経済地理学」に向かう矢印をも示している。このように，理論から実態分析，政策，あるいは各種の産業・企業，国内の諸地域から海外の諸地域にいたるまで，経済地理学の対象は非常に多岐にわたる。

　ところで，経済学と地理学の交わる領域に経済地理学が位置するといっても，経済学と地理学との関係は，国によって異なり，ま

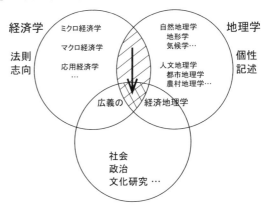

図序-1　経済地理学の位置（松原作成）

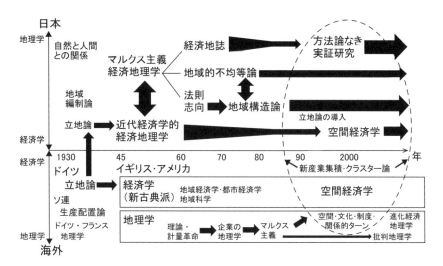

図序-2　経済地理学方法論の軌跡（松原作成）

た同じ国でも時代によって異なる。図序-2は，日本と欧米における経済地理学の歴史を概観したものである[1]。

この図では，原点にドイツの立地論を置いている。これは，筆者が経済地理学の理論の骨格に立地論を据えていることによっている（松原　宏, 2006）。新古典派経済学であれ，マルクス経済学であれ，経済学一般の理論への依存が，従来の経済地理学では強かった。これに対し，筆者は，経済地理学独自の理論が必要であるとの立場に立ち，その独自理論の基底に立地論を位置づけたのである。

図に戻ると，第2次大戦前の日本の経済地理学は，ドイツの立地論や自然と人間との関係を論じた地人相関論の影響を強く受けるとともに，黒正　巌の地域編制論など独自の展開もみられた[2]。また，訳書の刊行などを通じて，フランスのブラーシュの生活様式論やソ連の生産配置論も伝えられるなど，欧米とは異なる理論的基盤が，日本では形成されていたとみることができる。

戦後になると，ドイツからイギリスやアメリカなどの英語圏諸国に，経済地理学の中心が移っていく。そこでは，「経済学からの経済地理学」と「地理学からの経済地理学」との分離が比較的明確であると考えられ，図でも2系列で変遷を示している。

ドイツの立地論は，第2次大戦後，新古典派経済学による精緻化が図られ，地

域経済学や都市経済学，地域科学が打ち立てられ，今日の空間経済学にいたるまで多くの研究成果を蓄積してきている。その一方で地理学においては，1950年代後半以降，「理論・計量革命」が進展し，計量的手法を使って空間的パターンの法則的解明をめざす理論志向が強まった[3]。地理学の理論化にクリスタラーなどの中心地理論が利用されたものの，60年代後半以降は抽象的な立地論は批判され，行動論的な立地論や組織論的な「企業の地理学」といったより具体的な方向がめざされることになった。あるいはまたマッシィ（Massey, 1984）の「構造的アプローチ」のように，マクロ視点から国内の地域的分業のあり方を問題にするマルクス主義経済地理学に重点が移っていった。

これに対し戦後の日本では，1954年に経済地理学会が設立され，立地論研究を中心とした近代経済学的経済地理学とマルクス主義経済地理学が並存する点を特徴としていた。しかも欧米と異なり，マルクス主義経済地理学が戦後から比較的長期にわたって経済地理学の中心的存在であり，飯塚浩二（1949）や鴨澤 巖（1960）などの経済地誌，島 恭彦（1951）などの地域的不均等論，川島哲郎（1955）などの法則志向の生産配置論といった諸潮流から構成されていた。そうした中から1970年代に地域構造論が登場し，90年代以降，立地論を批判的に導入して，理論内容を発展させていこうとする傾向が強い[4]。このように，欧米の経済地理学と日本の経済地理学との大きな違いは，立地論とマルクス主義経済地理学の位置づけにみられる。ただし最近では，近代経済学的経済地理学，マルクス主義経済地理学ともに，影響力の低下がみられ，「経済学としての経済地理学」が圧倒的に強かった日本の状況は変わりつつあり，「方法論なき実証研究」が量的には多くなってきているように思える。

ところで，欧米の経済地理学は，1990年代以降ますます多元化の傾向を鮮明にしてきている。マルクス主義に代わり，ポストモダニズムやポスト構造主義が流行するとともに，グローバル・ローカル関係，ポストフォーディズムやフレキシビリティ，産業集積や地域イノベーション，エスニシティやジェンダーなど，多様な話題をめぐって活発な議論が展開されている。その一方で，空間論的転回，文化論的転回，制度論的転回，関係論的転回，進化論的転回など，欧米の経済地理学では，何度も「転回」を繰り返しており，かえって大きな方向性が失われてきているように思われる。

このように，欧米では「地理学における経済地理学」が多様な方向を模索する一方で，経済学や経営学における「経済地理学」への注目度はむしろ増してきているといえる。1 つには，ノーベル経済学者クルーグマン（Krugman, 1991）による「新経済地理学」・「空間経済学」の台頭があり，もう 1 つには，ハーバード・ビジネススクールのポーター（Porter, 1998）による「クラスター論」の隆盛がある。こうした新産業集積・クラスター論は，欧米のみならず，日本の経済地理学にも大きな影響を与えてきている[5]。また，地理学の「理論・計量革命」の若き旗手からマルクス主義の理論家に転身したハーヴェイ（Harvey, 1982; 2009）の存在も別の意味で大きく，その影響は「批判地理学」をはじめとした経済地理学のみならず社会科学全般に拡がっている。

2 狭義の経済地理学から広義の経済地理学へ

2.1 狭義の経済地理学

20 世紀の経済地理学は，生産と消費といった可視的な経済現象の空間的・地域的側面を中心的に取り上げてきたといってよいだろう。そうした経済地理学の基礎理論をなす古典的立地論は，市場と立地をそれぞれ「点」で捉えているか，「面」で捉えているかによって，3 つに分けることができる[6]（図序 -3）。

第 1 は，市場を「点」，立地を「面」で捉えているもので，チューネン（Thünen, 1826）の農業立地論が該当する。これは，農業が他の産業に比べ相対的に広い土地を必要とすることによっている。チューネンは，土地の豊度など自然条件の差異を考慮しない均質空間を前提に，一点市場＝大都市を中心として，そこからの距離に応じて同心円状に作物・農業経営様式が展開していく様を描き出している。それがチューネン圏で，自由式農業，林業，輪栽式農業，穀草式農業，三圃式農業，牧畜といった異なる作物・農業組織が，内側から外側に同心円状に拡がるとした。なおこうしたチューネン圏の形成は，位置の差額地代をもとにした右下がりの地代曲線の交差によって説明されるが，こうした考え方は，現代都市の内部構造・土地利用分化に関する理論に応用されている。

第 2 は，市場，立地ともに「点」で捉えているもので，ウェーバー（Weber, 1909）の工業立地論がこれにあたる。ウェーバーは，原料産地と市場を立地三角

序章　知識と文化の経済地理学　5

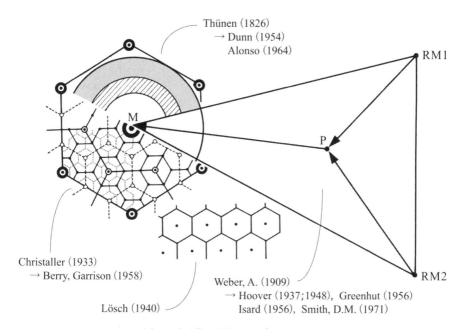

図序-3　立地論の系譜と位置づけ（松原作成）
注：RM1, RM2 は原料産地，M は市場（＝大都市），P は工場立地点を示す。左上の同心円はチューネン圏もしくは都市の土地利用をクリスタラーの六角構造の中に埋め込み，一部を示したものである。

形の頂点として，原料産地から工場，工場から市場への原材料と製品の総輸送費の最小地点に工場の立地が決まるとしている（輸送費指向）。その際，原料指数（局地原料重量／製品重量）をもとに，業種の異なる工業が，原料地を指向するか，市場を指向するか判定できるようにしている。ウェーバーはその上で，低賃金労働地を想定した場合に，最小輸送費地点からそうした労働地に工場が移転するかどうか（労働費指向），個々の工場の最小輸送費地点を離れて，複数工場が1カ所に集まることが可能かどうか（集積），というように段階的に理論構築を進めている。このように，ウェーバー工業立地論の大きな特色は，原料や製品の重量関係といった技術的要素に着目し，輸送費や労働費，規模の経済の効き方といった工業の業種別の特性によって，当該業種の立地傾向を知ることができる点にある。

　第3は，市場を「面」，立地を「点」で捉えるもので，クリスタラー（Christaller, 1933）とレッシュ（Lösch, 1940）の理論が該当する。この場合の「点」は，個別の商業・サービス業の立地と捉えることもできるが，クリスタラーは多様な財・

サービスを供給する中心地として捉え，都市の基礎理論でもある中心地理論を確立した。財・サービスの到達範囲は，消費者が当該中心地に向かいうる上限と，商業・サービス業施設の成立閾を示す下限との二重の円で示されるが，両者の間である超過利潤を最大にすることが，商業・サービス業の立地の基本といえる。

クリスタラーは，高次・低次の財・サービスの到達範囲の上限をもとに，最小の中心地数で財・サービスを全域に供給する重層的な六角形からなる中心地システム（補給原理）を構築し，ついでこれを偏倚させる交通原理と行政原理に基づくシステムを考察している。これに対しレッシュは，利潤の最大化をめざす企業が自由に新規参入し，市場圏を削りあう結果，均質な市場空間が六角形で均等に分割されるモデルを原型として示している。その上で，市場圏の大きさが異なる六角形の網を重ね合わせ，多様な地域的網状組織，経済景域を導き出している。

こうした基礎理論を発展させた理論研究だけではなく，生産と消費を中心とした経済地理学は，膨大な量の実証研究と政策研究の成果を蓄積してきている。そうした研究の軌跡は，経済地理学会編『経済地理学の成果と課題』（第Ⅰ集～第Ⅶ集）でたどることができるが，2003年に刊行された第Ⅵ集の目次から主要な事項をあげると，①経済地理学の方法，②国土構造と地域問題，③第1次産業（稲作，主産地の変動，林業・水産業の動向，農村研究・集落研究），④第2次産業（大企業の立地，中小企業と地域経済・地場産業，産業集積研究の新しい展開），⑤第3次産業（商業，情報・サービス業，観光・交通），⑥都市（都市システム，都市内部構造，都市の社会地理），⑦海外研究，となっており，全体としては，具体的な産業の立地と工業地域や都市・農村地域の実態に関する実証研究が多くを占めていた。

2.2　広義の経済地理学

上述の『経済地理学の成果と課題』（第Ⅵ集）で筆者は，20世紀から21世紀への転換期における日本の経済地理学方法論について，以下の3つの課題を指摘した（松原　宏, 2003）。

第1は，グローバリゼーションとローカリゼーションの同時進行の下で，国民経済視点の重要性を再検討することであり，研究対象とその空間的スケールをいかに設定すべきかという点である。産業・企業の立地が国民経済の範囲を超える

一方で，地域の産業集積がグローバルな競争優位の単位として注目され，従来からの研究枠組みを再検討しようとする動きが活発になってきているのである。

第2は，情報や知識をベースとした経済社会へ転換しつつある中で，知識フローなどの不可視的な非物財の生産と流動に関わる空間的視点や新たな方法論をどのように組み立てるかという点である。

従来の地域構造論が構造変化の説明に際して，専ら主導産業の交代とその立地変化を主とし，ヒト・モノ・カネの地域的循環を従として位置づけたのに対し，田村大樹（2000）は，地域的循環に直接変化をもたらす技術革新，すなわち情報・通信技術の革新に注目し，これによる地域構造の動態的変容に迫ろうとした。また，空間的情報流と空間的人流，空間的物流との関係を整理し，それぞれのクロスする領域に「情報のキャリアとしての人間の移動」，「情報財の移動」とを位置づけ，人流にも物流にも依存しないコンピュータ・ネットワークによる空間的情報流が，場所のない「第2の空間」を形成し，都市集積を解体していくとした。

また，イノベーションを引き起こす空間的枠組み，とりわけ地域イノベーションシステムが注目を集めているが，そこでは，イノベーションにとって，狭い空間的範囲に企業が集まっていることが有利であり，また独特な風土に埋め込まれた社会・文化・制度的条件からなるローカル・ミリューが有効であると指摘されている。

第3は，経済中心の研究視角の限界が指摘されるようになってきており，経済地理学が対象としてきた経済現象の範囲を広げて，社会や政治，制度や文化をも射程に入れた「広義の経済地理学」をどのように構築するかということである。

1990年代の英語圏での研究成果を整理した水野真彦（1999）は，「近年の欧米における産業地理学の特徴は，制度や慣習など社会・文化的要素を重視し，産業のグローバル化とローカルな産業集積の意義を捉えてゆく点にある」と述べている。

日本の経済地理学においても，狭義の経済地理学の枠を超えて，経済地理学の範囲を広げようとする動きが強くなってきている。竹内啓一（1998）は，40年近くにわたる南イタリア研究の成果をまとめた著書の中で，地域問題を社会思想として，あるいは地理思想として捉え，「社会思想としての地域問題の研究にとって重要なことは，問題発生の契機のみでなく，それが存続する，すなわち再生産されるメカニズムを，経済格差，文化の相違などの社会的コンテキストと，地域

問題を提起する主体および運動との2つの側面についても解明することである」と述べている。

　この他，ローカルな制度的・文化的環境と地域活性化との関係，企業文化と地域社会との関係，制度と行為との相互関係の「履歴」をたどる新しい地域史など，制度や文化をめぐる経済地理学的な課題は豊富にある。制度や文化の捉え方は多様であり，取り上げる空間スケールの問題を含めて解決すべき課題は多いが，今後の研究成果が期待される研究分野ということができよう。

　以上，第1の点は，狭義の経済地理学にも当てはまる点であるが，第2，第3の点は，主に広義の経済地理学へとつながっていく点といえる。本書では特に，これらの点を取り上げ，知識の経済地理学，文化の経済地理学として，筆者が研究指導した大学院生および学部生の研究成果を集め，再構成している。以下では，知識の経済地理学，文化の経済地理学，それぞれの研究動向を整理し，本書に収録された論文の位置づけを行うとともに，今後の研究課題にもふれることにしたい。

3　知識の経済地理学

　生産と消費に関する経済地理学においては，工業生産に代表されるように，原材料を一次加工，二次加工と何段階かの加工を経て，最終製品にして，最終消費者に製品を届ける過程を扱ってきた。原材料も半製品，部品も製品も，可視的であり，ウェーバーの工業立地論では，それぞれの重さが計測可能であり，局地原料重量を製品重量で割った原料指数が，当該工業が原料産地と消費地とのどちらに引きつけられるかを判断する上で有効であった。

　しかしながら，現代工業の立地論においては，立地原理とともに，立地単位の転換が重要であり，立地単位に関しては，単に工場だけではなく，企業組織のそれぞれの単位，すなわち本社や支店などの中枢管理機能，中央研究所や工場に併設された開発拠点などの研究開発機能の立地と各単位の空間的分業が問題とされるようになった（図序-4）。

　本社や支店などの中枢管理機能の立地については，ヘイグ（Haig, 1926）が知識の輸送費と地代とのトレードオフをもとにオフィス立地の議論を展開したり，プレッド（Pred, 1977）が都市間集積の議論やアメリカの都市システムを検討す

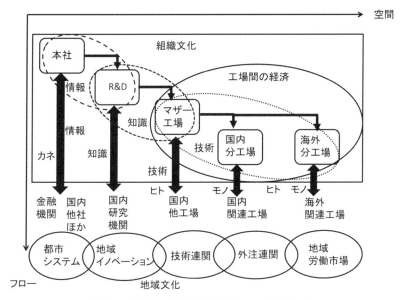

図序-4　企業組織の立地単位と各種フロー（松原作成）

るなど，情報の類型化や情報のフローとオフィスの立地や都市間関係が重要なテーマとされた[7]。またカステル（Castells, 1989）は，情報経済の進展とともに，ストックを中心とした「場の空間」から，フローが支配的となる「フローの空間」への移行が起こり，場所が意味を持たなくなる「プレイスレス」の世界が拡がると指摘した。

また，研究開発機能の立地については，知識の類型化や知識のフローが最近注目される対象となっている（松原　宏編, 2013b）。情報と知識とをどのように区分し，定義するかについてはさまざまな見解があるが，紺野　登（1998, pp.32-33）は，情報が数値やテキストなどの客観的媒体により表現され，複写可能で，フローとして捉えられるデータの集まりであるのに対して，知識はストックとして捉えられ，「事象の変化を超えて人々や組織集団が共有する，物事や事象の本質についての理解」，「認識・行動するための道理にかなった秩序」と定義している[8]。

知識の経済地理学では，主として知識フローとイノベーションの空間性に関心が寄せられてきた。知識フローについては，その把握手法に知恵を絞るとともに，新たな知識の類型化として，知識ベース論が提起されてきた[9]。世界中を駆け巡

る「形式知」に対して,「暗黙知」は地理的固着性が強いといった知識フローの距離に関する議論とともに,ローカルバズとグローバルパイプラインといった新たな概念を使った説明もなされてきた[10]。

イノベーションの空間性については,従来は国のイノベーションシステムに関する研究が多かったが,最近では地域イノベーションシステム,あるいは産業による知識の空間的特性に注目するセクターイノベーションシステムに関する研究が増えてきている。また,多国籍企業によるグローバルR&Dの立地と空間的分業,R&Dの地理的集積の国際競争力などが話題になる中で,グローバルなイノベーションに関する研究も行われるようになってきている。

本書の第Ⅰ部では,こうした知識のグローバル化とR&D集積に関するレビュー論文と実証研究の成果を並べているが,多国籍企業による研究開発とR&D集積地域との関係については未解明な点も多く,グローバルとローカルな知識フローの結合関係の分析などを通じて,全体像に迫っていくことが今後の課題といえよう。

ところで,グローバル競争が激化する中で,本社とR&Dが密接に連携して,新製品投入や生産ラインの改善をスピード感がある形で進めていくことが求められてきているが,当然ながら最前線である生産拠点の再編も重要な鍵を握っている。「共立地」と呼ばれるように,本社とR&D,マザー工場との近接立地が求められる傾向にあるが,マザー工場と国内分工場,海外分工場との新たな分業関係の構築,かつてバラッサ (Balassa, 1961) が指摘した「工場間の経済」をどう実現するかも問われている。こうした工場群を結んでいるのは,情報や知識,そして原材料や部品,半製品や製品などのモノも含まれるが,これに関しては,技術が最も重要といえよう。

技術に関しては,技術移転や技術伝播の空間的側面や地域的特性などに関する研究は以前からあるものの,進化論的な議論をふまえた技術軌道に注目し,そうした考えを経済地理学に導入する試みは始まったばかりといえる[11]。アーサー (Arthur, 2009) は,「新しいテクノロジーの本体が発展する最前線がひとつの国や地域に一極集中,あるいは数カ所に固まっているという,きわめて注目に値する現象がある」(訳書 pp.202-203) と述べ,「本物の先端技術-最先端の精巧な技術-は,知識でない要素から生まれる。それを『深層的な技』と呼ぶことにしよう。ディープ・クラフトは単なる知識ではなく,複数の知の集合体である」(p.203),「こ

のような知は，特定の企業，特定の建物，特定の廊下といった限られたマイクロ・カルチャーに根ざしていて，特定の場所に高度に凝縮される」(p.204)としている。

本書の第Ⅱ部では，日本の造船業，鉄道車両工業，米菓産業を取り上げ，それぞれの産業の技術が特定の場所で蓄積され，継承され，波及してきた点を明らかにし，あわせてそれぞれの工業地域の再編を論じている。そこでは技術の動態が，集積，スピンオフ，サプライヤーシステムと関係づけて論じられているが，相互の関連性についての考察を深めるとともに，欠けている研究課題を洗い出してそれらを補い，「技術の経済地理学」として体系的にまとめていくことが求められているように思われる。

4 文化の経済地理学

文化の捉え方は大変難しいとされるが，『文化経済学入門』を著したスロスビー (Throsby, 2001) は，「文化」を以下のように定義している。すなわち，①ある集団に共有される態度や信念，慣習，習慣，価値観，風習などを表すもの，②人間生活における知的，道徳的，芸術的側面をともなって行われる人々の活動や，その活動が生み出す生産物，である。後者の含意は，①関係する活動は，それらの生産において何らかの創造性を含んでいる，②象徴的な意味の生産やコミュニケーションに関係する，③それらの生産物は，少なくとも潜在的には，ある種の知的財産を盛り込んでいる，という3点から引き出される。そこでは，伝統的な音楽や文学だけではなく，映画制作や出版も文化に含めている。彼はまた，文化的価値を経済的価値と区別し，その重要性や社会的な機能について認識すべきと主張している。文化的価値を生み出す源泉となる文化資本は，経済的価値をも有しており，文化産業は，文化的生産の経済的可能性を示すものとして成り立ちうるし，その領域は解釈次第で広げることが可能である。都市再生や観光といった観点からも文化産業は期待できるのであり，文化産業が今後ますます重要になると指摘している。

一方で，こうした2項対立については，批判的な意見もある。1997年に刊行された『経済の地理学』第1部「経済地理学の再構成」の序として，クラング (Crang, 1997) は，「文化論的転回と経済地理学の再構成」を著している。そこでは，「カ

ルチュラルスタディーズ」の影響を受けた文化論的転回に対する経済地理学の反応について概略を述べるとともに，経済地理学者が文化の諸問題をただ単に拒否してしまわずに，経済的なものを，文化的なものに文脈化されたり埋め込まれているものとして理解したり，経済的なものを象徴や記号や言説の文化的媒体を通した表象として考えることなどを通じて，「経済地理学のアイデンティティを動揺させることへの大いなる意思を持つことで産み出されるいくつかの可能性」を提示している。

　こうした本質的な議論をはじめとして，これまでも文化と経済との関係についてはさまざまな理論的検討がなされてきたが[12]，文化の経済地理学の理論構築に関しては，立地主体である産業や企業に，あるいはまた産業や企業が集積する地域に，文化的要素を導入するというアプローチも重要といえよう。企業文化や組織文化の経済地理学としては，シェーンバーガー（Schoenberger, 1997）とガートラー（Gertler, 2004）の研究が注目される[13]。シェーンバーガーは，フォーディズムの危機といった大きなシステム転換に対する企業文化の膠着性を，企業の危機として捉え，ゼロックスを事例に取り上げ，アメリカのゼロックス本社よりも日本の富士ゼロックスの方が製品開発の面で優れた成果を収めた理由を，アメリカと日本のトップマネジメントの考え方や戦略の違いに求めた。またガートラーは，工作機械産業におけるドイツ，アメリカ，日本企業の国際競争関係に注目するとともに，カナダにおける工作機械メーカーとユーザーとの関係を取り上げ，地理的近接性とは異なる，文化的近接性，組織的近接性の重要性を指摘した。

　また，サクセニアン（Saxenian, 1994）は，地域の組織や文化，産業構造，企業の内部構造の3側面から構成される地域産業システムの違いに着目し，シリコンバレーとボストンのルート128沿線とを比較し，ピューリタン文化の伝統と大企業のピラミッド型組織によって特徴づけられるルート128に対して，起業家精神と個人主義のビジネス文化と地域ネットワークを特徴とするシリコンバレーの優位性を示してみせた。

　ところで，2010年に刊行された『経済地理学の成果と課題』第Ⅶ集で，「文化産業」の項目が立てられるなど，文化産業についての研究成果は増加傾向にある[14]。『文化産業と文化の生産』と題した著書の中で，パワーとスコットは，文化産業の台頭とその特徴，地理的集積傾向とグローバルな分散傾向の二面性について指摘し

ている（Power and Scott, 2004）。文化産業の特徴としては，通常の商品生産と異なり，その商品の価値が消費者の嗜好によって左右されること，制作のプロジェクト性が強く，工程は細かく分かれ，それぞれを専門化した企業ないしは個人が担っていることなどが指摘されている。また集積要因としては，①垂直分割により専門・分化した担当業者の近接と相互交流による空間的取引コストの節約，②才能ある人材が豊富に存在する局地的な労働市場，③場所特殊的競争優位，などがあげられている。場所と生産システムの密接な結びつきは，広範な都市・社会環境，シナジー効果が重要となり，ニューヨークやロサンゼルス，パリ，東京などの巨大な世界都市で実現すると述べており，文化産業と都市集積との関係を示唆している。

　本書の第Ⅲ部では，広告，パブリックアート，映画といった文化芸術産業を取り上げ，それらの集積と地域との関係を検討した研究成果を並べている。広告産業の集積については，ロンドンやニューヨークなどの欧米の世界都市での研究成果があり，本書で取り上げた東京や上海との国際比較が期待される。パブリックアートや映画についても，海外と比較した日本の特性を明らかにする研究が求められるとともに，芸術家や映画関係者の創造性と受け入れ側の地域との関係性についての考察をより前面に出した検討が今後の課題といえよう。

　また，こうした文化産業の隆盛を，地域政策につなげる議論も活発になっている[15]。スロスビー（2010）は，21世紀に入り文化政策の対象領域が，「芸術と文化遺産だけというものから，生活様式というより広い意味で解釈される文化へと拡張され」，「映画，放送と出版メディアへ，そしてファッション，デザインや建築といったより幅広い文化産業へ，さらに観光，都市開発と地域開発，国際貿易，外交などへと広がっていった」と述べている（訳書 pp.2-3）。そして，グローバリゼーションにより，文化的財が生産され，流通し消費される経済環境が急速に転換し，新しいコミュニケーション技術の広がりにより，文化消費の性格が変化してきている点を指摘している。

　本書の第Ⅳ部では，都市祝祭，産業遺産の保存・活用，修景まちづくり，オタク商業空間といった多様な文化的事象を取り上げ，それぞれが日本の地方都市の政策的課題とどのように関わっているかを検討した研究成果を収録している。そこでは，地方都市中心部の衰退や市町村合併に伴う問題など，日本の地方都市が

かかえる問題に焦点が当てられているが，欧米の創造都市の事例のように，都市の産業構造や空間構造など，都市のあり方を大きく変える事象にも対象を拡げるとともに，事例を体系的に整理する枠組みを強化し，「文化政策の経済地理学」の構築をめざしていくことが求められよう。

以上，文化産業の集積や文化を活かした地域政策を中心に，文化の経済地理学の成果と課題を述べてきた。しかしながら，広義の経済地理学の領域をさらに拡げる観点からは，産業や企業の視点から離れて，個人の才能や創造性に力点を移していくこと，「生産の地理」よりも「生活の地理」を重視していくことが求められよう[16]。そこでは，伝統のある文化地理学，あるいはまた新しい文化地理学との接点を探ることも必要になってくるように思われるが，こうした点も今後の検討課題としたい。

(松原　宏)

注
1) 図の詳しい説明は，松原　宏（2013）を参照。
2) 黒正　巖（1941）では，「地域編制論は立地論の要求する諸因子，条件が如何なる地域に実在するかを地表の各部分に索め，特定の経済活動が果してその地域に於て合理的に運営されているか否か，更に各地域が如何に連関し，その特殊なる経済的個性によって国民経済的編制に対し合理的有機的に参加せるや否やを研究するもの」（pp.300-301）とされていた。
3) 英語圏の人文地理学の学説史については，ジョンストン（Johnston, 1991）が詳しい。
4) 地域構造論は，国民経済的視点に立って，地域的分業体系を明らかにする新しい経済地理学の方向性を示した矢田俊文（1973）を始点とする。産業配置論，地域経済論，国土利用論，地域政策論の4分野から構成され，研究成果と今後の課題をまとめたものとして矢田俊文編（2005），理論については矢田俊文（2015）を参照。
5) マーシャルやウェーバーの古典的集積論から1980年代後半以降の新産業集積論にいたる集積論の系譜については，松原　宏（1999）を参照。
6) 古典的立地論の解説および現代立地論への適用については，松原　宏編（2013a）を参照。
7) プレッド（Pred, 1977）は，情報を私的情報，公的情報，専門視覚情報の3つに分類し，専門情報循環の空間的偏りに注目して都市間関係のダイナミズムを明らかにした。
8) 知識の一般的特性としては，①資源の有限性に制約されない，空間的制約をも超える（非有限的資源），②使用によって増え，使用しなければ陳腐化してしまう，加工・流通のプロセスによって利益を生み出す（収穫逓増資源），③生産と活用のプロセスが不可分（生産と使用の非分離），④分節によって価値次元が増加する（分節による価値創出），といった4点が指摘されている。
9) 産業や企業のイノベーションプロセスが，業種ごとに異なる特定の知識ベースに基

づいているとされ，統合的（synthetic），分析的（analytical），象徴的（symbolic）といった3つの「知識ベース」が指摘されている（Asheim et al., 2007）。統合的な知識は，業務における問題解決の経験など帰納的な過程を基にした工学的な知識であり，分析的な知識とは，論文や特許など演繹的な過程に基づく科学的な知識とされ，前者は工作機械，後者はITやバイオなどの産業が当てはまる。象徴的な知識ベースは，若者文化やストリート文化など「感性」に基づくものであり，広告やファッションなどの産業に対応する。

10) バズは，ストーパーとベナブルズの論文でなされたもので，地域の狭い範囲で既知の人々が交わすうわさ話などの会話であり，なにげない会話が企業間関係を新たに構築したり，イノベーションをもたらしたりする局面を重視したものといえる（Storper and Venables, 2004）。これに対し，パイプラインとは，クラスター内の企業と距離的に離れた知識生産中心との距離を置いた相互関係に使用されるコミュニケーションのチャネルで，重要な知識フローはネットワークパイプラインを通じて生み出される。

11) Dosi（1982）は，技術パラダイムと技術軌道という概念を用いて，技術の革命的な変化と漸進的な変化の関係性を説明し，技術パラダイムがひとたび確立されると，技術軌道内において技術が累積的に蓄積されていくとした。鎌倉夏来（2014a）は，古い化学工場内での研究開発機能の立地を説明する際に，こうした技術軌道の考えを用いている。

12) 文化経済学会＜日本＞（2016）は『文化経済学－軌跡と展望』をまとめているが，基本的課題においてボウモル・ボウエン（Baumol and Bowen, 1966）の研究『舞台芸術－芸術と経済のジレンマ』が取り上げられている。また池上 惇（2004）は，ラスキンやモリスの考え方を高く評価するとともに，知的所有における三層の循環的な構造を指摘し，著作物，実演サービスと二重の市場の形成（創造的サービスの第1次市場，第2次市場）を図示している（p.54）。

13) 企業文化に関する日本の経済地理学研究としては鎌倉夏来（2014b）があげられるが，そこでは代表的な経営者の言説を取り上げながら，化学企業における研究開発機能の立地慣性や立地転換の説明を行っている。

14) 文化産業の経済地理学の成果としては，音楽産業に関する増淵敏之（2010），東アジアのアニメ産業に関するYamamoto（2014），テレビ・アニメ・ゲーム産業の集積に関する半澤誠司（2016）などがある。

15) 文化経済学会＜日本＞（2016）では，第Ⅳ部支援・政策・運営で，文化政策・文化行政，企業メセナ，アートマネジメント，人材育成，アウトリーチについて概説するとともに研究成果を整理している。この他，文化と地域政策との関係については，経済協力機構（OECD）編（2014），枝川明敬（2015），本田洋一（2016）などがある。

16) 地場産業の産地研究の中で，職人や工芸家，企業家の生活に力点を置いた研究としては，須山 聡（2004），山田幸三（2013）などがある。

# 第Ⅰ部　知識のグローバル化と集積

第1章

グローバル知識結合と研究開発の地理的集積

1 多国籍企業による R&D の立地と知識結合

1.1 グローバル R&D の立地とその要因

　R&D のグローバル化について岩田　智（2007）は，「研究開発を一国内の枠をこえてグローバルな視野で展開する現象」（p.32）と定義し，この中には研究所として立地しているものも，製造拠点に付属している R&D 機能も含まれる．本章でも，グローバル R&D と言った場合このような活動全般を指すことにするが，海外研究所の設置は，多国籍企業の組織進化の度合いをある程度示すものと思われる[1]．

　そこでまず UNCTAD（2005）より，多国籍企業の海外研究所について，立地の概要をみておこう（図1-1）．これによると，イギリス，オランダ，ドイツ，フランス，スイスなどのヨーロッパ諸国に最大の中心があり，アメリカ合衆国北東

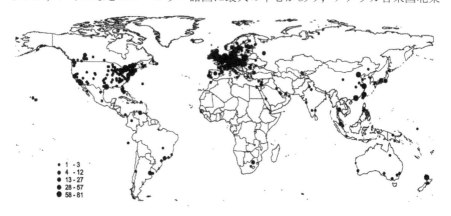

図 1-1　多国籍企業の海外研究所の分布状況（2004年）出典：UNCTAD(2005), p.128．

部,西海岸がこれに次ぐ集積を示している。アジアでは日本や中国など北東アジアに多く分布しているが,日本の関東と関西,中国の北京,上海など,多極化した状況にある。なお同報告書では,グローバルの立地において最も魅力のある国として中国やインドがあげられるとともに,インテルやモトローラなどの事例紹介において,中国やインドが重視されていることが示されている[2]。

Reddy(2000)によると,多国籍企業によるR&D機能の海外進出は,1970年代以降に本格化するが,当時は市場拡大目的の進出が中心であった。1980年代になると,グローバル競争の激化により,世界中に研究資源を求めるための海外進出が推進された。1990年代になると,先進国内で不足し始めた高度人材を求める上でもR&Dのグローバル化が必要となった。特に新興国に関しては,市場の拡大とともに,高度人材の不足を補い,先進諸国と比較して人件費が低く抑えられることなどから,多国籍企業のR&D拠点として注目される度合いが高まってきた。

また表1-1は,欧米多国籍企業200社を対象に,R&D拠点の立地決定要因として上位にあげられた項目を示したものである。先進国と新興国ともに,R&D人材の質や大学研究者の専門知識,大学との共同研究の容易さなど,共通する点もみられるものの,先進国では知的財産保護の質,新興国では市場の成長可能性や企業内の営業支援,といった相違点にも注目する必要がある。新興国においては,コスト面での優位性は高いものの,技術流出の懸念があることが示唆されており,日系企業を対象に分析を行った若杉隆平・伊藤萬里(2011)においても,ホスト国における知的財産権保護の水準の高さが,企業内の技術移転を促進するという結果が示されていた。また新興国を母国とする多国籍企業にとっては,先

表1-1 欧米多国籍企業によるR&D立地決定要因

順位	進出の動機	
	先進国	新興国
1	R&D人材の質	市場の成長可能性
2	知的財産権保護の質	R&D人材の質
3	大学研究者の専門知識	費用(減税)
4	大学との共同研究の容易さ	大学研究者の専門知識
5	研究関係から生じた知的財産の権利交渉の容易さ	企業内の営業支援
6	成長可能性や企業の営業支援の必要性	大学との共同研究の容易さ

出典:Thursby and Thursby(2006),p.5より作成。

進国に R&D 機能を立地させることによって，多国籍企業としての存在感を高めることも重要な動機とされていた（Mudambi, 2008）。

1.2 グローバル R&D の類型化と組織関係

多国籍企業によるグローバル R&D については，これまでさまざまな観点から類型化の試みがなされてきた[3]。1 つは，多国籍企業の本社と海外研究所との間の知識フローに着目した類型化で，Kuemmerle（1999）は，海外の生産設備の支援を主に行う HBE（Home-Base-Exploiting）タイプと，本国での研究強化を図るために，現地の知識を活用する HBA（Home-Base-Augmenting）タイプとに 2 分している。従来から目立っていた HBE は市場や海外工場の近くに，また近年増加傾向にある HBA は研究機関の近くに，それぞれ立地する傾向にある。

もう 1 つは，企業の組織構造と研究所の志向に着目した類型化で，ガスマンら（Gassmann and Zedtwitz, 1999）はグローバル R&D を 5 つに分類するとともに（表 1-2），類型間の関係をもとに R&D 組織の進化傾向を図化している（図 1-2）。

この図は，横軸に R&D が競争関係にあるか協調関係にあるかを，縦軸に R&D 組織が集権的か分権的かをとったものである。まず，国内中心に競争関係にある集権的 R&D（図の左下の「自民族中心集権的 R&D」）は，外国市場の情報を仕入れるために，図中右下の「地球中心集権的 R&D」に移行する。その後，先端のイノベーション知識を海外で取り入れる必要性が高まると，図中なかほどの「開

表 1-2　グローバル R&D 組織の類型化

R&D 組織の名称	組織構造	目的	日本企業の例
自民族中心集権的 R&D（Ethnocentric centralized R&D）	集権的 R&D	国内向け	トヨタ，新日本製鐵
地球中心集権的 R&D（Geocentric centralized R&D）	集権的 R&D	国際的な協力	クボタ，日産自動車
多元的分散 R&D（Polycentric decentralized R&D）	極めて分散した R&D，弱い中心性	独立した R&D 拠点の競争	—
R&D ハブモデル（R&D Hub Model）	分散した R&D，強い中心性	海外 R&D 拠点による支援的役割	花王，パナソニック，三菱電機，NEC，シャープ
統合的 R&D ネットワーク（Integrated R&D network）	極めて分散した R&D，数ヵ所の中心的拠点	国際的な R&D 拠点による融合的な統合	キヤノン

出典：Gassmann and Zedtwitz（1999）より作成。

放的なR&Dハブモデル」へと進化する。また、「R&Dハブモデル」がその競争力を強めることによって自主権を与えられると、右上の「統合的R&Dネットワーク」を形成する。さらに、左上の「多元的分散R&D」が、シナジー効果を狙って「統合的R&Dネットワーク」に進化することも考えられるが、最終的にはコストの調整が必要となり、やや「集権的なR&D」へ回帰するのではないかと述べられている。このように、グローバルR&D組織の動態的な変化に着目した点は、注目に値する。

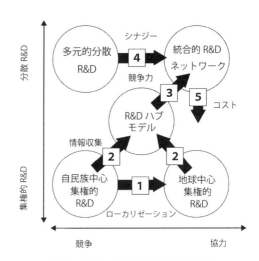

図1-2　グローバルR&D組織の進化傾向
出典：Gassmann and Zedtwitz (1999), p. 245より作成。

ところで、本社と海外R&D子会社、R&D子会社間の組織関係においては、本社がR&D子会社に与える自律の議論がなされている。自律を与えると、地域への埋め込みが進むと考えられるものの、逆に多国籍企業内部のネットワークにおける本社や他の研究所との関係が希薄になる可能性があるというのである（Kurokawa et al., 2007）。海外R&D拠点間での情報・知識共有に関する研究においては、R&D拠点間の不必要な競争を避けてこれらの共有を促すためには、研究者間の相互作用を促進する取り組みや、共通した企業文化の形成が必要であることが指摘されている（Teigland et al., 2000）。

以上のように、R&Dのグローバルな分散は、組織間、また組織外部との関係をより複雑なものとし、多国籍企業はさまざまな経営課題を抱えることとなる。増大を続けるグローバルR&Dのコストについて、その成果への懐疑的な見解も示されてきている（Howells, 2008）。

1.3　日系多国籍企業による海外R&Dの展開

日系多国籍企業の海外R&D活動に関する既存研究を整理すると、多国籍化の進展度合いに応じてR&Dの立地や内容も変化してきていることが分かる。

根本　孝（1990）は，1985年時点の35社48拠点の海外研究所を取り上げ，41拠点がアメリカ合衆国にあり，その4割以上がカリフォルニア州に集中していること，自動車と電機・電子関連が6割を占め，目的は新製品・新技術の開発および技術情報の収集が中心で，数十人規模の技術開発型研究所が多いことを指摘している。また中原秀登（1998）は，1989年時点で73社125拠点を数えたとし，その6割が北米，3割が欧州に分布し，欧州のうちイギリスに14拠点，ドイツに10拠点，フランスに8拠点が設置されていたこと，業種別では電機が36拠点で最も多く，以下化学，輸送用機械，一般機械の順であったことを明らかにしている。

これらに対し，若杉隆平・伊藤萬里（2011）は，1990年代後半以降の日本企業の海外R&Dについて，詳細な検討を行っている。それによると，日本企業の海外R&D支出額は，1996年の2,057億円から2000年には3,816億円に急増し，その後も3,700億円程度で推移していること，ただし，海外R&D支出比率は3～4％程度で，アメリカの多国籍企業の13％と比べると低い水準にとどまっているとしている。業種別では医薬品，自動車・同付属品，通信機械が上位にあり，2005年時点でそれぞれ全体の支出額の22％，13％，12％を占めていた。また地域別では，1995年と2000年時点では米国と欧州が全体の9割近くを占めていたのに対し，2005年には米国が38％に低下し，欧州は33％と変わらないものの，アジアの比率が18％へと上昇している。さらに1998年時点で677の海外研究所の国別内訳をみると，米国が141と最大ではあるが，中国100，タイ55，マレーシア51，シンガポール45，インドネシア43，台湾39と，アジア地域の存在感がみてとれる。

また彼らはアンケート調査を行っているが，回答企業5,417社のうち，海外R&D実施企業は209社（4％）で一部の企業に限られていること，しかもR&Dの活動実施形態に関しては，その約3分の2が工場・事業場としており，研究所は約2割にとどまっている。立地選択理由については，市場への近接性と企業・産業の集積地をあげる回答がほとんどであった。海外R&D活動の動機については，現地生産・販売のサポートが全体の4割を占め最も高かったが，地域的な差異もみられた。すなわち，中国やASEANでは，「R&D費用の低さ」が相対的に高くなっていたのに対し，欧米諸国では「グローバルな研究ネットワークの構築」が高くなっていた。本社のR&D活動との関係については，本社R&Dとの一体的運用が全体的に高いものの，特に中国，ASEANでその値が高く，反対に欧米

では独立と回答した割合が高くなっていた。

　ところで，日本の製造業企業の親会社と海外子会社を対象にした質問票調査とインタビュー調査により，研究開発環境と研究開発戦略との関係など，より詳しい実態把握が岩田　智（2007）でなされている。そこでは当該地域や業種の研究開発環境が他の国と比べて優位であるかどうかが，現地市場対応か世界市場対応かといった R&D の戦略的位置づけを左右すると指摘されている（p.213）。また，海外研究所への訪問調査の結果が示されているが，それらの中で，場所選定の理由についての記述が多数みられる[4]。

2　R&D 機能の地理的集積と多国籍企業

2.1　R&D 機能の地理的集積

　1980 年代後半以降，大企業による大量生産体制に代わり，「シリコンバレー」や「サードイタリー」など，国際競争力のある産業集積地域が注目される中で，新しい産業集積に関する膨大な研究成果が蓄積されてきた（松原　宏, 1999）。対象とされる業種も，製造業にとどまらず，アニメーションや音楽，映画，広告など，いわゆるクリエイティブ産業にも広がり，活発な議論が交わされている（河島伸子, 2011）。しかしながら，R&D 集積については，「シリコンバレー」とボストン近郊の「ルート 128」を比較した Saxenian（1994）やイギリスケンブリッジのサイエンスパークに関する Keeble（1999），日本の筑波と韓国の大徳を比較した車　相龍（2011）など，特定地域を取り上げた研究成果はみられるものの，より総合的あるいはより理論的な検討は十分とはいえない。

　表 1-3 は，カステルとホール（Castells and Hall, 1994），国土庁大都市圏整備局特別整備課監修（1999）および上記の研究成果を参考に，R&D 集積地域の諸類型を整理したものである。R&D 集積の形成にあたっては，土地の造成，道路その他のインフラの整備から中核的な研究機関の配置まで，計画的に行われることが多いが，まず R&D 集積が計画的に形成されたのか否かに着目した。その上で，計画主体が中央政府か地方政府か，民間企業か大学か，といった点を類型化の軸とした。もう 1 つの軸には，R&D 集積の中核的な研究機関がどのようなものか，という点を設定した。集積を構成する中心的な主体としては，有力大学，国立の

表 1-3 R&D 集積地域の類型化

R&D 集積地域の名称	代表的事例	計画の有無及び計画主体	中核的研究機関	集積の特性
グローバル R&D センター	シリコンバレー	—	—	ベンチャー企業集積
伝統的 R&D 回廊	ルート 128	—	民間企業	中央研究所の集積
研究学園都市	筑波，京阪奈，大徳	中央政府	国立研究所	国家プロジェクトにより形成
サイエンスパーク	ケンブリッジ，グローストライアングル	中央・地方政府	有力大学	大学発ベンチャーの集積
テクノロジーパーク	新竹，ソフィア・アンティポリス，テクノポリス	中央・地方政府	国立研究所または民間企業	ハイテク工業集積と併存
大都市圏地域	東京，ロンドン，パリ	—	—	複合集積

出典：Castells and Hall (1994) を参考に，鎌倉・松原が新たに作成。

研究所，地方政府の試験研究機関，民間企業の総合研究所など，基礎研究や人材育成に重点を置く主体と，製造部門に併設された R&D やハイテク産業，IT 産業，ベンチャー企業など，応用研究や開発研究に重点を置く主体とに大きく 2 分することができよう。

1990 年代前半に，カステルとホール（Castells and Hall, 1994）は，①シリコンバレー，②ルート 128，③サイエンスシティ，④テクノロジーパーク，⑤テクノポリス，⑥大都市圏の 6 つをあげたが，21 世紀に入り，中国やインドなど，新興国が台頭してくる中で，計画的に形成された R&D 集積が増加する一方，アメリカ合衆国の首都圏地域などのように，国立研究所との関係で中小のベンチャー企業やサービス企業が簇生し，バイオ産業の一大クラスターを形成している事例 (Feldman, 2007) など，主体間関係が進化してきている集積地域にも注目する必要がある[5]。また，東京やパリなど大都市圏地域が R&D の集積地域として存在感を増してきている点にも留意することが重要である。

2.2 多国籍企業と R&D 集積との関係

こうした世界各地で形成されてきた R&D 機能の地理的集積と，前節でみた多国籍企業のグローバル R&D との関係をどのようにみたらよいだろうか。多国籍

企業の立地と産業集積との関係を論じた松原　宏（2001）では，多国籍企業の立地に影響を与える要因が，1970年代の費用や市場といった項目から90年代には知識の地理的分散への対応やクラスターの活用などの項目に変化してきたとするDunning（1998）の研究や，2000年の多国籍企業の経営戦略・誘致政策におけるクラスターの重要性に関する雑誌 International Studies of Management & Organization 誌の特集号を紹介している。特に，Frost and Zhou（2000）が，多国籍企業のR&D投資が，労働費や市場への近接性といった伝統的な立地因子ではなく，受入国の技術的特性に左右され，技術的に高度なR&Dほど，魅力的な産業クラスター内に立地する傾向があると指摘した点は重要であろう。

またZeller（2004）では，製薬多国籍企業を取り上げ，ライバル関係にある寡占企業が，研究資源の獲得を巡ってサンディエゴなどのバイオ分野の集積地域に相次いで進出し，北大西洋地域で「イノベーションアリーナ」を形成してきた過程を記述し，多国籍企業が地元バイオ企業や大学との関係構築を行うことで，集積がさらに強化されることを指摘している。

次に，多国籍企業とR&D集積の関係について具体的な事例をみてみよう。高橋浩夫（2000）は，1995年の商務省調査により，日本企業の在米R&D拠点242社のうち，93社がカリフォルニア州にあり，そのうち41社がシリコンバレーに立地しているとし，「マルチメディア分野では米国にデファクトスタンダードを握られているだけに，これらに追随するためには，シリコンバレーのビジネスとの交流を強化しなければならない」と述べている（p.122）。これに対しイギリスでは，大学のキャンパス内または近接地に建設されたサイエンスパークに日本企業のR&Dの多くが立地し，大学との共同研究を展開している点を特徴としてあげている[6]。

また野澤一博（2011）では，スコットランド自治政府が推進するバイオ産業クラスターと日系製薬企業との関係が明らかにされている。そこではR&Dセンターを建設するという投資形態ではなく，地元のバイオベンチャー企業への投資や大学との共同研究が中心となっていた。そうした投資の理由として，①卓越した研究拠点の存在，②行政の強力な支援，③高度に教育された労働者の存在，④安定した経済状況があげられていた。あわせて，不確実性や基礎研究への過度な依存，地理的・文化的な距離などの問題が指摘され，そうした距離を克服する努力とし

て，定期的かつ頻繁なミーティングと研究者の相互交換が行われているとのことである（pp.132-134）。

これに対し，シンガポールや台湾，中国などでは，政府が積極的に工業団地やリサーチパークなどを計画的に造成し，多国籍企業の誘致を進めてきた。その際，必ずしもR&D機能に特化することはなく，生産機能や流通・サービス機能がはりつくことも少なくない。しかも，同じようなR&D機能が隣り合わせで立地しているとしても，相互の関連がみられず，集積のメリットがみられないケースが多いものと考えられる（Reddy, 2000）。

中国のIT産業集積としては，北京の中関村がよく知られている。そこでは多国籍企業が地域企業にとって高度な技術の供給源となる一方で，地域企業は多国籍企業にとって彼らの製品のマーケティングやサービスをサポートする役割を果たし，クラスター内における相互依存関係が成立していたことが指摘されている（Zhou and Xin, 2003）。

ところで，グローバルR&Dの地域への波及効果については，地元企業との関係の希薄さが問題にされてきた[7]。これに対し最近では，多国籍企業と地域との関係に注目する研究が増えている。Journal of Management Studies誌の2011年3月号では，多国籍企業とローカルな文脈に関する特集が組まれ，冒頭でMeyer et al. (2011) は，多国籍企業のレベルと子会社のレベルでの地域への「多様な埋め込み」(multiple embeddedness) の重要性を強調している。またGassler and Nones (2008) は，オーストリアにおける外資系R&Dの比率がOECD諸国で最も高いことを統計的に確認するとともに，ヒアリングやアンケート調査によって，外資系R&Dが地域の競争力を高める役割を果たしていると述べ，地域的埋め込みを高めることが，立地特殊資産を生むことになり，空洞化対策になると指摘している。

3　研究開発人材の移動と知識フローのグローバル・ローカル関係

3.1　知識フローのグローバル・ローカル関係

松原　宏（2007）では，イノベーションの空間スケールをグローバル，ナショナル，ローカルの3層に分けるとともに，それぞれに対応する知識フローの議論を検討した。知識フローのグローバル・ローカル関係については，知識の類

第 1 章　グローバル知識結合と研究開発の地理的集積　　27

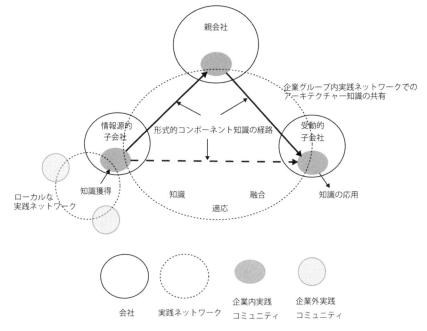

図 1-3　多国籍企業による知識移転の経路と実践ネットワーク
出典：Tallman and Chacar (2011), p.288 より作成。

型化と空間スケールとの対応関係を指摘する研究成果がこれまで注目されてきた。すなわち，形式知がグローバルなフローを形成するのに対し，地理的固着性の強い暗黙知により力点を置いて地域イノベーションを論じた研究（Maskel and Malmberg, 1999），統合的知識ベースと分析的知識ベースの違いに着目しながら，カナダのクラスターの類型化を行った研究（Gertler and Wolfe, 2006），ローカルバズとともに，グローバルパイプラインを通じた知識の流入も重要であるとした研究（Bathert et al., 2004）などである。

また Tallman and Chacar (2011) は，「アーキテクチャー知識」と「コンポーネント知識」という新しい概念を用いながら，多国籍企業内における実践ネットワーク，ローカルな実践ネットワーク，個々の実践コミュニティ間における知識移転の経路についての概念図を作成している（図 1-3）。ここでは，最もミクロな分析単位である実践コミュニティが，企業外部からの知識獲得と企業内部での知識移転のメカニズムの理解にとって重要であるとしている。企業内部の実践ネットワー

クで共有される「アーキテクチャー知識」は，きわめて移転が困難で企業特殊的で価値のあるものとされているが，実践のネットワークを通して「コンポーネント知識」（暗黙知と形式知が組み合わさったもの）と組み合わせれば移転可能となり，競争力の源泉となる新たな知識を生み出すことができることを示している。

3.2 研究開発人材のグローバルフロー

知識のグローバルフローの把握については，特許の出願者データ，論文の著者データなどの方法がこれまでとられてきた。このように，知識は形式知として，コード化され，物財の形をなしたり，情報流としてコンピュータネットワークを流動するものがあるが，人に体化して移転するものもある。しかも人に体化した知識は，経験を積む中で，あるいは他の人と交流する中で，著しく変化することが多い。したがって，どのように人を配置するかの経営判断，人的資源管理が，イノベーションにとって重要な役割を果たすことになる。問題は，そこに経済地理学的観点がどのような意義を持つかという点にある。

国際労働力移動に関しては，Sassen (1988) の研究が知られているが，彼女の場合は，多国籍企業を紐帯として低賃金労働者が多国籍企業の進出国から母国の世界都市の底辺労働の担い手として移動するメカニズムを明らかにしたものである。これに対して，Saxenian (2006) は，中華系やインド系の移民が，シリコンバレーでの半導体産業や情報通信産業などでの勤務経験を出身国に持ち帰り，台湾やインドのクラスター形成に寄与している点に注目し，エスニックネットワークや国際還流と呼ばれる現象に光を当てている。

また，高度人材[8]のグローバルフローについては，OECDが報告書を何度かまとめている。2001年6月にパリで開催された会議の記録をまとめた International mobility of the highly skilled と題した報告書（OECD, 2002）は，大きく4部から構成され，第1部では科学技術人材の国際的流動の定義と計測方法に関して，第2部と第3部ではOECD諸国と非OECD諸国とに分けて，高度人材の国際的移動とその経済的インパクトについて，第4部では政策の問題がそれぞれ取り上げられている。第1章では，定義とともに枠組みが提示されているが，第7章ではドイツ，フランス，イギリス，オランダといった欧州企業による外国人高度人材雇用に関する「IZA国際雇用調査2000」の結果が紹介されている。外国人高度

人材を雇用している企業の割合は，4カ国の対象企業全体の平均が11％で，オランダが17％で最も高く，業種では情報通信が相対的に高くなっていた。そうした人材の雇用の要因としては，言語とりわけ英語を流暢に話せることが最も重要であり，海外市場を熟知していることも上位にあがっていた。反対に，外国人高度人材を採用しない理由としては，言語の問題が最も高く，慣習などの社会・文化的差異が次にあげられていた。

また OECD（2008）では，韓国の ICT 産業の発展に「頭脳還流」が大きく関わってきた点を指摘するとともに，高度人材の立地的文脈の重要性について注目している。そこでは，高度人材が特定のクラスターに集中する傾向や，出身国による移民設立企業の地域的差異などに関する研究成果が紹介されている。

ところで，R&D 組織における人的資源管理施策の国際比較を行った蔡 芢錫（2002）は，従来の見解と異なり，「日本は，個人の自律性促進施策の得点が相対的に高いのに対して，部門間交流促進施策の得点は 5 カ国の中で最も低い」点を指摘している。これに対し，「イギリスは，プロジェクト・チーム制重視施策と外部活動促進施策の 2 つの得点が 5 カ国の中で最も高く」，インドも，「プロジェクト・チーム制重視施策の得点が相対的に高い」。また同じアジア NIES でも，台湾では「個人の自律性が重視されている」のに対して，韓国では「プロジェクト・チームを中心に R&D 組織を運営している」（p.199）。

日本，イギリス，インド，韓国，台湾，フランス，ドイツの 7 カ国の R&D 人材の国際比較を行った石川 淳・石田英夫（2002）によると，日本の研究者の流動性(転職経験者の比率)は 7.0％ と最も低く，最も高い台湾では 51.7％ にのぼった。現在の勤務先に採用された方法については，日本では「大学の先生の紹介」が際立って重要であるが，他の国では「会社案内や広告」と「直接応募」がより重要視されている。また，コミュニケーションの頻度を，部門内，部門間，外部に分けて比べてみると，日本の一般研究者の外部コミュニケーションが最も低かった。

このように，R&D 人材に関する国際比較が主に人的資源管理の観点から研究されてきているが，こうした研究成果をもとに，多国籍企業による R&D 拠点の組織編成や人材構成，知識フローの空間特性の研究につなげていくことが重要となろう。その際には，R&D 人材のローカルな側面についてもみていく必要がある。Fallick et al.（2006）は，シリコンバレーにおけるコンピュータ産業の大卒

者の転職率が高いことを実証するとともに，カリフォルニア州の法制度との関係で州内の他の同業種のクラスターでも同様の傾向がみられることを明らかにしている。また，クラスター理論における「労働者中心のアプローチ」を強調するBienkowska et al.（2011）は，スウェーデンの2つのICTクラスターを取り上げ，企業側としては定着を維持したいものの，労働者のモビリティがクラスター内での知識移転を促進する点を指摘している。

ただし，R&D人材がR&D集積との関連の中で多国籍企業によっていかに育成され，国際的流動と定着がどのように空間的に現出しているか，ひいてはそうした動きが知識のグローバル結合にどのように関わっているかについての研究は不十分であった。しかしながら，多国籍企業の本国で採用された外国籍高度人材の帰還移住に注目したChoudhury（2016）のような新たな実証研究も出てきている。ここでは，帰還移住者が，彼らの出身地に立地するR&D拠点における知識創造にどのような影響を与えるかについて分析し，彼らが多国籍企業の本国と進出先の現地研究者の"ブリッジ"として機能していることが示唆されている。こうした研究はまだ多くないが，高度人材の移動と知識フローとの関係について，より多様な地域的文脈のもとで明らかにしていくことが今後の課題になっている。

4　グローバルR&Dに関する経済地理学の課題

以上，多国籍企業は，現地市場に対応する開発拠点のみならず，ローカルな知識を吸収し，それらをグローバルに結合する研究拠点を，優れた研究環境を有するR&D集積地域に惹きつけられながら展開してきた。また先進国から新興国へとR&D拠点を拡大するとともに，コストを節約しながら研究開発人材の活用を図ってきた。

ところで，我が国ではR&D機能の空洞化が懸念されている。日本貿易振興機構（2010）では，今後期待されるR&D拠点として，中国が第1位にあげられている。他方で，新製品開発を目的としたR&D機能は，国内が依然として重視される方向にある。そうした中で，海外の製造拠点で獲得した収益をもとに，国内のR&D拠点の再投資をいかに実現するかが政策的課題となっている。

こうした点に関連して，アメリカの経済地理学者Malecki（2010）は「グロー

バルな知識と創造性－企業と地域の新たな挑戦」と題した論文の中で，R&Dのグローバル化について，研究（R）が少数の地域に集中する一方で，開発（D）はよりグローバルに拡散する傾向を指摘するとともに，専門化した暗黙知を結合させるより高度なR&Dの活動として「システムインテグレーション」をあげ，多国籍企業の本国内におけるホームベースの重要性を強調している。こうした指摘は，R&Dの国際分業における新たな局面に言及したものといえるが，具体的な分析がなされているわけではない。日本においても，首都圏近郊で新しい集約型R&D拠点の形成が指摘されているが（鎌倉夏来，2012），R&Dをめぐるグローバル競争が激化する中で，どのような地理的集積間の関係が創り出されてきているか，こうした点の解明が急がれているのである。

(鎌倉夏来)

注

1) 中原秀登（1998）は，研究開発の国際化の内容として，①日本での開発活動（海外情報の収集，外国人研究者の雇用，外国技術の導入），②海外での開発活動（研究者の海外派遣，海外委託研究，海外研究所の設置），③開発力の国際交流（研究者の国際交流，クロスライセンス，国際共同開発）などをあげている。

2) インテルの中国研究センターは，1998年に北京に設置され，2005年時点で75名の研究員を，またインドのバンガロールのデザインセンターは800名以上を雇用している。モトローラの中国とインドの研究所は，ともに1990年に設置され，2004年時点でそれぞれの従業員数は1,300，1,350（日本は130人）を数える。

3) Ronstadt（1978）は，①技術移転拠点，②現地開発拠点，③グローバル開発拠点，④基礎研究拠点の4類型，Behrman and Fischer（1980）は，①本国市場志向，②現地市場志向，③世界市場志向の3類型に類型化している。

4) アメリカ合衆国では，パナソニックのニュージャージー州の2つの研究所が紹介されているが，プリンストン大学などの優れた研究開発環境に加え，提携関係にあったRCAとの関係，技術や人材の集積，ニューヨークと比べた生活コストの安さが指摘されている。同じくプリンストンにあるNECリサーチ・インスティテュートについては，NECの専務取締役と友人関係にあったベル研究所のフェロー研究員を社長に迎えるという，トップマネジメントとして最適人材を確保できた点が重要だったとされている。

5) OECD（2011）では，計画的に整備されたサイエンス・テクノロジーパークの類型として，以下の5つをあげている。①大学に近い都市部のビルに多様なテナントが入る「インナーシティーイノベーションセンター」，②主に郊外のキャンパス内に位置する「キャンパスイノベーションセンター」，③大規模で多様なテナントを持つ「伝統的郊外型パーク」，④上記①にビジネス機能を付加したより規模の大きい「アーバ

ンビジネスパーク」，⑤パークというよりむしろ都市全体を刷新した「サイエンスシティ」の5つを紹介している。この中で多国籍企業は，一般的に③に研究所や販売子会社を立地させる傾向があるとしている（p.195）。
6) 高橋浩夫（2000）では，日立ケンブリッジ研究所の事例が詳しく紹介されている。同研究所は，日立製作所の英国法人日立ヨーロッパ社のR&D部門内のブランチラボとして，1989年にケンブリッジ大学物理学部内にキャベンディッシュ研究所の一角に設けられた。大学内に埋め込まれた研究所（Inbedded Laboratories）で，30名を越える体制で共同研究が行われ，1995年には低コストの新型メモリーが開発された。
7) 富士通シンガポールは，1973年に設立され，主にテレコミュニケーションのR&Dに関わってきた。当地域への主な立地理由は，日本でのエンジニア不足と市場への近接性であった。しかしながら，技術レベルの差と知的財産権保護を理由に，地元企業や地元の大学との交流はほとんどなかったとされている（Reddy, 2000）。
8) OECD（2008）では，高度人材を「国際標準教育分類での3つの高等教育レベル（大学型高等教育，非大学型高等教育，上級研究学位プログラム）に区分されるとし，また研究開発人材については「研究開発分野に直接雇用される全ての人材」とされ，研究開発分野の管理者，技術者，研究者がこれに含まれるとしている。

第2章

日系電機企業による研究開発の海外展開

1 日系電機企業の海外R&D

前章では，多国籍企業によるグローバル知識結合とR&Dの地理的集積に関する研究成果をみてきた。ここではまず，『海外進出企業総覧』(東洋経済新報社)をもとに，日本企業の海外研究開発拠点の概況をみてみよう[1]。海外研究開発拠点の地域別設立時期をみると，1980年代後半以降から増加し，80年代後半までは北米とヨーロッパが中心であったのに対し，90年代以降はアジア，とりわけ2000年代以降は中国に拠点を設置する企業が増えてきていた。業種・地域・時期別に研究開発拠点数を整理してみると，電気・電子機器，化学・医薬，機械，自動車・部品などの業種で拠点数が多く，いずれの地域でも電気・電子機器の割合が高いが，ヨーロッパでは化学・医薬，北米では化学・医薬，自動車・部品の割合が相対的に高くなっていた。

次に，それぞれの研究開発拠点が，「A．研究開発機能のみの拠点」，「B．生産・販売・管理・統括等の機能も有する拠点」，「C．設計・技術指導等の拠点」のいずれであるかによって区分し，地域別に集計してみた。その結果，中国以外のアジアではC，中国ではB，ヨーロッパや北米ではAとBともに多いことが分かった。アジアとりわけ中国では，電気・電子機器や機械の生産拠点の海外立地に伴って研究開発活動も進出したのに対し，欧米では，現地の技術資源を活用した高度な研究活動がなされていることがうかがわれる。

このように，日系多国籍企業の海外R&Dは，1980年代に本格化するが，その先導的な役割を電気・電子機器産業が果たしてきたといえる[2]。本章では，日系電機産業を代表する企業として，パナソニック（以下では当時の名称の松下電器を使用）を取り上げ[3]，海外研究開発活動の歴史を概観するとともに，2006年

時点での，中国における海外研究開発活動の内容をより詳しく分析することにしたい。

2　松下電器グループの海外研究開発活動

　松下電器グループ（以下，松下電器と略す）の海外研究開発活動は，1970年代に遡る。最初の海外研究開発活動は，1976年に日米の文化交流の一助として，米国のマサチューセッツ工科大学に100万ドルを寄贈し，その基金をもとに医療電子工学の研究を目的とした学科を設立したこととされる。初の海外研究所は，1981年に音声技術の研究を目的として設立されたパナソニック・スピーチテクノロジー研究所であった。同年，アジアでの最初の研究所として，台湾にパナソニック台湾研究所が設立された。同研究所は自然言語処理やコンピューティング技術に関する研究が設立目的となっていた。1980年代までに設立されたこれらの海外研究所は，「海外人材の活用」・「日本の開発の一部を負担」という目的で設立・運営された（小澤純雄，2002）。しかしながら，この時期における研究開発活動のメインは日本にあった。

　1990年代になると，海外事業からの要望や現地市場向け開発の必要性によって研究所が設立されるようになった（小澤純雄，2002）。海外研究所の数が増加し，また重要性も増したことで，日本の研究所と海外研究所とは，互いに連携を取り合って，世界全体で協力し合いながら研究開発活動を行うようになった。

　この背景の1つには，日本の研究開発力の補完が挙げられる。すなわち日本だけにとどまらず，より広範囲で優秀な人材を確保することにより，日本国内で不足する開発力を補うことをねらったのである。また市場の広がりを受け，各市場の地域特性を活かした商品開発を行うこと，さらには，開発から製造，販売までの機能を集約させることで，スピードアップと効率化を図る目的もあった。これらの他に，諸外国の政府による誘致政策も関わっていたと考えられる。

　海外研究所の重要性が増したことで，マネジメント方法も変化した。1995年までの海外研究所のマネジメントは，「親研究所－子研究所」という関係であった。すなわち，海外のある研究所A'は，日本の同じ事業部門の研究所Aが全て管理するという方式であった。1990年代初頭までは海外研究所の機能が単純で，か

つ規模も小さかったため,このような方法で問題はなかった。しかし,海外研究所の数が増え重要性が増すにつれ,「親研究所」だけでは面倒を見切れないばかりか,「子研究所」が活性化しないという問題が出てきた。また,「子研究所」の機能が多様化すると,1つの「子」を管轄する「親研究所」が複数にまたがる場合もあり,管理が複雑になった。よって1996年以降,日本の研究所と海外研究所は,より相互に依存しあい,かつ自律的な"autonomy /solidarity"の関係に変化した。本社研究所や海外地域統括会社など複数組織の管理下にあった海外主要5研究所[4]が,本社の中央研究所などと同格の本社直轄体制となり,国内外の研究開発拠点同士のさまざまなレベルでの交流が活発化したのである。

　アジアでの研究開発活動が徐々に活発化し出したのもこの時期である。1996年には中国において,パナソニックチャイナ有限公司傘下にソフト開発のR&Dセンターが設けられた。またマレーシアでは,100％現地設計のアジア専用モデルのエアコンが発売された他,生活研究センターで本格的な自主開発が開始された。

　2006年時点で,松下電器の海外研究開発拠点は,米国,欧州,そして中国を含むアジアという3地域に展開し,海外における研究開発会社は計20社,そのうち本社が統括する研究開発会社（以下,研究開発統括会社）は11社であった（表2-1）。

　海外研究開発活動は,基本的にこれらの研究開発統括会社の傘下の研究開発組織と,社内分社の海外研究開発会社とが連携を取りながら行われていた。各研究開発統括会社の傘下には,研究テーマに即した研究所や開発センターが複数存在した。本社は主に各研究開発統括会社の外枠（資金,人事など）を管理し[5],傘下にある研究所や開発センターが,それぞれ本社研究所や社内分社のドメイン研究所と結びつき,具体的な研究開発活動を行った。たとえば米国を例にみると,本社が統括するパナソニックR&Dカンパニーアメリカの傘下に7研究所・3開発センターという計10カ所の研究開発組織が存在していた。各研究開発組織は,本社研究所や社内分社であるパナソニックコミュニケーションズ社,パナソニックAVCネットワークス社の研究所と結びつき,それぞれのテーマに即した研究開発活動を行っていた。これらの拠点は西海岸,東海岸の両極に分布し,音声技術やマルチメディアコンテンツ関連技術,デジタルテレビなどデファクトスタンダードを追求するような新規技術の基礎研究が行われていた。欧州には,ドイツ,

表 2-1 松下電器グループの海外研究開発会社

米国		○	パナソニックノースアメリカ㈱パナソニック R&D カンパニーアメリカ
			パナソニック AVC 北米研究所
			パナソニックプラズマディスプレイアメリカ研究所㈱
		×	パナソニック MC 開発アメリカ㈱
欧州		○	欧州パナソニック R&D センターヨーロッパ
		○	パナソニックオフィスワークステーションズ（イギリス）㈱
		○	パナソニック R&D センタードイツ㈲
		○	パナソニックソフトウェア開発研究所（チェコ）㈲
			パナソニック MC 開発ヨーロッパ㈲
アジア		○	パナソニックシンガポール研究所
		○	パナソニック R&D センターマレーシア
			マレーシア松下電化機器 R&D センター㈱
			パナソニック HA エアコン R&D センターマレーシア
			パナソニック HA R&D センタータイ
		○	パナソニック台湾研究所㈱
	中国	○	パナソニック R&D センター中国㈲
		○	パナソニック R&D センター蘇州㈲
		○	パナソニックソフトウェア開発（大連）㈲
			コスモビック・テクノロジー㈲
			パナソニック AS 開発天津㈲

注：○印を付けたものは研究開発統括会社，×印は閉鎖予定（2005 年 12 月 9 日松下電器ニュースリリース参照）
出典：『松下電器グループの実態 2006 年版』（アイアールシー），
　　　『海外進出企業総覧 2005 年版』（東洋経済新報社）などより村田作成。

イギリス，チェコに計 5 社の研究開発統括会社と社内分社の研究開発会社があり，傘下の研究開発組織で移動体通信ソフトウェア技術やデジタル TV 関連技術など，主に規格に関わる技術の基礎研究が行われていた。米国や欧州は特に「研究開発地」としての位置づけが強く，人件費等の問題から製造部門は徐々に南米や東欧にシフトしつつあった。

　アジアには，中国，台湾，シンガポール，マレーシアに計 11 社の研究開発統括会社と社内分社の研究開発会社，家電製品から携帯電話，ソフトウェアにいたるまで，多岐に渡る内容の研究開発活動が行なわれていた（表 2-2）。アジアの中でも研究開発拠点として重要視されていたのがシンガポールと中国であった。英語が使え，優秀な技術者が多いシンガポールでは，新規技術や規格に関する技術の基礎研究が行われていた。そして，とりわけ 2000 年代以降に研究開発地と

表 2-2 松下電器グループのアジアにおける研究開発活動

組織名	設立年	事業内容
パナソニックシンガポール研究所	1996	映像音声信号処理の研究および各種自動検査装置の開発
パナソニック R&D センターマレーシア	2003	マルチメディア関連商品のソフト開発設計および産学連携推進事業
マレーシア松下電化機器 R&D センター	2000	アジア海外会社における洗濯機等の設計・開発
パナソニック HA エアコン R&D センターマレーシア	1991	エアコンの設計・開発
パナソニックコンプレッサー R&D センターマレーシア	1997	空調用コンプレッサおよびコンプレッサモーター等の設計・開発
パナソニック HAR&D センタータイ	2006	洗濯機，冷蔵庫，炊飯器，ジャーポットの設計・開発
パナソニック台湾研究所	1981	自然言語処理およびコンピューティング技術の研究開発
パナソニック R&D センター中国	2001	電気・電子・情報通信・ソフトウェア技術および製品・部品・材料の研究・開発・設計・実験
パナソニック R&D センター蘇州	2002	家電製品の設計・開発
パナソニックソフトウェア開発（大連）	2004	ソフトウェアの開発設計受託
コスモビック・テクノロジー	2002	第 3 世代携帯電話機のコア技術ノウハウのサブライセンス，開発受託等
パナソニック AS 開発天津	2003	カー TV 商品の一貫開発設計、カーマルチメディアグローバル開発力の支援

出典：『松下電器グループの実態 2006 年版』（アイアールシー），
『海外進出企業総覧 2005 年版』（東洋経済新報社）などより村田作成。

しての重要性が増している中国では，後述するように 5 カ所の研究開発会社が設立され，基礎研究から商品開発まで，多岐にわたる内容の研究開発活動が行われてきた。

　以上のような"autonomy /solidarity"というマネジメント方法の下では，全体の連携とテーマごとの研究所間の協力が促進されていた。まず全体の連携を取るための場として，年に 1 回海外でグローバル R&D 会議，そして日本で事業計画検討会が開催されていた。事業計画検討会では，日本国内の研究所所長，本社の海外研究所担当の役員，海外研究所の社長，海外 R&D センターの所長などが集まり，研究テーマや予算が話し合われ，契約が結ばれた。検討会で決定した事項については，各研究所のトップが全て責任を持って管理し，またテーマごとの連携を目的として，2 カ月に 1 回のペースで研究テーマ別の開発検討会が開催されていたのである。

3 松下電器グループの中国における研究開発活動

3.1 中国における研究開発拠点の展開

　松下電器グループの中国における最初の研究開発拠点は，1996年にパナソニックチャイナ有限公司[6]傘下に設けられたR&Dセンター（CMCRDC[7]）であった。同センターの事業内容は，中国の大学との共同開発，中国での科学技術情報収集，日本の研究所のリエゾンなどであった。

　本格的な研究開発活動は，2001年2月に，CMCRDCを発展させ北京市にパナソニックR&Dセンター中国有限公司を設立したことに始まった。翌2002年には，蘇州市にパナソニックR&Dセンター蘇州有限公司，NEC・華為との合弁で上海市にコスモビックテクノロジー有限公司，2003年には天津市にパナソニックオートモーティブシステムズ開発天津有限公司，2004年には大連市にパナソニックソフトウェア開発大連有限公司が次々と設立され，中国における研究開発拠点は計5カ所を数えた（表2-3）。

表2-3　パナソニックR&Dセンター中国有限公司の開発内容

組織名	関連部署	事業内容
パナソニック北京研究所	本社研究所	中国言語語処理技術，中国ネット家電技術などの基礎研究と応用研究
先端移動通信研究所	パナソニックモバイルコミュニケーションズ社	移動体通信の端末設計，第3世代，第4世代の研究開発など
AVC中国開発センター	パナソニックAVCネットワーク社	情報家電関係ソフト開発など
MACO中国開発技術センター	松下電子部品（株）	中国市場向け通信デバイスなどの研究開発・調査分析など
ソフトウェア開発推進センター	本社ソフトウェア開発本部	ソフトウェアの品質・生産性向上支援，開発力強化など

出典：会社資料をもとに村田作成。

3.2 研究開発機能の「現地化」

　2000年代以降中国において次々と研究開発拠点が設けられた理由の1つには，中国市場が急拡大したことが挙げられる。多くの企業が中国市場へ参入し，競争が激化する中で，中国市場のニーズをより反映した商品を市場に導入しなければ

勝ち残れなくなってきた。従来は日本で設計まで行ったものを中国で販売するか，あるいは中国で簡単な設計を行うのみだったが，中国市場のニーズをより反映した製品開発を行う必要が出てきたのである。

2003年に設立されたパナソニックオートモーティブシステムズ開発天津有限公司では，中国における自動車需要の高まりを背景に，中国で販売する車に対応したカーナビやカーオーディオなどの開発を行ってきた。それと同時に，日本でカーAV製品を担当するパナソニックオートモーティブシステムズ社，2003年に米国で設立されたパナソニックオートモーティブシステムズアメリカ社，2004年にイギリスで設立されたパナソニックオートモーティブシステムズヨーロッパ有限会社と連携を取りながら，松下電器グループカーエレクトロニクス事業のグローバルな成長へ貢献する役割も担ってきた。

このような市場対応を目的とした研究開発活動の中でも，特に重要なものとして，携帯電話やデジタルテレビ，家庭用ネットワークなど，地域ごとの規格に左右される製品が挙げられる。中国でこれらの製品を販売するためには，中国の規格を製品にも反映させなければならない。そのためには，まず中国の規格情報を入手する必要があるが，情報を入手するには，自社でも中国の規格に関して研究開発活動を行い，関連学会に参加して情報を交換し合うなど，ある程度インサイダー化してギブアンドテイクの関係を構築する必要があった。このような情報へのアクセスが，中国における研究開発活動の1つの重要な側面といえる。

中国でこのような活動を行っていたのは，北京市中関村にあるパナソニックR&Dセンター中国有限公司であった。同社は先述したようにCMCRDCを発展させ独立させたもので，中国における初めての本格的な研究開発拠点であった。同社には，北京研究所（本社研究所管轄），先端移動通信研究所（パナソニックモバイルコミュニケーションズ社管轄），AVC中国開発センター（パナソニックAVCネットワークス社管轄），MACO中国技術開発センター（松下電子部品株式会社管轄），ソフト開発推進センター（本社ソフトウェア開発本部管轄）という2研究所，3開発センターが開設されていた。これらの研究開発組織は，管轄元である本社研究所や社内分社のリエゾンオフィスとして中国の規格情報を入手するとともに，中国の規格に対応したAV製品の基礎的レベルの研究開発を中心に，グローバル市場への供給を見据えた製品開発が行われていた。また中国の主要大

学や研究機関が集積する中関村という立地条件を活かし,清華大学,中国科学院,北京郵電大学,北京大学などとの共同研究も行われていた.

3.3　日本の研究開発機能の補完

中国における研究開発活動を促進させているもう1つの理由として,日本の研究開発機能の補完が挙げられる.そうした背景には,日本の大学における研究テーマの変化に伴う,従来型技術の技術者減少が挙げられる.冶金工学や燃料工学,醗酵工学,空調工学などは,日本国内ではこれらの従来技術に対する大学のアクティビティが低下し,技術者の数も減りつつある.しかしながら中国では,まだこれらの分野を研究している大学は多く,技術者の数も多い.日本では集めにくくなった分野の技術者を補完する場所として,中国の役割が大きかったのである.上海市・杭州市・広州市・無錫市など,松下電器グループが家電関連の工場を展開している揚子江デルタ地帯の中心・蘇州市に,家電関係の研究開発を行うパナソニックR&Dセンター蘇州有限公司が設立された背景には,そのような事情があった.

なお,同社が設立されたもう1つの背景としては,中国国内での人材確保の問題もあった.すなわち同社設立以前は,各製造子会社で製品のマイナーチェンジ等が行われていたが,それ以上の高度な開発をしようとすると,「工場で工員と一緒に働く」ことに対する抵抗感などから,なかなか技術者が集まりにくいという問題があった.そこで,「松下電器グループ」という看板を掲げたパナソニックR&Dセンター蘇州有限公司を設立することで,技術者の確保を図ったのである.同社の傘下には,空調機器研究開発センター(パナソニックホームアプライアンス社直轄),照明光源研究開発センター(照明社直轄)があり,中国市場向け製品の設計開発を行うとともに,グローバル機種になるような商品の開発も行われていた.

2つ目の背景には,製品のデジタル化に伴って,製品開発に占めるソフトウェア設計の割合が増し,日本国内だけでは技術者が足りなくなったことが挙げられる.パナソニックソフトウェア開発大連有限公司は,日本国内で不足しているソフトウェア技術者を補完する目的で設立された.同社では松下電器の製品に組み込まれる日本語ソフトウェアの開発が行われてきた.大連に進出した背景としては,優秀な人材が豊富で,日本語教育が熱心に行われていることが挙げられる.

同社では中国市場向け製品だけでなく、世界市場向けに生産・販売される製品に組み込まれるソフトウェアも担当してきた。この他の理由としては、中国政府が2000年代以降に、外資企業の研究開発拠点設置に対して、各種の優遇政策を打ち出したことも挙げられる。

4　グローバルな研究開発体制における中国の位置づけ

　松下電器のグローバルな研究開発活動は、製品の形態別に「共通タイプ」、「プラットフォームタイプ」、「個別対応タイプ」という3つのタイプに分けられていた。「共通タイプ」とは、DVDやVHSなどのAV機器や、部品や部材など、世界中で仕様が標準化されている「グローバルスタンダード製品」の研究開発活動である。これらの製品は、最終的なアプリケーションの開発こそ各市場に対応して行われるが、基本的にはどこの国、地域で研究開発を行ってもよいと考えられる。

　DVDを例に挙げると、研究開発を行っているのは本社研究所、社内分社であるパナソニックAVCネットワークス社の技術部門、そして米国のパナソニックハリウッド研究所、シンガポールのパナソニックシンガポール研究所などであった。パナソニックハリウッド研究所は、2001年4月にハリウッドのユニバーサルスタジオ内に設けられた。同研究所では、ユニバーサルをはじめとするハリウッドの映画スタジオや音楽のレーベルと協力し、ブロードバンドや広帯域の移動体通信インフラに向けた配信サービスの方式に関する技術開発が行われていた他、DVDの編集に関わる技術開発、次世代DVDの標準化活動も行われていた。主要な研究開発地は日本に集中していたが、映像や音楽に関する最先端の研究開発が行われているハリウッドという場所の特性を活かし、同地で新規技術のシーズ発掘が試みられていた。またシンガポールでは、現地の優秀な人材を活かして映像や音声処理に関する研究が行なわれ、中国の大連市やチェコなどで、世界市場向けAV製品全般のソフトウェア開発が行なわれていた。

　以上のように、「共通タイプ」は世界中の拠点を視野に入れ、それぞれの工程ごとに最適と思われる場所で研究開発活動を行い、最終的に1つの製品を作り上げていたと考えられる。中国はそのネットワークの中でも、豊富な人材供給によるソフトウェア開発拠点という位置づけであった。

2つ目は「プラットフォームタイプ」である。デジタルテレビや第二世代の携帯電話など,国ごとに規格や方式が異なる「リージョナルスタンダード製品」は,研究開発の際に規格に関する情報収集が鍵となる。そのため各国で研究開発活動を行い,学会へ参加するなど,ある程度インサイダー化する必要がある。またそれぞれの国に研究開発拠点を設けた方が,接続性や受信性能などのテスト結果を次の研究開発にフィードバックしやすく,効率的である。そのため,コア部分のプラットフォームが開発された後に,それをベースに各国の規格に対応した開発設計が行われる。

たとえばデジタルテレビは,日本,米国,欧州(イギリス,ドイツ,チェコ),中国に,それぞれ研究開発拠点が設けられていた。日本では本社研究所およびパナソニックAVCネットワークス社でコアとなるプラットフォームの開発が行われ,米国,欧州,中国では,各地域の通信方式に対応した受像機やソフトウェアなどの開発が担われた。海外の各研究開発拠点は,各地域の研究開発統括会社の傘下で運営されていたため,本社と対等な関係にあり,製品プロジェクトも各地域にまたがって行われてきた。

最後の「個別対応タイプ」には,リージョナルスタンダード製品の中でも移動体通信の基地局,家庭用電気機器など,国や地域ごとの独自のニーズに特に密着した製品の研究開発があてはまる。たとえば家庭用電気機器は,文化や生活様式によってコンセプトから練り直す必要がある製品である。白物家電に関する研究開発は,日本,東南アジア(タイ,マレーシア),中国で行われてきた。日本では,本社研究所で次世代の技術シーズを見つけるべく基礎研究が行われ,それぞれの製品に関わる応用開発や設計は,パナソニックホームアプライアンスグループ傘下の3つの社内分社(松下ホームアプライアンス社,松下冷機株式会社,松下食品システム株式会社)における,各製品ビジネスユニットの技術部門で行われてきた。日本市場・欧米市場向け製品の開発は,基本的に日本で行われ,東南アジアでは,1996年6月に設立されたパナソニックホームアプライアンスエアコンR&Dマレーシアで,東南アジア向けエアコンの開発設計が行われていた。1998年10月にはパナソニックコンプレッサーR&Dセンターマレーシアが設けられ,エアコン用部品の開発設計も行われるようになった。また2005年9月に設立されたパナソニックホームアプライアンスR&Dセンタータイでは,東南アジア向

けの洗濯機，冷蔵庫，炊飯器，ジャーポットの開発設計が行われており，東南アジア市場向けの家庭用電気機器に関しては，タイが研究開発の中心的な拠点であった。

これに対し中国では，2002年に設立されたパナソニックR&Dセンター蘇州有限公司傘下の空調機器研究開発センター，照明光源研究開発センターにおいて，エアコンや照明の開発設計が行われ，中国市場向けの洗濯機，炊飯器，掃除機などの家庭用電気機器に関しては，2004年9月に設けられたパナソニックホームアプライアンス杭州有限公司（PHAH）のR&Dセンターで開発設計が行われていた。杭州市には，中国の中でも特に家電関連の生産拠点が集積していることを背景とし，2004年10月に中国におけるホームアプライアンス事業の重要戦略拠点として「松下杭州工業団地」が建設された。同工業団地には，洗濯機，炊飯器，温水洗浄便座，掃除機，エアコン用コンプレッサーなど計6社の製造会社が存在した。PHAHは，中国におけるホームアプライアンス事業の統括会社として同工業団地内に設立された。2005年3月には，中国の地域統括会社である松下電器（中国）有限公司の傘下に中国生活研究センターが設けられ，家庭用電気機器に関する中国市場のニーズ把握や商品企画などが行われるようになった。PHAHのR&Dセンターは，この中国生活研究センターにおける研究成果をもとに，製品開発を行っていた。

家庭用電気機器の研究開発は，以前は日本・欧州・米国という三拠点で行われていたが，人件費などの問題から欧米の研究開発拠点を維持するのが困難になったため，2000年代以降は上述のような日本・タイ・中国という三極で展開されるようになった。特に中国は，市場としても研究開発拠点としても最も重要視され，ホームアプライアンス事業の経営資源の集中が図られてきた。中国市場向け製品の設計開発が行われてきたが，日本の研究開発拠点とも緊密に連携しながら，中国を家電製品のグローバルな供給地点とすることが目指されていた。一方で最先端の分野では，「ヒートポンプななめドラム洗濯乾燥機」や「お掃除ロボットエアコン」など，異なる商品分野のブラックボックス技術を融合させて先行開発力を強化させることが必要になっていた。そのため日本国内では，本社研究所とホームアプライアンスグループの技術部門とがより緊密に連携しあい，先行技術の開発に特化することが目指された[8]。

5 グローバルな研究開発体制の展望

これまでの議論を整理しよう（図2-1）。松下電器グループのグローバルな研究開発体制において中国の重要性が高いのは，「プラットフォームタイプ」および「個別対応タイプ」の製品に関わる研究開発活動であった。

まず「プラットフォームタイプ」には，デジタルテレビや携帯電話，カーAVなどのAV製品が含まれる。全社的に重要な研究開発課題となっているこれらのAV製品は，共通した製品プロジェクトの下，世界各地の研究開発統括会社間で連携し合って，各地の知識を活用しながら効率的な研究開発が行われてきた。日本の本社研究所や社内分社の技術部門でプラットフォームが開発されたのち，そのプラットフォームをベースにして，各地域の通信方式や規格に合わせた製品開発が行われてきた。中国では，北京でデジタルテレビと携帯電話の製品開発が，天津でカーAVの製品開発が行われてきた。中国はこれらの製品の市場が急速に拡大していることに加え，特に携帯電話については規格に関する情報を収集する必要があることなどを背景とし，グローバルな研究開発体制の戦略拠点の1つに位置づけられていた。

次に「個別対応タイプ」には，洗濯機，掃除機，炊飯器などの家庭用電気機器が含まれる。これらの家電製品は，担当する市場ごとに，日本・タイ・中国で独立した研究開発体制が敷かれていた。家電製品の市場が大きい中国では，中国人技術者の知識を活かし，中国市場向けの製品開発が行われていた。また中国の大学では，日本では「従来技術」となってしまった家電製品のハードに関わる技術の研究が盛んに行われており，技術者の数も多い。そのため，中国における家電製品の研究開発には，日本では獲得しにくい分野の技術者を確保し，日本での研究開発を補完する目的も含まれていた。以上のような理由を背景として，中国は松下電器のホームアプライアンス事業における重要戦略拠点に位置づけられてきた。

両タイプとも，拠点間での知識伝達は，人の往来による暗黙知の伝達が中心であった。プラットフォームタイプの場合，世界中で共通したプロジェクトの下で製品開発が行われていたため，日本から中国，中国から日本，中国から欧米，欧

研究開発体制
製品事例
目的
進出理由
知識フローの形態
知識伝達の方法

第 2 章　日系電機企業による研究開発の海外展開　　45

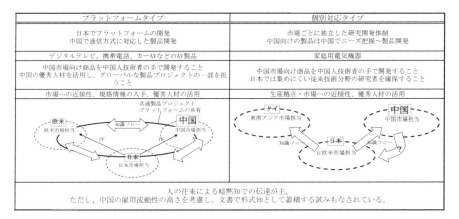

図 2-1　製品内容の 2 類型と知識のグローバル結合
出典：聞き取り調査および会社資料，ホームページ等をもとに村田作成。

米から中国など，さまざまな方向で人の往来があった。またプロジェクトの際の使用言語は，基本的に英語であった。一方個別対応タイプの場合，製品プロジェクトはそれぞれの研究開発拠点で独立して行われたため，拠点間の人の往来は，日本から中国という流れがほとんどであった。製品プロジェクトごとに日本から技術者が 3 ～ 5 年期間出向した他，設計・図面起こし，金型製作の際に日本から 5 ～ 6 名の技術者が出張した。中国での製品プロジェクトは，日本人が指揮をとっていたので，用いられる言語は日本語が中心であった。

　しかしながら，「労働契約」による有期雇用制度を基本としている中国では，日本と比較して雇用の流動性が高いという特殊事情があるため，仕事上で 1 つのステップを終えるたびに内容をドキュメント化するといった形式知の蓄積が図られてきた。また仕事をペアで行うことにより，知識をオーバーラップさせ，退職による知識の喪失を防ぐといった対策も採られてきた。

　2001 年 12 月には，松下電器グループの開発力集結による技術リソースの効果的活用と重点テーマの強化を図るために，「松下グループ開発プラットフォーム体制」が構築された[9]。この体制により戦略商品やコア技術ごとに開発力を終結することで，商品化の加速および競争力のあるコア技術の創出を強化してきた。

　以上，松下電器の事例を中心にみてきたが，他の日系電機企業も同様に，グローバルな研究開発体制の構築に努めてきた。しかしながら，薄型テレビをめぐる競

争に表れているように，その後の韓国や台湾，中国メーカーとの競争激化は，事業そのものの大幅な再編を迫るものであり，これまで積み上げてきた研究開発体制のさらなる変更をもたらすことになったのである。

（村田彩子）

注
1) 東洋経済新報社の『海外進出企業総覧2005（会社別編）』をもとに，海外現地法人の事業内容に「研究」「開発」が挙げられているものを抽出した。また，「設計」「デザイン」「技術指導」も，研究開発活動に準ずるものとして抽出した。なお同書は，企業による回答内容をもとにしている点に留意する必要があるが，全体的な概要を把握するために利用した。
2) 2000年代以降の日系電機企業のリストラクチャリングにより，海外の研究開発拠点の閉鎖・撤退も少なくない。
3) 本章の記述は，2006年7月～12月にかけての日本国内および中国での聞き取り調査によるもので，当時は2003年に実施された14事業ドメイン別のグループ新体制が採られていた。その後2008年にはパナソニック㈱に社名変更がなされ，2013年には事業部を基軸とした4カンパニー制（アプライアンス，エコソリューションズ，AVCネットワークス，オートモーティブ&インダストリアルシステムズ）がスタートするなど，大幅な事業再編がなされている。
4) 1996年4月に，ドイツの「パナソニック欧州研究所」とシンガポールの「パナソニックシンガポール研究所」が独立法人化し，米国，イギリス，台湾を合わせた海外主要5研究所が，本社の直轄組織となった。
5) 日本の本社は，本社管轄の海外研究所に関する予算決定権，そして本社から出向する日本人に関する人事権を有していた。研究テーマの起案権はないが，本社から予算を出したテーマに関しては，オーソライズする権利があった。
6) 松下電器グループの中国における地域統括会社（1994年9月設立）。
7) 中国松下電器有限公司R&Dセンター（China Matsushita Corporation Research & Development Center）
8) 松下電器産業株式会社ニュースリリース2007年1月15日による。
9) たとえば，同社が戦略商品としているAVC商品に関しては，本社研究所，AVC社R&Dグループ，AVCネットワーク事業グループの開発体制の一元化をはかり，重点商品の集中的・効率的な開発を推進するために「AVCモバイル・サーバ開発センター」が設置された（戦略商品開発体制）。また，マルチメディア分野では，共通コア技術の連携および開発のスピードアップのために，研究所や開発センターの統廃合が進められた（コア技術プラットフォーム開発体制）。

第3章

パリ大都市圏における研究開発集積の変容

1 パリおよびイル・ド・フランスにおける研究開発集積

　パリはフランスにおいて非常に特殊な地域であり，人口や経済活動がフランスの他の都市に比べて著しく卓越している。イル・ド・フランス地域圏は，パリを中心とした8県からなる地域圏である（図3-1）[1]。この地域圏のフランス全土に対する面積は2.2％にすぎないが，約1,200万弱の人口（パリ市は220万人）を有し，GDPは国全体の40％を占める。

　イル・ド・フランス地域圏には，第2次世界大戦前よりパリからの工業の分散が進み，1950年代には重工業（化学，鉄鋼，自動車など）の大きな集積が存在していた（礒部啓三，2003）。1960年代になると，フランス政府は，パリ一極集中，パリの過密を問題とし，都市機能を地方都市に分散する「均衡メトロポール」策

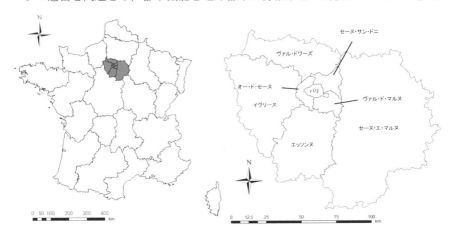

図3-1　イル・ド・フランス地域圏の位置と構成自治体（岡部作成）

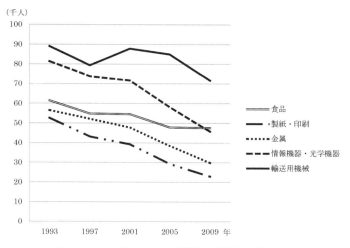

図 3-2　イル・ド・フランス地域圏の工業従事者数の変化
出典：Unistatis 資料より岡部作成。

を打ち出すとともに[2]，パリ地域への工場の立地を抑制したために，生産拠点の新設を控える企業も多かった。この後，パリ地域の工業は，オイルショックなどを経て，減少してきた。こうした減少は企業内部の論理に基づくことが多く，多くの企業がより低廉な労働力やより低い地価を求めて，生産機能をパリから地方や国外へ移したり生産拠点を閉鎖したりし，パリの拠点を本社機能や研究開発機能に転換させた（Boyer et al., 2005）。

このように，減少傾向を示しているとはいえ，パリの工業において大きな雇用を有しているのは，輸送用機械，情報機器，食品工業，金属産業，製紙・印刷業である（図3-2）。輸送用機械の内訳は，自動車と航空宇宙産業[3]が中心となるが，自動車産業ではルノーとプジョー・シトロエンというフランスの2大自動車企業の本社があり，製造部門の従事者数は大きく減少しているものの，R&D機能の集中は顕著である（Winden et al., 2011）。

このように，パリおよびその周辺地域は，フランスにおけるR&D拠点としての性格を強めている[4]。イル・ド・フランス地域圏の全産業従事者数の2.6%がR&Dに従事しており，従事者数も増加している。R&Dに関する重要な拠点としては，まず第1にパリやその郊外の大学群があげられる。この他多くの大学校（グラン・ゼコル）があり，研究機関同士をOBのネットワークを通じて結び付け，

第 3 章　パリ大都市圏における研究開発集積の変容　　49

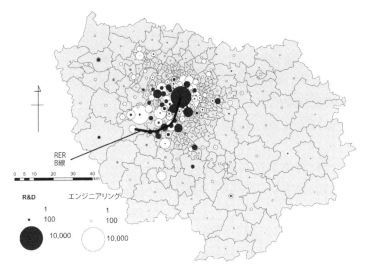

図 3-3　2009 年のイル・ド・フランス地域圏における R&D 人材の空間配置（人）
出典：Pôle emploi 資料より岡部作成。

公的な研究に大きな影響を及ぼしている。また，重要な研究機関が集まっており，その中でも特に国立科学研究センター（CNRS）は地域圏内に 540 の研究室と 1 万 2 千人の研究者を配置するなど，中心的な役割を担っている。さらには，大企業の研究所もパリ都市圏に集中して立地している。

　図 3-3 は，R&D 従事者の分布を示したものだが，パリを中心に南部の隣接した自治体にかけて偏在し，パリの南部に 1 つの軸が存在していることがみてとれる。この軸は，パリから教育・研究機関が集積する「サクレーの丘」に至る軸で，フランスの「成長軸」とみられている。

　こうしたパリ南部の集積形成は，計画されたものではなかった（Castells and Hall, 1994）。ジョリオ・キュリーが原子力に関する研究所をこの地に開いたことと軍学校があったことが発端で，1950 年代に原子力や軍事に関連する国の研究機関が立地，その後パリ大学の科学部門が，また 1980 年代には，ハイテク関連の産業がこの地域に進出してきたとされる。パリ地域の総合スキームにおいてこの地域が発展の重要な核とされ，TGV や高速道路，近郊鉄道が建設され，これらが複合的に重なり，研究開発集積が発展してきたのである。

　ただし，こうしたパリの研究開発集積に問題がないわけではない。第 1 に大都

市圏の過密問題や高い生活費，交通問題などがある。グルノーブルのような相対的に小さな都市では，必要な人物や要素にアクセスしやすいのに対し，パリでは情報過剰で，人とのアクセスやネットワーク構築の困難さが指摘されている。第2に，中小企業の多くが多国籍企業や大企業グループに従属的であり，異なるグループ間の接触が困難で，イノベーションに制約があるとされている。加えて，研究分野の細分化が進み，研究開発諸機関同士の連携が不十分である点も指摘されている。

実際に，特許の出願件数や高学歴者の分布など，科学技術指標について，EUの他の地域と比べてみると，パリを中心としたイル・ド・フランス地域は，必ずしも高い水準にあるわけではない[5]。こうしたR&D集積の競争力を強化する政策として，フランスでは「競争力の極」政策が2004年から打ち出され，これまでの分散政策に代わり，パリの国際競争力を高める方向を指向してきている[6]。

本章では，「競争力の極」政策の全体像を把握するとともに，パリ大都市圏を取り上げ，「競争力の極」政策が具体的にどのように展開しているか，課題も含めて検討することにしたい。

2　「競争力の極」政策の登場

2.1　政策策定の経緯

1990年代フランスでは，EU統合の下で国際競争力の強化が重要な政策課題となり，その1つの手段として産業集積の振興が採用された。具体的には，1980，90年代に注目された産業集積の事例である「第3のイタリア」を参照し，同業種の中小企業の集積を支援しようとする「地域生産システム」（SPL, Systèmes productifs locaux）政策が1990年代後半に行われた。さまざまな業種の中小企業集積がSPLとして認定されたが，財政支援が不十分であったことや，中小企業の参加のみでは経済効果があがらなかったこともあり（山口隆之, 2007），短期的な雇用の維持には多少貢献したものの，政策の効果はほぼなかったとされている（Duranton et al., 2010）。SPLが十分に成果を出せなかった反省からフランス政府は新たな政策の準備に入った。また同じ時期の2000年に欧州理事会により「リスボン」戦略[7]が採択され，EU各国はイノベーションを通じた競争力の強化に

努めることとなった。フランスの産業集積振興はそれまで SPL をはじめとした中小企業政策など,単一の行政分野で行われてきたが,こうした状況の変化に伴い,科学技術政策や教育政策などを含む分野横断的で国家的な政策課題になった（山口隆之, 2011）。

こうした,地域産業集積政策への反省とイノベーションに関する政策的な関心の高まりに加えて,知識の生産に関する議論が蓄積されたこと,産業の国外移転がフランス国内で問題となっていたことなどを受けて,フランス政府は 2004 年に「競争力の極」政策を行うことを決定した（Barthet et Thoin, 2009）。「競争力の極」は,「企業,教育機関,そして研究ユニットが決められたある領域上に,特定の目標を持って集まっているもの」として定義され,国や地方自治体がこれを支援するとしている。「競争力の極」政策はイノベーションを支援するものであり,R&D を共同で行うプロジェクトを財政的に支援する。そして,研究プロジェクトを通じて開発された新製品や新サービスなどによって企業の成長を支援するとともに,フランスの企業の市場における地位を維持し,雇用増大と経済成長の原動力となるべく,「競争力の極」政策は推進されるとしている。

国土整備関係省連絡会議は,地域からのボトムアップを重視するという観点から,公募を行った。公募は 2004 年の秋に始められ,2005 年の 2 月末に締め切られた。当初,フランス政府は極の認定を,すでに競争力を持っているとされる集積に限定し,極の数を 10 数個程度に限定しようと計画していた（DATAR, 2004）。しかし 105 件の応募があったため,政策を変更し認定する数を増やした（Masson, 2011）。またその際,クラスターを「国際的な極」,「準国際的な極」,「国家的な極」の 3 つに分類した。

2.2 「競争力の極」の運営

2013 年時点で,フランスに「競争力の極」は 71 あり,そのうち 7 つの極が「国際的な極」,10 が「準国際的な極」,残りが「国家的な極」である。「競争力の極」政策に参加している事業所を合計すると,2011 年現在,9,287 ある。2007 年の参加事業所総数は 5,879 であり,政策の支援を受ける事業所は増加している。2011 年の企業数は 7,549 社であり,そのうち 6,253 が中小企業である。中小企業の参加が多いといえる。また,外国企業の傘下の事業所もクラスターに参加しており,

2011年には608を数えた。このうち423はフランスを除くヨーロッパ内の企業傘下の事業所であり，残り185はヨーロッパ外の企業の傘下である。

クラスターの基本的な運営体制は理事会，事務局，評議会の3つで構成される場合が多い。なお，理事は企業の代表者であることが多く，また理事会に中小企業の代表者を参加させている極もあり，中小企業に配慮しているクラスターもある。評議会は，大企業や中小企業，関連自治体などの代表者によって構成され，極の方針や戦略の決定などを担う他，R&Dプロジェクトの審査を行う。

「競争力の極」はR&Dプロジェクトの遂行を促進するプラットフォームであり，投資を受ける企業と中央政府などの出資元との窓口になる他，R&Dプロジェクトの参加企業のコーディネートを行ったりする。

「競争力の極」におけるプロジェクトに出資しているのは，関係省庁によって構成される単一省間基金，自治体，中小企業やイノベーションに関する公的企業のOSEO，フランス国家研究局（ANR），EUの基金である。なお，1プロジェクト当たりの予算は，2008年度で単一省間基金が115.3万ユーロ，自治体が60万ユーロ，Oseoが35.9万ユーロ，ANRが75.9万ユーロ，EUが85.7万ユーロとなっている。依然として単一省間基金をはじめとした国の予算負担が大きいが，自治体やEUも無視できない額を負担している。

2.3 「競争力の極」の地理的分布

次に「競争力の極」の地理的な分布（図3-4）をみてみる。フランスには22の地域圏があり，おおむね2から4の極が存在している。しかし極の分布の偏りは大きい。極の中心地が存在しない地域圏も存在し，シャンパーニュ・アルデンヌ地域圏とコルス地域圏，ポワトゥー・シャラント地域圏がそれに該当する。これらの地域圏には極に参加している企業は立地しているが，極の事務局などは存在していない。

逆に極の事務局が多く存在している地域圏もあり，北部のノール・パ・ド・カレ地域圏の地域圏都リールの周辺に集中している。またイル・ド・フランス地域圏のパリ周辺にも多い。ローヌ・アルプ地域圏とプロヴァンス・アルプ・コート・ダジュール地域圏にも多くの極の中心都市がある。こうした都市はフランスの中でも人口が多く，経済活動の規模も大きい都市である。

複数の地域圏にまたがって存在している極も多く，広域連携が進んでいる[8]。71ある極のうち32が隣接している地域圏と連携しており，ほぼ半数が2以上の地域圏で運営されているといえる。なお，パリに存在している極はすべて単独で存在し，他の地域圏からの連携を受け入れる形となっている。逆に，地方圏に存在する極は隣接地域圏の極と連携する場合が多く，地方間の連携が多く生まれているといえよう。

また，地方都市にも複数の極が立地している。ミ

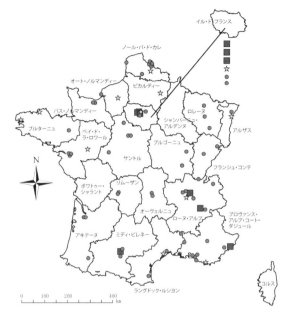

図3-4　「競争力の極」の分布
注：■は国際的な極，☆は準国際的な極，●は国家的な極を表している。
出典：「競争力の極」ウェブサイトをもとに岡部作成。

ディ・ピレネー地域圏の地域圏都であるトゥールーズやローヌ・アルプ地域圏のグルノーブルには国際的な極が立地し，その他の地方都市にも準国際的な極が立地している。このようにパリのみに強力な極が存在しているわけではない。国家的な極はフランスのほぼ全土に分布している。この極は主にフランスの地方都市に立地している。こうした極は必ずしも，地域圏議会が立地する地域圏都にあるわけではなく，たとえば，ブルターニュ地域圏では，地域圏都であるレンヌには国家的な極があるが，地域圏都ではないブレストとラニオンに準国際的な極が立地している。逆にオーヴェルニュやリムーザン，ミディ・ピレネーでは地域圏都のみに極が立地している。このように，地域間連携や地域圏都ではない都市への立地等，既存の行政的な枠組みにとらわれないクラスターの立地が進んでいるといえよう。

3 イル・ド・フランスにおける「競争力の極」

3.1 「競争力の極」の概要

　図3-3でみたように,イル・ド・フランス地域圏および同地域圏に関連した「競争力の極」は,フランスで最も多い。このうちシステマティックは規模が大きいので後述することにして,以下ではその他の極について,その概要をみておこう[9]。
　「国際的な極」としては,フィナンス・イノヴァシオンがある。これは,パリの証券取引所周辺に本拠地がある金融関係のクラスターである。フランス経済のパリへの集中傾向は強いが,金融分野ではパリへの集中が顕著である。このため,パリ周辺に金融関係企業のクラスターが形成されるのは自然なことであろう。
　フィナンス・イノヴァシオンはこうした金融関係企業とそうした企業へのサービスを行うクラスターである。このクラスターに参加している事業所は,2007年に126,2010年には213であり,増加している。また企業の規模別の増加をみると,大企業の数は増えていないが,中小企業は60から133へと倍増している。しかし,従事者数は減少していることが分かる。また,クラスターにおける新規創業や新規事業所の創設は,他の極に比べ上位に位置していたが,2010年には双方とも2件と,大幅な減少をみている。
　このクラスターに参加している企業の分布をみると,パリとその西側に参加企業が集中しているといえる。また,中心都市であるパリにおける参加企業の増加が大きい。パリ郊外の都市であるナンテールやブーローニュ・ビヤンクールの企業数が増加してきている。主な業種は金融業であるが,自動車製造業や運輸業なども多い。企業向けの金融サービスといった分野においてクラスターが形成されているといえよう。
　このフィナンス・イノヴァシオンにおいて提案されたR&Dプロジェクトへの投資に関しては,省間単一基金と自治体の資金が同じ程度の割合である。年を経るにつれ,双方とも減少しており,出資額全体が減少している。本クラスターは,少なくとも2011年時点では,投資される金額も少なく,成果も乏しいといえる。
　これに対し,メディサン・パリ・レジオンは,パリとパリ周辺部を中心とした医療関係の「国際的な極」である。パリはフランスで最も強力だとされる病院の

ネットワークがあり，加えてパリの周辺には特に南部を中心として研究開発を行う拠点が多い。

　このバイオテクノロジーと製薬，医療に関するクラスターの2007年の事業所数は94であり2011年には185になっている。また企業の規模別の増加をみると，大企業の数は増えていないが，中小企業数は60（2007年）から142（2011年）と倍増している。逆に従事者数はほぼ横ばい，もしくは若干の減少傾向にある。クラスターにおける新規創業や新規事業所の創設は，前者は10前後，後者は20前後で推移しており，安定した新規創業がなされているといえよう。

　クラスターに参加している企業の分布をみると，パリの周辺地域に集積している。中心都市であるパリにおける企業数の増加が大きいが，パリの南部の企業数も増えている。主な業種は，製薬業や医療機器の製造，R&Dで，医薬や医療機器の開発などから製造を行う企業が参加したクラスターである。

　このメディサンにおけるR&Dプロジェクトへの投資に関しても，省間単一基金は重要な役割を果たしていない。投資額は年度による増減が激しく，またその内訳は多様である。自治体の負担割合も減少してきており，OSEOなどの役割が高くなっている。こうした投資に対して，R&Dプロジェクトが達成された数は，2011年に急増している。2009年に6，2010年に12であったが，2011年には100であった。

　また，「準国際的な極」としては，キャップ・ディジタル・パリ・レジオンがある。これはイメージやマルチメディアに関するクラスターである。もう1つのモヴェオは，交通に関したクラスターで，ルノー，プジョー・シトロエン，シーメンスといった企業が参加している。この他，国レベルの「競争力の極」としては，アドヴァンシティ（建築・土木業を中心としたクラスター），アステック（航空宇宙産業に関連したクラスター）がある。

3.2　「国際的な極」・システマティック

　システマティックは，ICT分野の「国際的な極」である。航空宇宙分野のアルカテル，ダッソー，サフラン，タレス，通信分野のフランス・テレコム，自動車産業のプジョー・シトロエン，ルノーなど，フランスを代表する大企業が参加している。研究機関としては，国立科学研究センター，フランス原子力庁，フランスで最も重要といわれる大学校の国立土木大学校，エコール・サントラル，エコー

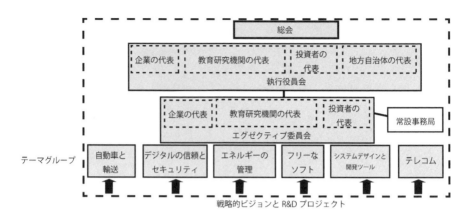

図 3-5　システマティックの組織図
出典：システマティックウェブサイトより作成。

ル・ポリテクニークなどが，代表的な参加主体である。R&Dプロジェクトや予算，取得特許数はフランスの中でも最大となっている。また，輸送用機械製造業が多く参加していることも特徴的である。

　この極には630以上の組織が参加しており，R&Dのネットワークに組み込まれている。その内訳は380の中小企業，116の大企業，79の研究・教育機関，19の自治体などである。この極の参加企業は純増しているが，従事者数は横ばい，もしくは減少傾向にある。

　極の組織は図3-5のようになっており，最も上位の総会は全参加メンバーが集まるものである。執行委員会は，61のメンバーからなり，36の企業（うち19が中小企業），15の研究・教育機関，7の自治体，3の投資者からなる。現在の極のトップはアルカテルの人物が務めており，その他のエグゼクティブのメンバーも，タレスやルノー，アルストムといったフランスを代表する企業の人物が務めている。

　極の予算配分については，中央政府が担当する省間単一基金の割合が大きくなっているが，自治体も重要な割合を占める。各自治体が予算を負担するプロジェクト数は，自治体や国家研究局の割合が大きくなっている。2009年に取得した特許は27，雑誌記事は392，2010年度は特許が13，記事が420となっており，フランスの中でも大きな地位を占める。

　なお，参加企業はパリ南西部のサクレーにある本部を中心に，パリとその西や南に参加企業が多い。参加企業や組織は，自動車と輸送，フリー・オープンソー

スのソフトウェア，システムデザインと開発ツール，デジタルの信頼とセキュリティ，テレコム，エネルギーの管理という6つの軸に参加している。こうした軸はプロジェクトが提案されるプラットフォームとなる。

　自動車と輸送に参加している企業・組織はパリの西に集中し，フリー・オープンソースのソフトウェアはパリの中心部や西部に立地している。システムデザインと開発ツールはパリを中心として南西に広がり，デジタルの信頼とセキュリティもほぼ同様である。これらに比べテレコムの参加企業はかなり多いが，パリの中心から南西にわたって多くの企業が参加している。こうした企業間でプロジェクトが提案されることで，極において競争力が強化されるが，特にこの極ではパリ中心部と南西部のネットワーキングの強化がなされているといえよう。

　システマティックのプロジェクトの基金等は複数あるが，システマティックでは国家研究局と中央政府による基金が中心になっている。国家研究局による基金は特に基礎研究に投資されるものであり，多くの情報関連分野の基礎研究がなされている。また，中央政府が中心となって創設した基金である省間単一基金に関するプロジェクトが多いことは，中央政府の影響が大きいことを示している。なお，中小企業に関する支援機関である中小企業投資機関 OSEO に関するプロジェクトは少ない。

　プロジェクトが所属する軸をみてみると，多くが情報分野の開発などであり，当該地域の主力の産業を重視しているといえよう。逆に自動車産業や輸送に関するプロジェクトは比較的少ない。

　しかし，こうしたプロジェクトが，参加企業のすべてに意味あるものではない。プロジェクト発案者別のプロジェクト数をみると，365のプロジェクトのうち発案者に限って言えば偏りがあり，アルカテルと原子力研究センター CEA，タレスなどが多くのプロジェクトを提案している。このように，この極は多くの企業が参加しているが，実際に極に関与している企業数は，限られていることが分かる。

　インタビューなどによれば，「競争力の極」政策の影響，もしくは成果は，イル・ド・フランス地域圏に限って言えば，2つあり，1つはネットワークができたことである[10]。イル・ド・フランス地域圏は医学など他の地域圏に比べ，特徴のある産業があるが，これまではネットワークが構築されていなかったものも多い。こうした状況において，主体間のネットワークができたことは，「競争力

の極」政策の成果である。特に「競争力の極」は中小企業同士の交流を促したりするなど，新たな関係を構築する役割を担うほか，パリにおけるヒトやモノへのアクセスの複雑さを解消する手段の1つであろう。

　もう1つは国際的な可視性に関するものである。パリの高度な研究開発の集積に対して，国際的な可視性は必ずしも高いとは言えなかった。「競争力の極」政策を国際的に発信することで，国際的な評価が改善されることが期待されているのである。

4　政府間関係と研究開発集積

　フランスの中で，とりわけイル・ド・フランス地域圏の政府間関係は複雑である。こうした政府間関係と研究開発集積との関係を，最後にみておくことにしよう。

　パリは県とコミューンの両方の性格を持っており，県はコミューンと同一の範囲である。よって，イル・ド・フランス地域圏において，地域政策に関する権限を持っているアクターは地域圏とパリである。また，パリ自体は都市圏共同体を組織していない。加えて，パリ周辺ではコミューン連合が組織されない傾向があり，広域的な地域整備の遂行が十分に行われない等の問題が生じている。パリやその周辺の自治体は，政党の違いなどから国の政策と衝突をおこすこともある[11] (Subra and Newman, 2008)。

　加えて，パリには経済活動に重要な影響をもたらす大企業や，研究開発に重要な大学，公的な研究機関や病院が存在しているが，これらを管轄するのは中央政府である。また，鉄道に関する権限は地域圏に委譲されているが，パリ周辺の交通体系の中心をなすのはメトロやバスなどを運営するRATP（パリ交通公団）である。このようにパリ周辺地域では多様なアクターが存在し，アクター同士の対立も顕在化しやすい。

　地域政策という観点では，イル・ド・フランス地域圏における主たる政策主体は地域圏である。しかし，イル・ド・フランス地域圏においては都市的なパリ周辺の自治体と外縁部の農村的な自治体の差異が大きく，また産業やR&D拠点はパリの周辺地域に偏って存在している。こうした状況を受けて，近年，パリ大都市圏を行政主体かつ政策主体として制定する動きが強まってきている。また，パ

リ周辺地域では郊外化が進んでおり，首都とパリを結ぶ交通手段の整備が求められてきている。

こうした中で，イル・ド・フランス地域圏が2008年に発表したイル・ド・フランス地域圏総合スキーム（SDRIF）が，現状にそぐわないとして中央政府に承認されないという事態が発生した。加えて地域圏に鉄道交通を運営する能力が不足しているとされた。こうしたことを受けて，国が主導してグラン・パリ計画を策定し，グラン・パリ会社を創設して，交通に関する政策などさまざまな政策を進めてきた。その後も，地域圏の再構築やメトロポール（都市圏単位の主体）の実現可能性といったことが議論されるとともに，創設されたグラン・パリが自治体になりうるのか否かを含め，その位置づけをめぐってさまざまな議論がなされている（Offner, 2007 ; Chemetov et Gilli, 2006）。

もっとも，グラン・パリ・プロジェクトが，パリの産業の空間構造に与える影響が少なくないことは確かである。現在のパリ都市圏は，科学や技術などに関するポテンシャルは高いが，それがうまく発揮されておらず，その原因としてパリ都市圏内での住居の不足や，優れたアイデアを持つ人材へのアクセスの不平等といった問題が挙げられる。こうした問題に対して，グラン・パリは，まずは交通ネットワークを整備することにより，人材やアイデアの交流を強化するという方法を採っている。グラン・パリ・プロジェクトは，郊外地域間のモビリティに関して，少なくとも現時点では有効な対応策であると考えられる。

こうしたグラン・パリ・プロジェクトと前述の「競争力の極」，両者の直接的な関係は定かではないが，パリの国際競争力を強化するという点では共通点を見い出せる。中央政府が重点を置く「国際的な極」はパリに多くが集中するとともに，バイオやICTなどの先端産業の強化が意図されている。「国際的な極」では中央政府による投資が，R&Dプロジェクトの遂行に重要な意味を持ち，競争力の維持・向上に寄与している。フランスでは地方分権が進められたとはいえ，地域圏などの地方政府は，財政面や人材面からみて未だ不十分といえる[12]。グラン・パリのように中央政府が選択的に関与することによって，国際競争力の強化に重点を置く戦略が進められてきており，そうした中でパリの研究開発集積も大きく変わろうとしているのである。

（岡部遊志）

注

1) パリ自体は，コミューン（基礎自治体）でありながら県でもある。
2) 本社のパリ一極集中については阿部和俊（1996），パリ大都市圏の内部構造については高橋伸夫ほか（1998），フランスの国土政策における地方分散施策については，岡部遊志（2009）を参照。
3) イル・ド・フランス地域圏は，フランスで最大の航空宇宙産業の集積地でもあり，サフラン，ダッソー，タレス，アルカテルといった代表的な航空宇宙関連産業が立地し，エアバスの立地するミディ・ピレネー地域圏よりもその規模は大きい。
4) イル・ド・フランス地域圏の R&D の対全国比は 2008 年では 36.9％，2013 年時点で 36.2％（INSEE の国勢調査資料による）となっておりほぼ横ばいである。また，1993 年から 2009 年までのパリにおける事業所数と従業者数には大きな変化がないが，イル・ド・フランスのパリ以外の地域においては増加している（Unistatis 資料による）。パリ郊外における R&D の立地が進んでいるといえる。
5) 欧州連合統計局のウェブサイトから，Eurostat regional yearbook の Research and Innovation の項目で確認できるが，ドイツやオランダなどの都市・地域の方が，R&D 人材や特許数で優位にあることがみてとれる。
6) フランスにおける「競争力の極」政策については，岡部遊志（2014）を参照。
7) リスボン戦略とは 2000 年に欧州理事会により採択された戦略であり，ヨーロッパの IT 化と競争力の強化を謳った戦略である。欧州経済を世界で最も競争力がある知識基盤型の経済にすることを目標としている。
8) 岡部遊志（2015）では，トゥールーズの航空宇宙関係のクラスターの実態を明らかにするとともに，ミディ・ピレネーとアキテーヌの両地域圏の連携について言及している。
9) それぞれの「競争力の極」のプロジェクトや予算等の内容については，「競争力の極」ウェブサイトにある各極の各年次の統計情報を集めまとめなおすとともに，各極のウェブサイトを参照し，プロジェクトの内容の補足を行った。
10) 2012 年に行った IAURIF とグラン・パリへのインタビューによる。
11) イル・ド・フランス地域圏の知事は社会党のユションであり，1998 年から現職にある。このため，シラク政権，サルコジ政権の時にもユションが知事職にあり，中央政府と首都地域の主張の左右が異なるということが起きていた。議会は 2012 年現在，209 議席あり，61 議席を持つ社会党と 50 議席を持つ緑の党を中心とした左派が 142 議席を占め，国民運動連合 UMP を中心とした右派が 67 議席を持つという議席配分になっている。この配分は 2010 年からのものであるが，それ以前の 2004 年からの期間も社会党が与党となっている。この知事の下に 15 人の副知事がおりそれぞれ異なった分野の政策を担当する。
12) 地域圏は EU の地域政策の受け皿との位置づけであったが，規模の経済などを考慮して，地域圏の統合策が進められている。

第 4 章
ミュンヘンにおけるバイオベンチャー集積の形成

1 ベンチャーキャピタルの経済地理学

　多くの国や地域で，新分野を切り開くベンチャー企業の活躍に期待が寄せられているが，そうした企業にリスクを取って投資し，成長軌道に導いていくベンチャーキャピタルに対する関心も高まっている[1]。ベンチャーキャピタルは，投資先企業の経営者とのコミュニケーションを頻繁に行う必要があることから，地理的に近接した起業家を支援する傾向があるとされてきた（Gompers and Lerner, 1999）。したがって，ベンチャーキャピタルの分布は，ハイテク産業の集積を示す指標であるともいえ，地理的な偏りがあることが知られている（Florida, 2008）。しかしながら最近では，ベンチャーキャピタルのグローバル化が注目されてきている。サクセニアンは，シリコンバレーにおける華人系やインド系の移民起業家のみならず，ベンチャーキャピタリストのエスニックネットワークが果たした役割についても着目し，「シリコンバレーからの帰国者たちが，台湾やイスラエルに，リスクの高いベンチャー企業に投資するモデルを持ち込んだ」と述べている（Saxenian, 2006）。

　筆者は，ダウ・ジョーンズ社のデータベース[2]をもとに，生命科学産業に投資するベンチャーキャピタル 842 社を取り上げ，その本社および支社，合計 1,530 の分布図を作成した。ベンチャーキャピタルのオフィス立地数をもとに上位 5 地域をあげると，アメリカのサンフランシスコ湾岸地域（193），ボストン周辺（98），ニューヨーク市（84），ロンドン（64），イスラエルのテルアビブからヘルツリーヤにいたる地域（45）となっていた。これらにアメリカの諸都市やパリ，ミュンヘンが追従する形になっている（（　）内はオフィス数を示す）。

　また，ベンチャーキャピタルの本社と支店を介した地域間の結びつきの強さ[3]

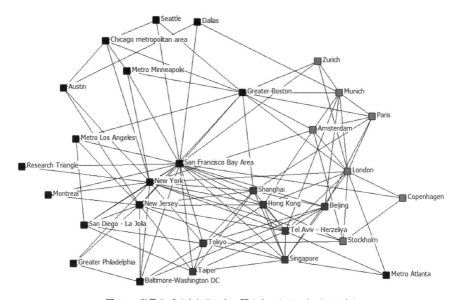

図 4-1　世界のバイオクラスター間のネットワーク（2008 年）
注：双方向強度指数が1以上の関係のみを表示した。
出典：Dow Jones 社のデータベースより藤原作成。

を調べたところ，サンフランシスコ湾岸地域は台北と最も強く結びついており，台北はサンディエゴと最も強い結びつきがあることがわかった（図4-1）。これに対してボストン地域は，ミュンヘンやアムステルダム，パリなどのヨーロッパのクラスターとの結びつきが強くなっていた。

　ところで，本章で取り上げるバイオテクノロジー・クラスターは，その科学的基盤を分子生物学に置いており，大学や公的研究機関がバイオテクノロジー企業の起点となる（Kenney, 1986）。ただし，強力な大学や公的研究機関の存在だけでは，バイオテクノロジー・クラスターは形成されない。たとえば，アトランタにはエモリー大学のような医学・生命科学の分野におけるトップクラスの大学が存在するにも関わらず，限られた数のバイオ企業しかない（Powell et.al, 2002）。競争力を有する米国のバイオクラスターにおいては，大学から生まれた新興バイオ企業にリスクマネーを供給するベンチャーキャピタルの存在が重要な役割を果たしてきたのである。つまり，ベンチャーキャピタルは新興企業に資金を投入するだけでなく，自らがその新興企業の株主となり積極的な経営支援を行う。また，

大学の研究者と協力して新興企業の立ち上げを支援するベンチャーキャピタルも存在する。ベンチャーキャピタルは，多数の投資先候補（新興企業）から商用化の成功可能性の高い新興企業を選び，限定した数の新興企業にしか投資しない。このため老舗のベンチャーキャピタルから投資を受ける新興企業は，地域コミュニティーの中でも垂涎の的となり，他社・他研究者のライバル心を刺激し，これが競争の活性化，起業化精神（アントレプレナーシップ）の醸成につながるという学説がある（Stuart and Sorenson, 2003）。政府の支援も，新興産業の育成および集積にとって重要な要素である。さらに，大企業の存在もベンチャーキャピタルや政府の支援を補完することが示唆されている（たとえば，Feldman, 2001）。

本章では，大陸ヨーロッパ最大のバイオ企業の集積地とされるミュンヘン地域[4)5)]を取り上げ，資料および先行研究から得た歴史的事実を時系列に並べ，それをもとに因果関係を社会科学的に推測することで，クラスターの形成・発展過程とその背後にある要因を明らかにする[6)]。とりわけ，株主のみならず多様な利害関係者に配慮する経営で知られるドイツにおいて（Witt, Redding, 2012），どのように起業家精神が育まれ，バイオテクノロジーのような新興産業が，地域でいかに形成されてきたか，という点は注目に値しよう。

2　ミュンヘンにおけるバイオテクノロジー新興企業の出現と発展（1990年代）

1980年代初頭にはドイツにベンチャーキャピタル（VC）が誕生しており，英・米国からドイツに参入したVCがあったものの，当時のドイツでは制度上，投資先のコントロール権を得ることができなかった。また，VC投資を行う適切な人材を見つけることも困難であった。このため，VCファンドのパフォーマンスは総じて貧弱であり，顕著な実績をあげたファンドは皆無であった（Becker and Hellmann, 2005）。

ドイツでは銀行（直接金融）が主体であり，銀行が直接VC投資を行ったり，子会社の銀行系VCによる投資が試みられはしたものの，1990年代までは，民間の銀行にリスクの高い新興企業に投融資を行う姿勢がほとんどみられなかったことやリスク・キャピタルの不足から，VC市場は低調であった。加えて，当時

64　第Ⅰ部　知識のグローバル化と集積

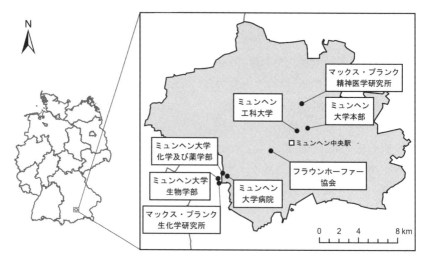

図4-2　ミュンヘンにおけるバイオテクノロジークラスター

のドイツの税制は，ベンチャーキャピタル投資（VC投資）を行う誘因を削ぎ落としていた。企業にはキャピタルゲイン（投資運用利益）の課税率優遇が得られず，企業による投資には56%もの法人税率が課せられた。これに加えて，営業税と資本取引税の負担も強いられた。

　1990年にマックス・プランク協会の技術移転オフィス（現在のマックス・プランク・イノベーション）は，同協会からのスピンオフ企業の発明者や創業者を支援するという，米国のVCが行っていたようなサービスを始めるが，これが転機になった。同機関は独自のネットワークを活用し，スピンオフ企業のためにベンチャーキャピタル，投資銀行，エンジェル投資家から適切な投資家を探すこともあった。こうした活動の成果として，1992年以降にミュンヘン近郊マーティンスリードのマックス・プランク生化学研究所に所属する研究室を起源とする新興企業が複数出現した（図4-2）。

　1995年にはミュンヘン大学本体やそのグロースハールデン病院および遺伝子センター（1984年にマックス・プランク生化学研究所により設立）からも遺伝子工学を主とするバイオテクノロジーの商業化がなされ，スピンオフ企業群が出現した。このことに影響されて大学の化学，薬学，生物学，医学，物理学に関連する学部がマーティンスリードに隣接するグロースハルデンに移設された。ミュ

ンヘンのバイオテクノロジー・クラスターは，さらにミュンヘン市内のミュンヘン工科大学，ミュンヘン北部のマックス・プランク精神医学研究所，マーティンスリードのマックス・プランク神経生物学研究所にまで拡大していった。

これら学術機関の移設，集積，新興企業への投資に重要な役割を果たしたのはドイツ連邦や州政府のイニシアチブであった。とりわけ，バイエルン州は，ミュンヘンのビジネスセンターおよび国際金融センターとしての地位の確立のみならず，バイオ産業の振興にも重点を置いた政策を施行した。1993年にフラウンホーファー協会の子会社であるフラウンホーファー・マネジメントが，マーティンスリード地区にバイオテクノロジー・イノベーションセンターを設置する計画を策定した。これを受けて，1994年にバイエルン州，ミュンヘン市，マーティンスリード地区はバイエルン州の資金を活用した民間振興会社としてマーティンスリード・バイオテクノロジー・イノベーションセンター（IZB）を設立した。IZBは，新興バイオテクノロジー企業に研究室を提供するなどインフラを整備し，組織間の協力体制やネットワークの形成に寄与した。さらに，1995年12月にはバイエルン州の資金を活用し，州政府が運営する公的VCとしてバイエルン・キャピタルが設立された。このように，ミュンヘンでは，バイエルン州政府の主導により，生命科学系の企業環境が整いつつあった。

一方で，ドイツ連邦教育研究省は，1995年に地域間の競争を促しバイオテクノロジーの商業化を促進すべく，BioRegioコンペを実施した[7]。ミュンヘンもこれに応募し，17の応募地域の中から，ハイデルベルク周辺のライン・ネッカー地域，ケルン，イェーナ（ただし，イェーナは特別賞）とともに認定地域に選ばれた。ミュンヘンがBioRegioに認定されたことを受けて，1997年に大学・学術研究機関，バイエルン州，ヒポ・フェラインス銀行，製薬会社のアベンティス等にて構成された「ミュンヘン・バイオテクノロジー・イニシアティブ」が設立された。この協会は，地域の新興企業に直接資金を投融資できる機能を備えた機関を作ることを意図し，結果的に，ミュンヘンおよびバイエルン州におけるバイオテクノロジー関連クラスターの運営機関BioMが設立された[8]。BioMはVCとしても機能し，1997年から2001年にかけてバイオテクノロジー新興企業34社に総額716百万ユーロを投資した。1996年に33社であったミュンヘンのバイオテクノロジー・クラスターの中小企業は，2002年には103社へと増加した（図4-3）。

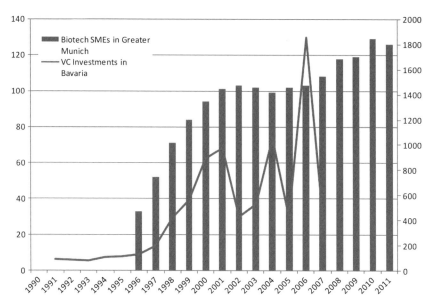

図 4-3　バイオテクノロジー関連中小企業数とベンチャーキャピタル投資額の推移
注：左軸はミュンヘン地区のバイオテクノロジー関連中小企業数，右軸はバイエルン州におけるベンチャーキャピタル投資額（百万ユーロ）を示す。
出典：BioM (2011) および Bessler, et al (2010) を基に作成。

　このように，ドイツでは 1990 年代に起業環境の変容が進み，特にミュンヘンにおいてはバイオテクノロジー・クラスターの成長が VC ファームの誘致や VC 投資を促したといえる。ただしこの時代においても，ドイツにはまだリスク・テイキングに対する文化的および制度的な障壁があるようにみえ（Jeng and Wells, 2000），米国や英国では問題なく機能する経済的なインセンティブもドイツではうまく機能していなかった（Lerner and Hardymon, 2002）[9]。

　ところが，1990 年代後半にこの文化的および制度的障壁が崩れ始める。アングロサクソン流の株主価値経営や起業家精神の認識・理解が，ドイツ国内において急速に広まったのである。この時代の 30 歳前後の若者はシリコンバレーやインターネットなど，米国の文化に多大に触発され，特にバイオテクノロジー，IT，テレコム産業において，アングロサクソン系国家での修学または就業経験のある 30 歳前後の若者が積極的に起業のリスクをとるようになってきていた（Fiedler and Hellmann, 2001）。彼らはアングロサクソン流の新しい考え方をドイ

ツに持ち込んだといえる。かつてドイツ初のベンチャーキャピタル WFG のトップを務めた Fanselow は「今日（2000年頃）ではリスクを取って起業家になりたいという才能のある若者を容易にみつけられるようになった」と語っている (Becker and Hellmann, 2005)。

3　バイオテクノロジー・ブームとベンチャーキャピタル（2000年以降）

　1999年にドイツで株式上場を成功させた5つのバイオ企業の株価は2000年の世界的なバイオテクノロジーブームに乗って急上昇した（Lange, 2009）。このような状況においても2000年までにドイツの新興バイオテクノロジー企業と大手製薬企業の提携はまだ限定されており、ドイツの公的資金が注入される研究プロジェクトにおいても、ほとんどの大手製薬企業が国外の組織と提携するという状況であった。

　このような状況を受け、連邦教育研究省（BMBF）は2001年に1080万ユーロを投じてミュンヘンのバイオテクノロジー・クラスターに「プロテオミクス・コンソーシアム」を立ち上げ、生化学、医学、生物情報学等の異なる専門性を有する地元の4社の企業と公的研究機関の協業を促した。BMBFはまた、バイオレギオに続くバイオテクノロジー産業のさらなる育成・支援のためのコンペとして、BioChance（1999～2004年）、BioChancePlus（2004～2006年）、BioFuture を年々実施し、これらが同国におけるバイオテクノロジー企業の創業ブームを巻き起こしたとされる[10]。また、ドイツは公的および民間VC投資を活性化させ、政府系金融機関である技術資本参加有限会社（tbg）による新興バイオテクノロジー産業への投資総額は、2000年には1億3600万ユーロに達した。

　その後2001年の終わりにはブームが終焉し、バブルの崩壊とともに世界的規模でバイオ企業の価値が急落した。ドイツにおいても2001～2002年に多くのバイオ企業が破産したことを受けて、ベンチャー投資家の9割はバイオテクノロジー産業への投資を避け、tbgの年間投資総額も下降の一途をたどった。1997年に開設されていたノイア・マルクト[11]も、バイオ企業を含むハイテク新興企業株の暴落および企業の倒産を受けて2003年に閉鎖された。なお、ブームの終焉により、ミュンヘンのバイオテクノロジー・クラスターの成長は止まったものの、

企業総数が大きく減少することはなかった（図4-3）。

2005年には，ミュンヘン大学生物学部が，グロースハールデンに移転し，マーティンスリード地域には50以上のバイオテクノロジー関連新興企業が軒を連ねて千名以上が雇用されるに至り，ミュンヘンのバイオテクノロジー・クラスター内で最もホットな集積地となった[12]。

ところで，アングロサクソン流の株主価値経営がドイツに定着するに伴い，2000年以降に起業をとりまく制度的環境にも変化がみられ，起業の障壁は低下傾向を示すようになる。2005年以降，それまで42～45日必要であった起業に必要な日数が，米国や英国と同レベルの15日以内に短縮された。新興企業の所有形態にも変化がみられ，たとえば，前出のマックス・プランク協会は，現在では米国の科学研究機関同様，15社のスピンオフ企業の株式を保有するに至っている。これはスピンオフ企業の利益と自己の利益を連動させ，将来成功したときの利益を確保するという，アングロサクソン流株主資本主義のインセンティブそのものといえる[13]。

4　バイオテクノロジー・クラスター形成の因果関係

以上の因果関係を整理したものが図4-4である。ドイツ連邦政府によるBioRegioコンペティションにミュンヘン地域が勝ち残り，1997年以降に連邦政府から支援金を受け取ることができたことが，ミュンヘンのバイオテクノロジー中小企業数が急増した一要因と考えられる（因果関係1）。ただし，2001年に100社を超えた新興バイオテクノロジー企業を維持するには連邦政府からの支援金は十分ではなく，BioRegioコンペティションが唯一の決定要因ではないといえる。BioRegioコンペティションは，当時ドイツ社会に浸透しつつあったアングロサクソン流の競争原理が取り入れられてはじめて機能した政策であると考えられ，このことから，連邦政府の政策がミュンヘンのバイオテクノロジー・クラスターの形成を促した条件の1つは，アングロサクソン流の経営モデルだと推測される（因果関係2）。

バイエルン州政府は，BioRegio以前から州内にバイオテクノロジー・センターを設置すべく，ミュンヘンに焦点を定めてイノベーションセンターを設立する等

第4章　ミュンヘンにおけるバイオベンチャー集積の形成　　69

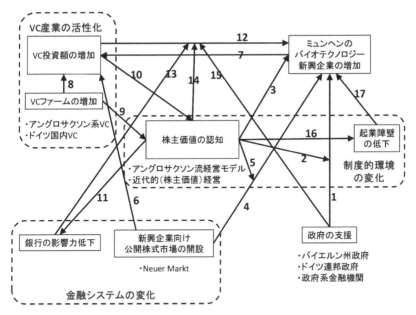

図 4-4　ミュンヘンの新興バイオテクノロジー産業の形成・発展要因
注：矢印は本研究から推測される因果関係を示しており，始点が原因を，終点が結果を表す。
出典：藤原作成。

の投資を行ってきていた（因果関係1の再現）。既存大企業ではなく新興企業の発展をもってバイオテクノロジー産業を育成することを目標としており，これは，米国のシリコンバレーやボストンにみられる株主価値に根ざした起業環境の成功に影響されたものと推測される（因果関係2の再現）。利益が出ておらず資金調達能力に限界のある新興企業は，人材をひきつけるために株式や将来の株主価値に連動するストックオプションのような報酬制度を提供する必要がある。このために株主価値の認知が必要だからである。さらに，州政府は新興企業の発展にはその資金面からのサポートが必要との認識から，米国の成功に倣って州立のVCを設立し新興企業に投資した（因果関係1，2の再現），さらに米国系コンサルティングファーム Boston Consulting Group（BCG）に組織設計を依頼してバイオクラスター運営機関 BioM を設立・運営し，これが新興企業の育成および株式の保有（VC投資）機関として機能した。州政府は，バイオテクノロジー新興企業と BioM の報酬を連動させ，両者に新興企業の株主価値の向上を目標とさせ，こ

れがミュンヘンのバイオテクノロジー・クラスターの形成と成長に寄与した。州政府の政策が機能する条件がアングロサクソン流の株主価値経営の理解であったと推測される（因果関係2の再現）。

30以上のドイツの主要新聞及びビジネス誌を対象に，「株主価値」という用語が登場した頻度を調べた論文によると，1996年から2000年までの間にその数が倍増しており，この期間に，時間差を伴ってミュンヘンのバイオ新興企業数が増大していた（Bradley and Sundaram, 2003）。このことから，ドイツ社会に浸透していったアングロサクソン流の株主価値経営の理解という下地があってはじめてミュンヘンのバイオテクノロジー・クラスターはじめドイツ各地の新興ハイテク産業の形成・成長を促進したと推測される（因果関係3）。

1990年代にミュンヘンのマックス・プランク生化学研究所やミュンヘン大学等の学術研究機関に所属する生命科学者に起業を促し，これら研究機関にスピンアウト企業の株式を保有させたのは，米国や英国への留学経験やインターネット等のさまざまな媒体を通してドイツにもたらされたアングロサクソン流の株主価値に根ざしたアントレプレナーシップ（起業家精神）であったと推測される。

また，1997年に開設された新興ハイテク企業のための公開市場ノイア・マルクトも，VC投資を受ける新興企業に出口戦略を与えることによって，ミュンヘンのバイオテクノロジー・クラスター形成に寄与したと推測される（因果関係4）。ただし1987年に開設された新興企業向け市場はドイツの新興ハイテク産業の亢進に寄与しなかったことから，市場の開設単独ではなく，株主価値経営の理解に基づく株式上場基準の緩和を伴ってはじめて，新興産業クラスターの形成に寄与したと推定される（因果関係5）。また，ノイア・マルクトの開設は投資出口のオプションを増やすことでドイツのVC産業やVC投資活動を促進したと推測される（因果関係6）。バブル崩壊に伴う2003年のノイア・マルクト閉鎖後にはミュンヘンのバイオテクノロジー中小企業数およびドイツのVCファーム数が減少したが，2005年に新たにEntry Standardが開設した後に増加に転じている（図4-2）。このことは，因果関係4，5，6の再現を意味すると考えられる。

VC投資が新興産業形成の発端となるのか，それとも新興産業の増加傾向を認識したVCが投資を行うようになるのかについては，現在も意見が分かれるところである。図4-3のマクロのデータをみる限り，ミュンヘンのバイオテクノ

ロジー・クラスターの形成については後者の因果関係が推測され（因果関係7），ドイツにおけるVCファームの増加がバイエルン州におけるVC投資額の増加につながったとする因果関係8が推測される。1990年代にドイツに新たに誕生した米国のそれをモデルにしたVCやドイツに参入したアングロサクソン系VCは直接，およびVC投資実務を通じてアングロサクソン流の経営モデルをドイツに持ち込んだことがBecker and Hellmann（2005）におけるベンチャー投資家へのインタビュー結果から示唆され，因果関係9および因果関係10が推測できる。

　1990年代前半まで，ドイツの金融システムは銀行融資を核とする間接金融が支配的であった。実際，ドイツで最初のVCであったWFGの大株主は銀行であったし1996年までは商用銀行はVCファンドの出資者として最も大きな割合を占めていた。1990年代後半から2001年にかけての株式を利用した資金調達を行うアングロサクソン資本主義の台頭に伴い，ドイツの金融システムにパラダイムシフトが訪れ，VCファンドの出資者としての銀行の影響力も低下したと推測される[14]（因果関係11）。

　ただし，ドイツにおける最初のVCの導入は当時の同国の制度的環境に適合しなかった。WFGの設立は社会システムを変化させるのには小規模であり，また成功もしていなかった。当時のドイツの契約および企業統治の規範が障害となり，リスクの高い新興企業への投資時に投資家を十分に保護することができなかった。さらに，当時の制度的環境はVC投資を行うインセンティブを与えることができなかった。WFGの大株主であったドイツの銀行は，ベンチャー投資を成功させることより自分たちが築いてきた貸付事業と名声を維持することを重視していた。このことから，VC投資がバイオテクノロジーをはじめとするハイテク産業を成長させる条件の1つは，VC投資における銀行の影響力が低下することであったと推測できる（因果関係12および因果関係13）。

　アングロサクソン流株主価値経営モデルも，VC投資がドイツのバイオテクノロジー産業を成長させる条件の1つとして作用したと推測できる（因果関係14）。かつてドイツの新興企業はミッテルシュタンドの同族的経営スタイルの伝統を受け継ぎ，オーナー意識が強く，投資家に自社のコントロール権を与えたり，「ハンズオン」の経営支援を受け入れることは非常に稀であった[15]。1990年代，株主価値を重視する経営スタイルの浸透，意思決定のスピード向上が要求される

アングロサクソン資本主義が支配的なグローバル経済にあって，新興企業はその株主となるベンチャー投資家に優先株等のフレンドリーな証券を与えたり，取締役として役員会に受け入れたり，議決権を与えたりして投資家が「ハンズオン」の支援を行えるようになった。単に資金を提供するだけでなく経営戦略上のアドバイスができるようになったことで，VC投資がバイオテクノロジー産業の成長に貢献できるようになったと考えられる。また，tbgやKfW等政府系金融機関からのマッチングファンドの拠出や民間VCとの共同投資は，因果関係12を増強するものである（因果関係15）。

資本市場を重要視するニュー・エコノミーは，ドイツの起業制度をも変化させたと考えられ，因果関係16の存在が推定される。この規制緩和（2005年から起業障壁が下がったこと）もミュンヘンのバイオテクノロジー新興企業数が増加した一因であると推測される。

このように，ミュンヘンのバイオクラスターの発展には，資金だけでなく規制されたシステムの緩和が必要であったことが示唆される。クラスターの発展のために政府からの支援や強力なVC産業が必要であり，VC産業を発展させるため活動的な新興証券市場が必要であったが，それらだけでは十分でなかった。補完的な要因として，銀行を中心としたドイツの金融システムから（企業統治や起業家精神についての）近代的経営スタイルへのパラダイムシフトが重要であったと推測される。政府からの支援やベンチャーキャピタル，新興企業向け証券市場は，適切な環境に埋め込まれてはじめて効力を発揮することが示唆される。社会システムの中の単一の要素の変化だけでは，ミュンヘンのバイオテクノロジー・クラスターの形成および発展要因として十分ではなかった。新規産業クラスターの創生には，同時期に複数の相互に補完的な要素が作用する必要があったのである。

（藤原久徳）

注
1) ベンチャーキャピタル(VC)には,以下の4つの特徴があるとされている(Metrick,2006他)。①金融機関であり，投資家から集めた資金を企業に直接投資する，②株式未公開企業の株式のみに投資する，③投資先を積極的に監視し，また支援する，④ゴールは，投資した企業を株式市場に上場させたり，他の企業に売却することで退出する際に生じる金融的リターンを追求することである。
2) Dow Jones Galante's Venture Capital and Private Equity Directory(2009)を用いた。このデータベースを用いてVCの国際展開の要因を検討した研究にFujiwara（2013）がある。

3) 地域 j に対する地域 i の重要性と，すべての地域に対する地域 i の重要性との比率を示す「双方向強度指標」(bilateral intensity index）を算出した（Iriyama, Li, Madhavan, 2010）。
4) ブルッキングス研究所のレポートでは，米国におけるバイオテクノロジー・クラスターを三層に分類しているが，トップの階層にはサンフランシスコ湾岸地域，ボストン近郊，サンディエゴ近郊，ニューヨーク，コネティカット・ニュージャージー・フィラデルフィアの5地域が挙げられている（Cortright and Mayer, 2002）。また，Cooke は世界のバイオテクノロジー・クラスターを俯瞰した上で，「バイオ・メガリージョン」として，ブルッキングス研究所のレポートにトップ階層として記載された地域に加え，ミュンヘンやケンブリッジ，メディコンバレーすなわちコペンハーゲン・ルンド地域（デンマークとスウェーデンの国境周辺），ストックホルムといった欧州の諸地域やエルサレムを挙げている（Cooke, 2010）
5) ドイツには，染料の合成化学を基盤とした化学産業の強力な基盤がある。また，バイエルやベーリンガー・インゲルハイム等の競争力を有する製薬企業も存在する。しかしながら，1980年代のドイツは，有機合成化学とは根本的に異なる学問体系である分子生物学を基盤とするバイオテクノロジー産業で，国際的競争力を有しているわけではなかった。加えて，ミュンヘン周辺には製薬企業の本拠地も存在しなかった。このような環境の中で，ミュンヘンにおける新興バイオテクノロジー企業数は，1996年の33社から2001年には100社を超え，2010年には約130社へと増加した。なお，ミュンヘンにおけるバイオテクノロジークラスターに関する研究としては，前田　昇（2003），山本健兒（2004）がある。
6) 研究方法として，Jain and Sharma（2013），Siggelkow（2002）および Dahl, Ostergaard, Dalum（2010）に倣い，業界レポート，証券アナリスト・レポート，各種のウェブサイトなど公的に利用可能な情報ソースを中心に，複数のアクター（地域内外のベンチャーキャピタル，大学・公的研究機関，連邦および州政府，大手製薬企業）の活動およびそれらの活動の相互作用を経路依存的かつ説明的に叙述するという方法を採用した。また，事象の理解を深めるために7名の実務家にインタビューした。出来事，活動，アクターを特定して時間に沿って並べることで，過程を解釈することが可能となり，最終的に，出来事の系列について各活動・出来事間の関係を推測しながら，系列を因果関係のプロセスと捉え，「分析抽象化(analytical abstraction)」を行って仮説を導きだした（Jain and Sharma, 2013）。
7) ドイツの大手製薬企業ヘキストが，1980年代初頭に国内の研究開発環境に満足できず，研究開発機能を米国に移転して以来，ノバルティス，アベンティス，グラクソクミスクラインなどの欧州の大手製薬企業は，研究開発拠点を米国に展開した。こうした事態への危機感が，連邦政府の政策の背景にあったと考えられる。
8) BioM の組織設計は米国系コンサルティング・ファームであり，ミュンヘンにも支社を有するボストン・コンサルティング・グループ（BCG）が行ったとされる（Fülop, 2006）。同組織の最高経営責任者は設立時より，ミュンヘン大学医学部教授であった Horst Domdey 博士が務めている。

9) 制度的障壁の一例として，ドイツは倒産した企業において役員の職にあった人物が再び会社役員に就任することを禁じている。またドイツの経営者は地域社会での名声や職場での協調性に重点を置いているとみなされていた。
10) BioChance および BioChancePlus の交付金の規模は，それぞれ 5000 万ユーロおよび 1 億ユーロであった（Fülop, 2006）。
11) 1995 年にはノイア・マルクト（Neuer Markt）と呼ばれる，新興ハイテク企業が資本を集めるための公開株式市場の開設が公式に計画され，1997 年にフランクフルトのドイツ証券取引所がノイア・マルクトを開設した。この結果，まだ利益を出していない新興企業も株式を公開することができるようになった。
12) 2005 年，ミュンヘンのバイオテクノロジー・クラスターの中小企業の数は 102 社，その従業員数は 2140 名であった。これらの約半数がマーティンスリードに集中していたことになる。
13) マックス・プランク協会は，バイオテクノロジーの分野におけるドイツ最大の技術革新の源泉とされ，1990 年以降 90 以上のスピンオフ企業が誕生している。2008 年の時点で同協会からのスピンオフ企業の数は 85 社に達しており，それらの従業員数は総計約 2220 人であった。かつては研究機関がスピンオフ企業の株式を保有することはきわめて稀であり，同協会も例外ではなかった（Krabel and Mueller, 2009）。
14) 商用銀行の出資額はほぼ定額であったが，年金基金や保険会社がその出資金額を増加させたので銀行の相対的な比率が低下したのである。結果として出資者の構成も英国や米国と同様，年金基金が支配的となった。現在米国では VC ファンドの出資者に占める割合として年金基金が最大である。1979 年の Prudent Man Act によって年金基金が VC ファンドに出資することが可能となった。
15) ミッテルシュタンドの概念は，創立者の親族や子孫によって運営される家業（ファミリー・ビジネス）の考え方に由来する。ミッテルシュタンドの特徴として，創業者による継続的な経営や銀行金融の利用が挙げられる。

第Ⅱ部　技術軌道と工業地域の再編

第5章

日本の造船業集積の維持メカニズム

1 グローバル競争と日本の造船業

　第I部では，グローバルな知識フローに着目し，多国籍企業のR&D立地と集積地域の動態をみてきた。第II部では，日本が得意とするものづくりの技術に焦点を移し，技術をめぐる主体間関係が工業地域の再編にどのように関わってきたかを検討することにしたい。本章では，マクロ的にみた日本の造船業の立地調整過程を整理するとともに，愛媛県今治市において造船業の集積が維持されてきたメカニズムを明らかにする。

　日本の造船業の歴史的変遷をみると，1960年代半ば以降に建造量を伸ばし，世界の造船業に占めるシェアは50％を超えていたが，その後，2度の設備処理に伴って大幅な減産を経験する(図5-1)。1つは，1970年代後半の石油危機後の時期，もう1つは，1980年代後半の円高や韓国などの新興国の台頭による日本の国際競争力の低下の時期である。しかし，1990年代以降，世界全体の建造量が増加する中で，日本の建造量も増加している。特に，2002年以降の増加が著しく，建造量は急落する直前の1975年を凌駕して，2010年に2,017万GT（総トン数）となり，着実に成長を続けている。もっとも，1990年代以降，グローバルな競争環境は急速に変化し，日本と韓国，中国との競争が激化している。1980年には4％のシェアしかなかった韓国が，1990年に21％，2000年には38％を占め，日本を抜いて世界一となり，2005年以降には中国が競争相手として新たに登場し，2011年には日本の19％に対して中国は39％を占め，韓国を抜き世界一になっている[1]。

　船舶の種類も変化しており，1975年ではタンカーが44％，貨物船（バルクキャリア・コンテナ船）が51％という内訳であったが，2010年ではタンカーが

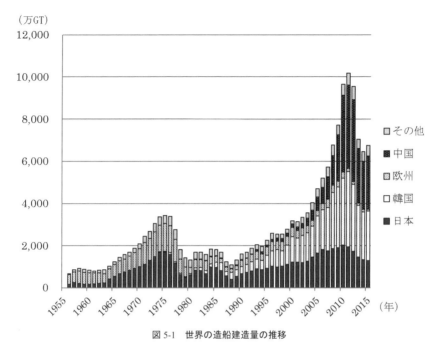

図 5-1 世界の造船建造量の推移
注：対象船舶は 100GT 以上の船舶である。
出典：国土交通省 (2012)『国土交通白書 2012 平成 23 年度年次報告』より内波作成。

23％，貨物船が 76％となっている（日本造船工業会, 2011）。石油危機以前は超大型のタンカーが生産の中心であったが，その後のタンカー需要の低迷やグローバル経済化の進展に伴う国際貨物取引量の増加によって，貨物船の需要が高まっている。そのため，石油危機以前の大手 7 社[2]が大型のタンカー，中小企業が中・小型の貨物船という製品別の棲み分け構造が崩壊し，近年，大手と中小双方が大・中型の貨物船を建造している。

2 日本造船業の立地調整

2.1 造船企業の立地調整の概要

大手企業の工場ごとの建造量の分布を比較すると（図 5-2），1972 年では複数工場制の大手企業 7 社で建造量の大部分を占めており，大都市圏の東京湾や大阪湾，瀬戸内の広島，九州の長崎に集積していた。それ以外の中小企業は 1 つの工

78　第Ⅱ部　技術軌道と工業地域の再編

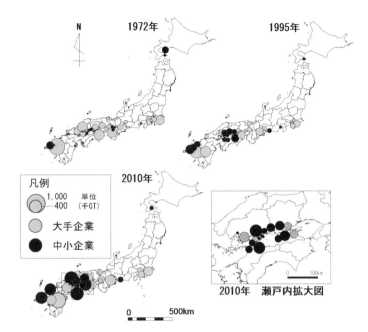

図 5-2　造船企業の工場別建造量の分布と立地調整（1972，1995，2010 年）
注1：ここでの大手・中小の区分は，日本造船工業会の定義に従い，大手企業が IHI，日立造船，三菱重工，日本鋼管，三井造船，住友重機，川崎重工の 7 社，中小企業はそれ以外の造船企業を指す。
注2：日本造船工業会『造船工業会ニュース』では，500GT 以上の船舶を対象としている。同会の竣工量は，日本全体の 80％から 90％を占めており，2010 年では，日本全体の 86.3％のシェアとなっている（以下同じ）。
出典：日本造船工業会『造船工業会ニュース』（各年版）より内波作成。

場しか持たない場合が多く，中小の中で比較的建造量が多い長崎，室蘭の他は，大阪や瀬戸内地域に小規模に点在するに留まっていた。しかし 1995 年になると，大手企業が縮小した分，相対的に瀬戸内の中小企業の建造量の増加が目立つ。また，大阪の中小企業が工場を閉鎖し，瀬戸内地域や北部九州地域に移転したため，全体的に生産の中心が西日本へと移った。2010 年にかけては全体の建造量が増加傾向にある中で，特に瀬戸内地域の中小企業の成長が著しい。

　大手・中小別にみた建造量の地域別割合の推移をみると，1972 年では大手が 81％を占め，19％の中小企業の 4 倍を示していたにも関わらず，2005 年には中小企業が 55％と，大手の 45％を超えている。地域別にみると，1972 年では大都市圏と瀬戸内地域の割合がそれぞれ 39％，34％となっており，この 2 地域が卓

越していた．しかし，2010年には大都市圏が12％と大きく縮小したのに対して，瀬戸内地域は49％と拡大した．以上より，全体的に造船業の生産の中心が①大手企業から中小企業へ，②大都市圏・瀬戸内地域から瀬戸内地域へと変化していることが分かる．

2.2　大手造船企業による脱造船化

次に，工場ごとの建造量の推移をみてみると，1972年ではIHIの東京・横浜・名古屋，住友重機の浦賀・追浜，日本鋼管の横浜，三井造船の千葉・大阪，日立造船の堺，三菱重工の横浜・神戸，川崎重工の神戸というように大都市圏に生産拠点が集積していた．しかし，1985年までにIHIの名古屋，住友重機の浦賀，三井造船の大阪，日立造船の堺・因島・向島，三菱重工の横浜・広島が閉鎖，IHIの横浜が休止しており，横浜や大阪など大都市圏での閉鎖・休止が目立った[3]．また，日立造船の向島・因島と広島，IHIの名古屋と知多，東京と横浜のように，閉鎖した工場の近隣地域に工場を，新設・再稼働するケースがみられた．これらは，旧工場の機能を集約した高効率の工場を近隣に新設するスクラップアンドビルド方式の特徴を備えている．この間に大都市圏の工場の閉鎖が進んだのは，造船業が労働集約的で，広大な土地を必要とするため，大都市圏での操業コストが高いという要因に基づいていると考えられる．

1990年以降については，IHIは東京・知多・相生，日本鋼管は横浜・清水，日立造船は広島を閉鎖した．また，三菱重工は，2012年に神戸における商船建造を終了した（三菱重工，2016）．1985年までと同様に，横浜や神戸などの大都市圏の工場が閉鎖されたが，それらに加えて，瀬戸内地域に立地する広島や相生という古くからの中型造船所も閉鎖された．これは，グローバル競争の激化の中，IHIの呉，住友重機の追浜，川崎重工の坂出，日本鋼管の津，日立造船の有明，三井造船の千葉，三菱重工の長崎など，各大手企業が最も規模の大きい主力工場に機能を集約させて優先的に残し，中型の2番手工場が削減の対象となったためである．このように，大手企業は主力工場に機能を集約しつつ，かつて造船業の中心であった大都市圏と瀬戸内地域の工場を閉鎖し，脱造船化を進めてきたのである[4]．

2.3 中小造船企業の立地調整

　全体の建造量は1975年から1995年にかけて，1,422万GTから807万GTにまで激減したが，中小企業は大手企業のように急落することなく，同353万GTから349万GTと横ばいが続いた。1995年には大都市圏から全ての中小企業が撤退する一方で（図5-2），1990年代に入って，瀬戸内地域と北部九州地域で中小企業の建造量が急激に伸びており，特に，瀬戸内地域のそれは1995年の191万GTから，2010年の651万GTに増加している。

　中小企業の立地調整の態様は，3つのグループに分類される。1つ目は，工場を閉鎖したグループである。1970年代に林兼造船（横須賀），来島どっく（宇和島・高知），金指造船（塚間），1980年代にIHI化工機（東京），笠戸船渠（下関），日本海重工（富山），林兼造船（下関・長崎），臼杵鉄工（佐伯・臼杵），1990年代に金指造船（清水），三保造船（清水）の各工場が閉鎖された。東京や横須賀など大都市圏，そして清水や富山など「その他」地域での工場閉鎖が多い。

　2つ目は，旧工場を引き払い工場を新設したグループである。名村造船は1972年に佐賀県伊万里市，大島造船は1973年に長崎県西海市，佐野安船渠は1974年に岡山県倉敷市水島地区に工場を新設している。これらの中小企業は大手企業との資本提携の下，近代的な工場を建設することによって生産性を上げ，工場新設後ほぼ一貫して建造量を増加させており，特に1990年代以降の北部九州地域の建造量増加に大きく貢献している。

　このグループの共通点は，全て大阪の臨海部に旧工場があったということである。これらの中小企業が工場を移転できた要因には，大都市部における「撤退障壁」の相対的過小性（堂野智史，1992, p.134）がある。大都市では，労働者の雇用の確保や他部門への転換が比較的容易である。その一方で，地価が高く土地の売却によって撤退・新設のコストを賄うことが可能であった[5]。

　3つ目は，1970年代から工場を移転せず，工場所在地に留まって造船業を継続しているグループである。今治造船や新来島どっく，幸陽船渠，常石造船，尾道造船，佐世保重工などが該当する。これらの中小企業の大半は瀬戸内地域に立地し，1990年代以降，建造量を伸ばしている。特に，今治造船の成長が著しいが，尾道造船や佐世保重工，新来島どっくの伸びは緩やかである。

2.4 舶用工業における立地変化と立地慣性

　従来の研究では言及されることが少ないものの，日本造船業の技術力を支える舶用工業の立地についてもみておこう[6]。品目別にみた生産額の地域別割合を 1987 年と 2009 年の 2 時点で比較すると，関東のシェアが全体的に低下している（図 5-3）。特に，航海用機器は 51％から 23％，舶用内燃機関は 16％から 4％と低下が著しい。また，中部も軸継・プロペラで 23％から 6％，舶用内燃機関で 37％から 22％と大きく低下している。

　これに対して，近畿の割合は両時点で高い水準を維持している品目が多く，舶用内燃機関，部品・付属品では割合がさらに増大している。近畿は 2009 年において舶用内燃機関で 39％，軸継・プロペラで 28％，舶用補助機で 29％と全品目を通じて平均的に割合が高く，中でも航海用機器は 63％と非常に高い。しかも，航海用機器は生産額の 57％が輸出されており（「舶用工業統計年報」による），近畿の舶用メーカーの技術力，国際競争力の高さがうかがえる。

　また，中国・四国，九州の瀬戸内沿岸のシェアも増大している。特に，中国・四国では舶用タービンが 10％から 69％，舶用内燃機関が 9％から 27％，艤装品

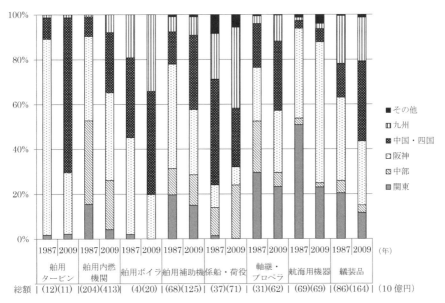

図 5-3　舶用工業品目別にみた生産額の地域別割合（1987, 2009 年 2 時点での比較）
　　　出典：国土交通省（2010）『2009 年度舶用工業統計年報』より内波作成。

が 15％から 36％，九州では舶用ボイラが 19％から 34％，係船・荷役が 20％から 36％などシェアの増加が著しい。

このように，造船業の生産の中心が瀬戸内地域へ移動するとともに，舶用工業も瀬戸内沿岸へ中心が移っている。ただし，舶用タービンや内燃機など主機については，依然として阪神地域に高度に集積している。それらの製造企業は大手企業で，高度な技術と技術開発への投資，大規模な施設が必要であり，立地慣性が働いていると考えられる。また，主機は大きく重く海上輸送されるため，瀬戸内沿岸への出荷でも輸送コストはそれ程変わらない，とのことである(舶用メーカーへの聞き取りによる)。

3　今治市における造船業産業集積

3.1　今治市における造船業の歴史

今治市は，瀬戸内海に面し，古くから海上交通の要衝として栄えた人口 17 万人の都市である[7]。今治市の造船業は明治期に本格化し，多数の造船所と船主によって生業として代々受け継がれていった(今治市誌編纂委員会，1974；今治造船，2006)。大正以降，今治市の船主は造船所へのさまざまな注文を通じて，船舶の改良を加えコストを安く抑えることで競争力の獲得を目指すなど，造船所と船主は強固な信頼関係によって結合していた[8]。

高度経済成長以降，鋼船へ転換が進み，航路が拡大した中で，他地域の船主は資金的・技術的問題から，拡大航路へ参入するという選択をせず，従前の航路の範囲での操業を継続するか，廃業する船主が多かった。一方で，今治市の船主は資金的・技術的問題に対して，地元の造船所と金融機関との協働によって零細海運業者を支援することで対応した。来島どっくや今治造船は，船主から建造資金の 10％を出させて，残金の 30％は造船所が延払の手形にし，あとの 60％は金利の安い政府系の金融機関から借り入れるという年賦償還方式を実施し，零細海運業者を支援した (今治市教育委員会, 2010, p.7)。船舶の運航賃が借金の返済に充当されるため，資金力の乏しい船主でも船舶を発注しやすくなり，鋼船の建造が増加した（同, p.8)。このような造船所と船主，金融機関の三者が協力して海運業を支援する年賦償還方式は，「愛媛方式」と呼ばれ注目された（同, p.8)。さら

第 5 章　日本の造船業集積の維持メカニズム

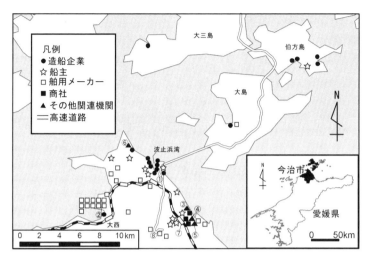

図 5-4　今治市の造船業集積

注：①今治造船，②新来島どっく，③ロイドレジスター今治事務所，④四国運輸局今治事務所，⑤アメリカ船級協会，⑥国立波方海上技術短期大学校，⑦今治駅，⑧今治インターチェンジを示す。
出典：今治海事事務所提供資料および今治市海事都市推進課提供資料より内波作成。

に，船主，造船企業，舶用企業への聞き取りによると，このような愛媛方式が行われたのは，今治市において他に産業があまり存在せず，家業として海運業や造船業を代々営んでいる個人経営者が多く，地縁で強く結ばれているため，そのような人的つながりの中で造船業を継続していかなければならないという理念が共有されていたからといわれている。その後，石油危機以降，大手企業の中・大型船舶建造が激減したことを受けて，今治市の造船企業でも中・大型船舶の建造が本格化した。

現在，今治市には 500 社以上の造船関連企業が立地している（同, p.1）。造船企業と舶用メーカーのみならず，船主や商社などさまざまな関連産業・諸機関が立地し，今治市の造船業集積は複合的な集積を示している（図 5-4）。造船企業は今治造船の立地する波止浜湾に集積しているが，その一部は島嶼部にも点在する。舶用メーカーは新来島どっく[9]の立地する大西地区に集積し，一部の有力企業は近年，今治インターチェンジ付近に造成された工業団地に新工場を展開している。船主は波止浜湾の造船企業が集積する周辺や，今治駅周辺の市中心部に立地するものが多い。商社は全て今治駅前の市中心部に立地している。

造船業の好況に伴い，近年，今治市に立地する造船企業の売上高・従事員数ともに増加している。今治市の就業者のうち，10％が造船業・舶用工業に従事しており，今治市最大の基幹産業となっている（同，p.1）。船主や関連産業を考慮すると，造船業が地元経済に与える影響はきわめて大きい。今治市海事都市推進課によると，市の法人税の6割を造船業が占めており，今治市にとって地域の雇用を支える面でも，財政面においても，造船業は重要な役割を果たしている。

3.2 今治市における造船業集積の特徴
(1) 造船企業

今治市は日本の造船業の本社機能が集積する地域となっており，市内には14社の造船所が立地している。その中でも，瀬戸内海の多数の中小造船企業をグループ傘下に置く今治造船は，2010年の建造量で244万GTを誇り，日本全体の21％を占め1位となっている。今治造船は1942年に小規模造船所を統合して設立された。市内の他の造船企業と競合しながら造船業専業を継続し，市内の大西地区に立地する新来島どっくと並んで瀬戸内地域の有力中小企業となった。造船業が構造不況に陥った1970年代後半以降，設備処理の要請に対して大手企業は自社の工場を閉鎖することで対処する中，今治造船は瀬戸内地域に立地する中小企業をグループ化することで対応し，船舶需要が増大する1990年代以降，建造量を伸ばした。今治造船は非上場で，同族企業の色彩を色濃く残しており，他社が設備投資を抑制する中で，積極的に設備投資を行ってきた（寺岡 寛，2012，p.163）。2000年には産業ロボットなど近代的設備を有した大規模な西条工場を新設し，高度の技術力を要する大型船舶の建造が可能となっている（今治市企画振興部海事都市推進課，2009）。

さらに，今治造船は地元造船業の振興のため，進水式や海事展の開催に力を入れて，積極的に情報発信を行っている。また，今治造船の寄付により，2009年に愛媛大学大学院船舶工学特別コースが開設され，産学連携によるイノベーションの創発を図っている（今治造船ウェブサイトによる）。

今治造船の建造実績の構成の推移をみると，全体的な傾向として，バルクキャリアが卓越している。それに加えて，今治はコンテナ船，丸亀は自動車輸送船，西条はタンカーを専門的に建造している。このように工場ごとに建造する船種を

特化させる傾向は，大手企業と同じである．工場ごとに建造できる大きさにしたがって船舶が建造されるため，全ての船種について，1998年から2010年を通じて各工場でほぼ変化はない．

(2) 舶用工業

舶用メーカーについても，今治市内には160社が立地しており，日本有数の舶用メーカーの集積地域となっている（今治市企画振興部海事都市推進課，2009）．舶用メーカーへの聞き取りによると，集積内部に立地する優位性は，造船企業・船主と密接に結びついて，需要のあるシリーズ船[10]に組み込まれることである．舶用メーカーはいつでも，すぐに，安く修理やメンテナンスを船主に対して提供することにより，設計の際に自社製品を指定してもらえる．また，造船企業と良好な関係を保持することで，取引関係が固定化され，安定的な自社製品の受注につながる．そのために舶用メーカーは，他の大手造船企業が自社の施設で行っている製品の検査や取付を，舶用メーカー側で行うという慣習を確立している．

今治海事事務所提供資料によると，今治市内の舶用メーカーは艤装品のメーカーが全体の45%と卓越している．しかもそれが中小企業によって担われている点が，今治市の舶用メーカーの特徴といえる．舶用内燃機関など主機は海上輸送され，納期も長いのに対して，艤装品など主機以外の川下の製品は，小さく重量が軽いため，陸路で運搬される．それに加えて，艤装品の取付作業は天候に左右されるため，納品時期や在庫調整などフレキシブルに対応し，造船企業の要求に応じて迅速に納品する必要があり，造船企業と地理的に近接し，密接に結びついている方が有利である．そのため，今治造船に近接した地域に艤装品メーカーが集積しているのである．

(3) 船主

今治市には外航海運業に携わる60社の船主が集積し，日本が所有する2,535隻の商船のうち，3分の1にあたる830隻の船舶を所有している．2008年の世界の海上輸送は76億トンで，そのうち11%が日本の外航商船によるものであり，今治市の外航商船隊だけで世界の海上輸送の4%を担っている．また217社の内航海運業者が立地し，日本国内の内航商船隊5,609隻のうち，5%にあたる279隻の商船を所有しており，船腹量で国内の9%を占めている（今治市海事都市交流委員会，2011）．

これら60社の船主は代々個人経営をしている個人零細企業である。このような零細船主が高度に集積しているのは，造船企業や舶用メーカーと人的つながりが密接で，船舶・舶用機器の修理やメンテナンスをいつでも，すぐに，安く行ってもらえる点で他地域に対して優位性を持っているためである。船舶，特に外航船は使用期間が長期間に渡るため，船体やボイラの修理やメンテナンスは費用面でも，営業面でも非常に重要である。そこで，今治市の船主は，修理やメンテナンスを必要に応じて有利に行ってもらえるように，造船所と舶用メーカーと個人的関係を持ち，その関係を良好に保つことが求められる。

　船主は自己に有利なように造船企業や舶用メーカーに修理やメンテナンスを依頼する見返りに，個人的な結びつきを持つ造船企業に船舶の建造を発注し，関係が密接な舶用メーカーの製品を備え付けるように造船企業に対して要求することができる[11]。このように相互依存的な関係の中で，自己のメリットを最大化させることが求められる。

　さらに，船主は今治市内に集積した造船業者との近接性を活用することもできる。シリーズ船が一般化した現在においても，造船業では設計の段階において船主や舶用メーカーとの綿密な打ち合わせが必要であり，船主や舶用メーカーと近接していれば，設計の段階で高い頻度で打ち合わせや取引をすることができ，受注やメンテナンス時の取引コストも下げることができる。

　そのため，2010年の時点でも，今治造船の発注元の3割が地元の今治船主，2割がグループ企業の正栄汽船で占められ，これらを合わせると5割となり，他の造船企業の発注元がほとんど東京の大手オペレーターや商社であることと比較すると，依然として地元今治との関係が強固である。一方，大手オペレーターの割合は2割，残りの3割が商社経由である[12]。

(4) 商社など関連産業・機関

　今治市には，造船会社・海運業者・舶用メーカーだけでなく，それらを支える商社・銀行・保険・教育機関などの関連産業・機関も集積している[13]。

　まず近年，船舶受注において仲介される割合が高まっている商社については，総合商社7社のうち3社が国内拠点を置いている。さらに教育施設として，国立波方海上技術短期大学校や国立弓削商船高の2つの専門学校が立地している。主に前者は内航船船員，後者は外航船海員を養成している。また，四国運輸局今治

海事事務局，ロイドレジスター今治事務所，American Bureau of Shipping 今治事務所など行政機関・船級機関も立地している。

　以上のように，今治市の産業集積は船主や舶用メーカーだけでなく，受注において非常に重要な役割を果たす商社や，教育施設，船級・行政機関など関連産業・機関も含めた複合的な集積である。そのため，打ち合わせや船級・行政機関への登録や検査の際のアクセス，専門的な教育機関で教育を受けた高度人材へのアクセスが確保され，さまざまな局面で取引コストが低い点に優位性がある。

4　造船業集積を支える地域社会組織

　今治市の造船業集積では，多様な主体で構成される複雑な人的ネットワークが形成され，主体間の関係性は密接である。このように，多様な主体間で密接な関係性が構築されたのは，船舶の建造は工期が長く，費用も非常に高額という造船業の特性上，対面接触を通じた個人的な信頼関係の構築が，船舶の受発注や契約において重要視されるからである。そのため，対面接触の機会が多く設けられている。それに加えて，造船企業，舶用メーカー，船主への聞き取りによると，「無尽の会」というこの地域独特の組織が，集積内部の人的関係や利害の調整において重要な機能を持っている。本来無尽の会は，鋼船への移行期に愛媛方式と同時期に成立した市内の零細船主のために無担保融資を行う組織であった。近年，専らインフォーマルな交流の場となっており，月に1度集まり飲食をする会合になっている。しかし，無尽の会が本来の意図を失っても消滅しないのは，その際，交わされる当事者間の情報が有用と評価されているからである。

　無尽の会は，造船企業・船主・舶用メーカー・金融機関・商社・オペレーターが参加している。同一の業種内でなく，業種を超えて幅広い情報を共有できることは無尽の会の大きなメリットの1つである。どこに，いくらで，どのような船舶を発注したかという発注者側の情報や問題解決のノウハウなど，企業経営上，非常に重要な業種横断的情報がやり取りされる。これらの情報は，マニュアル化することが困難な暗黙知を多く含んだ「粘着性の高い」情報[14]であり，今治市の集積内部のアクターは，そのような粘着性の高い情報へのアクセスを確保することで，他地域に比べ優位性を発揮しているとみられる。経営者1人あたり平均

して15の無尽の会に所属しているといわれており，それぞれの無尽の会が月1回の開催とすると，きわめて高い頻度で情報交換がなされていることになる。

最後に，大手企業の工場を中心とした造船業地域（IHIの造船所がある呉市）と今治造船を中心とした造船業地域における企業間関係を比べてみよう（図5-5）。

IHIの原材料の調達は，鋼材や主機などは本社で購入し，それ以外の艤装品などの製品は工場の裁量で購入するという形態をとっている（金額ベースで，前者が70%，後者が30%）。舶用メーカーとの関係についても，リスク回避の観点から1つの部品について2社以上のメーカーを確保している。さらに，シリーズごと，数年ごとに舶用メーカーの見直しを行い，適宜入替を実施している。船主との関係は，70%は大手オペレーターと商社によるもので，残りの30%に関しても大手オペレーターと商社の仲介により東京で受注されたもので，地元船主との

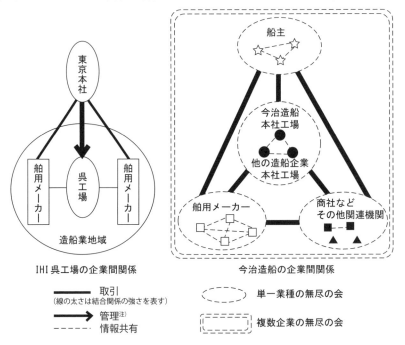

図5-5 IHI呉工場と今治造船の企業間関係の構造
　　　注：部品の調達，建造する船舶や経営方針の決定などを指す。
　　　出典：造船企業，舶用メーカー，船主への聞き取りより内波作成。

つながりはほぼない。

このように，IHI呉工場の場合は，垂直的な関係が支配的であるのに対し，今治造船の企業間関係は，本社工場を中心とした水平的な関係を特徴としている。今治市の集積内部の主体間は，舶用メーカーが造船企業のためにメーカー側で検査や取付を行う，船主は関係の深い舶用メーカーの製品を取り入れてもらう代わりに毎度今治造船に発注するなど，相互依存的・水平的な関係の下，アクター間で相互に負担を受け持ちながらも，無尽の会を通じて信頼関係を構築し，固定的な取引関係を形成している。また，同業種内部においても無尽の会によって情報共有が図られ，企業間関係が結ばれているのである。

(内波聖弥)

注

1) 国際海事規制への対応が強化される中で，省エネや環境対応に優れた日本の造船技術は評価が高く，また円安傾向があいまって，日本は2011年以降5年連続で新造船受注量を増やしてきている。これに対し，2013年以降韓国と中国はともに受注量を減らしてきている。中国での造船所建設ブームにより需給アンバランスが表面化する「2014年問題」が指摘されていたが，これに加えて韓国では海洋構造物の発注減が深刻な影響を与えている。

2) 大手・中小の区分は，日本造船工業会の定義に従い，大手企業がIHI，日立造船，三菱重工，日本鋼管，三井造船，住友重機，川崎重工の7社，中小企業はそれ以外の造船企業をさす。

3) 工場の閉鎖とともに統廃合も進展し，1995年IHIと住友重機の共同出資によりIHIマリンユナイテッドが設立され，当社が現在のIHIの造船部門を引き継いでいる(有価証券報告書による)。また，日立造船と日本鋼管の共同出資により，ユニバーサル造船が設立され，両社の造船・海洋部門を引き継いでいる。2013年にIHIマリンユナイテッドとユニバーサル造船が合併し，ジャパンマリンユナイテッドが発足した。

4) IHIでは，全体の売上に占める造船部門の割合は1975年まで45％と高かったが，1985年にかけて17％まで落ち込み，2005年には10％を切っている。これに対し，他部門，特にボイラ・資源エネルギーと航空機械の割合は2010年時点でそれぞれ23％と増大してきている。

5) 名村造船跡地のうち37,768 m^2 はナニワ企業団地協同組合に28億円で売却され，工業団地となっている。佐野安船渠の跡地15,387 m^2 は，自社で16億円で買い上げ，鉄構工場に使用されている。名村造船の跡地9,043 m^2 と佐野安船渠の跡地23,656 m^2 は，大阪市に24億円で売却され，主な用途は清掃工場である。(造船業基盤整備事業協会，2001, p.136)。このうち，名村造船側の跡地は現在，複合アートスタジオ「クリエイティブセンター大阪」となっており，経済産業省の近代化産業遺産に認定さ

れている（クリエイティブセンター大阪, 2016）。
6) 船舶に必要なエンジンやプロペラ，舵，航海機器，荷役，通信設備などの製品を製造する工業を舶用工業といい，それらを製造する企業は舶用メーカーと呼ばれる。1つの船舶に 23 万点の部品が必要とされている（今治市企画振興部海事都市推進課, 2009）。
7) 今治市は，タオルの産地としても有名である。今治のタオルについては，塚本僚平（2013），岩本晃一・飯村亜紀子（2014）を参照。
8) 船主とは，船舶を発注し所有・管理する業者のことである。船主の要望を受けて，造船所が船舶の構造を設計し，部品の形状やメーカーなどについて検討する。船舶の性能や，配置・構造など基本設計は両者によって決定されるが，詳細な配置や寸法などは造船所が単独で決定する（今治市企画振興部海事都市推進課, 2009）。
9) 来島どっくは，1902 年に操業を開始し，高度経済成長期には地元船主を救済するために年賦償還方式を発案した。1970 年代後半の造船不況時，経営不振となった瀬戸内地域の中小企業や，佐世保重工，函館ドックなどの再建を引き受けグループ化するなど拡大路線をとったが，経営危機により当時のオーナーが引退して，1987 年に本社も東京に移り，新来島どっくとなった。
10) シリーズ船とは，造船企業側が特定の大きさの船種をカタログとしてあらかじめ標準化して建造される船舶のことをいう。元来，船主の要望に忠実に造船所が応えるオーダーメード方式が採られていたが，船主への聞き取りによると，現在はシリーズ船が一般化しており，船主の役割は縮減している。
11) 船主への聞き取りによると，船主主導の受注が主流であった時は，造船企業が船主に対し，舶用メーカーの一覧が掲載されたメーカーリストを作成し，船主がその中から特定の舶用メーカーを選択するという手順が踏まれていた。
12) 今治造船総務グループ，船主への聞き取りによる。オペレーターとは，船舶の運航を運営・管理する業者である。船主が船舶を所有し，オペレーターが船主の船舶を運用する場合が多いが，自社で船舶を所有したり，船主と造船企業の間をオペレーターが仲介する場合もある。さらに近年，商社経由の受注も増加しており，特に外国との輸出入の際，外国船主が日本の造船所に発注する場合，ほぼ商社が両者を仲介する。商社は販売業も行っているので，商社が仲介することで，輸送後の販売が円滑で営業ベースで有利なため，近年商社経由の受注が増えている。
13) 今治市では関連産業・機関が集積していることを受け,海事都市推進課を設けて「海事クラスター」を推進している。次世代の人材育成，海事産業共同での機関誘致・技術開発，市民への啓発・情報発信を目的としている。
14) 情報の粘着性とは，情報の探索者が情報を利用可能な形にして移転するためのコストを指し，情報の粘着性がイノベーションを規定しているとする（von Hippel, 1994）。情報の粘着性は，情報そのものの性質，送り手と受け手の属性，情報の量によって生じるとしている。

第6章

造船業地域におけるスピンオフと技術波及

1 造船業不況とスピンオフ

　前章でみたように，日本の造船業は，1970年代に入るとオイルショックによる船舶過剰や船舶の需要減によって不況に陥り，1980年代後半からも円高や韓国・中国など新興国との国際競争により再度不況に直面した。大手資本では，景気変動の影響を受けやすい造船部門への依存構造脱却のため，造機や鉄構といった造船外部門を兼営することになる他，大規模な人員削減も行われてきた。1990年代以降も建造量は拡大傾向にあるものの，グローバル競争は激化しており，大手企業は採算性の低い造船事業を縮小させつつある。こうして造船会社を地域の中核企業として持つ地域は，造船業の浮き沈みの影響を大きく受けることになり，これまでは特に不況時に造船所とその立地地域が被った打撃に注目されることが多かった[1]。

　しかしながら，ここでスピンオフ[2]という観点を新たに導入し，造船会社からスピンオフして設立された企業がどのような展開をみせてきたのかを追うことによって，造船業地域が受けた打撃のみではなく，造船業の拡大や業種の多様化といったこれまでに注目されてこなかった地域への影響も見出すことができるのではないだろうか[3]。なお，ここではスピンオフを広義に捉え，「社内で培った技術や知識をベースに，ある企業の社員が独立して会社を創業すること」と定義し，以後そのようにして創業した企業をスピンオフ企業，独立元の企業を母体企業と呼ぶ。本章では，造船不況期から現在に至るまでの，長崎県長崎市と佐世保市，それぞれの中核企業である三菱重工業と佐世保重工業，2つの造船会社を起源とするスピンオフを比較することによって，母体企業である造船所との技術関係や市場との関係を明らかにするとともに，スピンオフが造船業地域にどのような影響を与えてきたのかを検討したい。

2 長崎造船所と佐世保造船所の比較

　三菱重工業長崎造船所は1857年，日本で最初となる艦船修理工場「長崎鎔鉄所」として始まった。現在の長崎造船所には，本工場（長崎市）・幸町工場（長崎市）・香焼工場（長崎市）・諫早工場（諫早市）の4工場を含み，2012年時点で社員約5,900名，年間生産高約4,200億円の規模である[4]。事業内容は，造船部門ではLNG船・LPG船・コンテナ船・客船などの高付加価値の建造を得意としており，機械部門では火力・地熱・風力・太陽光による発電プラント，海水淡水化プラント，舶用機械，防衛機器，宇宙機器などに取り組んでいる。なお，三菱重工業は1950年に3社に分割され，1964年に再び1社となるが，この重工3分割の際に長崎造船所実験場・船型試験場所属の197名は本社技術部所属となり，のちの長崎研究所に発展することになる。

　長崎造船所における従業員数と生産高の推移をみてみると，前者は1960年代後半から1970年代半ばにかけて5,000人ほど増加しているが，1970年代後半になると増加させた人員を大幅に減らし，1980年代以降も人員は減少傾向をたどっている（図6-1）。1974年に16,754人でピークだった人員は，1990年には約

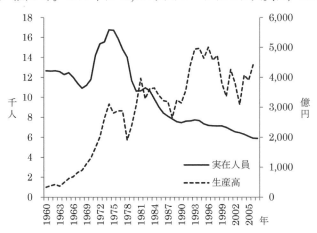

図6-1　三菱重工業長崎造船所における従業員数と生産高の推移
出典：『長崎造船所150年史』（2008）より森永作成。

55％減少し，7,457人となっている。一方で生産高は数年スパンでの上下変動はあるものの，1960年から2005年までの長いスパンでみると，概ね増加傾向にある。長崎造船所は1970年代後半の造船不況時に実在人員を大幅に削減させてはいるが，その手法は名古屋航空機製作所などに670名を転任，好調であった機械部門などに730名を転勤，採用の抑制，退職金特別取り扱いの実施などであった。

これに対し，佐世保重工業は1946年に旧佐世保海軍工廠の造船施設を借り受け，「佐世保船舶工業株式会社」として設立されたものである。佐世保重工業の工場として佐世保造船所があり，バルクキャリア，タンカーなど低付加価値船を中心に生産している他，橋梁や水門といった鉄構工事やボイラー等機械の生産も行っている。佐世保重工業への聞き取りによると，2015年現在従業員数は705名であり，売上高の構成は新造船部門71.6％，修繕船部門12.9％，そして機械製造部門が15.5％となっている。なお，2014年5月には名村造船所の完全子会社となった。

従業員数の推移をみてみると，1960年に3,396人であった従業員数は，その後1970年代半ばまで増加傾向をたどり，1975年に6,846人でピークを迎えている（図6-2）。1970年代に入るとオイルショックによる船舶過剰や船舶の需要減によって最初の造船不況に陥り，約1,700名の希望退職者を出すことになった。その後

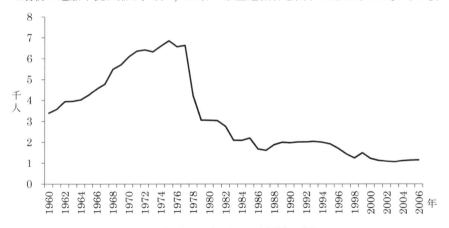

図6-2　佐世保重工業における従業員数の推移
注：従業員数に協力工は含まない。
出典：『佐世保重工業60年史』（2006）より森永作成。

会社再建のため，1978年に来島どっくのT氏が新社長に就任し改革に乗り出した。このとき佐世保重工業は社員を関連会社や来島どっくの子会社に出向させることで人件費を抑えていたが，さらに，①基準賃金15％カット，②定期昇給・ベースアップ・年間一時金の3年間ストップ，③週休2日制から週休1日制への変更といった厳しい人件費削減策が取られた結果，T氏就任の1978年とその翌年で約1,400名の自己都合退職者が出た。なお，優れた技能力を持つ人材を確保するため，1957年に社内に技能者養成所が設置され，中卒者を受け入れていたが，造船不況に遭遇したため，1978年3月の第19期生の卒業をもって養成所は閉鎖された。1980年代後半からも円高や韓国・中国など新興国との国際競争により2度目の不況に直面したが，1970年代の後半ほどの人員削減は行われていない。1990年代前半は約2,000人前後で推移していたが，1990年代後半に入ると減少傾向となり，2000年代は1,000～1,200人の間で推移している。

続いて，部門別売上高の推移をみると，1960年代から1970年代の半ばにかけて全体の売上は大きく伸びており，とりわけ新造船の伸びの寄与するところが大きい。1960年に約48億円を売り上げていた新造船は，1977年には約529億円にまで増えている。しかし，従業員数と同様1970年代後半に第一次造船不況の影響を受け，新造船は大きく減少している。1983年には新造船の売上が約762億円にまで回復するものの，1980年代後半に再び大きく減少している。1990年代以降は新造船は約270億円から約450億円の間で推移している。

3　長崎市と佐世保市におけるスピンオフ企業の事例[5]

3.1　長崎市におけるスピンオフ企業

表6-1（上）は，三菱重工業からのスピンオフ企業の概要を示したものである。
A社は，創業者であり現社長であるA氏が，知人4名とともに1993年に起こした企業で，事業所は長崎市に立地し，社員数は2015年時点で18名を数える。A氏は18歳で三菱重工業に入社，社費で大学と大学院に通い，その後三菱重工業長崎研究所の応用物理研究課に配属となった。25歳の時には三菱電機に出向してコンピュータを学び，研究所では三菱重工業で初めてとなる火力発電所の計算機制御の研究を行った。A氏が長崎研究所を退職した当時，三菱重工業は「技

第 6 章　造船業地域におけるスピンオフと技術波及

表 6-1　スピンオフ企業の概要

母体企業		スピンオフ企業	創業年	現在の事業内容	母体企業退職の動機[※1]	母体企業との技術的な関係性の有無[※2]	母体企業との取引の有無
三菱重工業出身	長崎研究所出身	A	1993	・計測制御/遠隔監視/シミュレーションシステムの受託開発 ・コンピュータ機器の販売	積極的	○	○
		B	2006	・NPO等の会員管理、会計管理ソフトウエア開発・販売/カスタムメイドのHP作成 ・職業訓練事業 ・リハビリ支援システムの開発	積極的	△ (不足する知識を他社で習得した後事業化)	×
	長崎造船所出身	C	2002	・結婚式・披露宴で使用するプロフィールビデオ等の映像・DVD制作 ・制作したHPのメンテナンス	積極的	△ (創業当初の事業は関係性有り)	×
佐世保重工業出身	佐世保造船所（R&D部門）出身	D	1979	・回流水槽を使った実験 ・回流水槽の製造・販売 ・船型設計	消極的	○	×
		E	2001	・船型設計 ・省エネ装置の販売 ・船舶設計・運行プログラムの開発 ・研究用実験模型の設計	積極的	○	○
		F	1992	・3D-CADエンジニアリング ・造船建造管理関連システムの開発・販売 ・船舶運航支援関連システムの開発・販売	積極的	○	○
	佐世保造船所（製造現場）出身	G	1990	・船舶の生産設計	消極的	○	×
		H	1989	・艦船修理 ・プラント・クレーンのメンテナンス ・棺桶の輸入販売	消極的	△ (不足する知識を他社で習得した後事業化)	×
		I	1989	・空調設備の設計・施工・管理・保守	消極的	△ (機械工学の基本を活用)	×

注
※1 明確に起業の希望があって母体企業を退職した場合を「積極的」、母体企業への不安や生活苦から母体企業を退職した場合を「消極的」とした。
※2 造船会社在籍時に獲得した知識・技術をスピンオフ後に事業化しているかどうか。
出典：聞取り調査により森永作成。

術の三菱」と呼ばれており，基礎研究の中心は長崎研究所にあった。そこでリーダーシップをとっていたA氏だからこそ，独立しても通用するという確信を持てたという。三菱重工業退職後は，三菱重工業と付き合いのあった中小企業に1年間勤め，そこで会社の経営について学んだ後，A社を設立した。共に起業した4名のうち3名が20代，1名が30代で，A氏は会社の経営や営業，技術開発に取り組むかたわら，他の4名の教育も一手に引き受けることとなった。母体企業である三菱重工業を取引先とすることを前提に独立しているため，当初より主要な取引相手は三菱重工業であり，それは現在でも変わっていない。

A社の現在の主たる事業は，コンピュータ応用システムの設計・開発とコンピュータ機器の販売であるが，創業当時は船舶運転シミュレータと火力プラントシミュレータの開発・販売を行っていた。2003年からは医療・介護支援事業を強化し，看護記録支援ソフトや介護記録支援ソフトの開発を行っている。2006年には医療・介護支援事業を分社化する形でAb社を設立，同じ年にもう1つのグループ企業Ac社を設立した。Ac社では風車遠隔計測に関するコンサルティングやタービン振動診断解析プログラムの開発などを行うとともに，知り合いの三菱重工業OBに若い社員を教育してもらう場としても活用している。

B社は，現理事長であるB氏が，三菱重工業定年退職後にB氏の息子および知人合わせて4名と2006年に設立した企業組合である。社員数は6名で，事業所は長崎市に立地する。理事長のB氏は三菱重工業入社後，長崎研究所の流体研究室に配属となり，27年間空気や海水といった外部流体の研究を行っていた。その後，管理課に配属となり10年間経営企画に携わった。当時は三菱重工業内でIT化が進行中で，B氏は直接システム開発に携わっていたわけではないものの，経営企画の業務をやっていく中でITの素養を身につけることができたという。B氏は管理職定年となる55歳で退職すると，その後は友人の経営するIT企業で機械販売を行い，ITの知識をさらに身につけ，IT市場の成長性を見込んで起業に至った。

創業当初は，携帯サイトやメールマガジンといったITを使った販促ツールの開発・販売を行っていたが，思うように売上が伸びず，現在ではほとんど行っていない。その後，NPO法人の会員管理や会計管理ソフトウエアといった大手ソフトウエア企業が手掛けないような特殊なソフトウエアの開発・販売を行うよう

になり，さらに 2010 年からは長崎県雇用労働政策課および長崎県立高等技術専門校からの委託を受け，離職者を対象にパソコンの操作やインターネットの基礎等を教える職業訓練を実施している。

　C 社は，現社長である C 氏が三菱重工業をスピンオフし 2002 年に起こした企業で，本社は長崎市に隣接する長与町に立地し，社員数は 10 名である。C 氏は三菱重工業入社後，下関造船所の船舶事業部で 8 年間設計・技士の業務に携わり，その後神戸造船所に配属となり，そこで 12 年間 CAD システムの開発に携わった。神戸造船所で開発した CAD システムを長崎造船所に移植すると同時に C 氏も長崎造船所に配属となり，7 年間勤めた。C 氏は入社 25 年を区切りとして元々起業したいと考えていたことから，当時整備されたばかりの早期退職者支援制度を利用し，入社 27 年目の 2002 年に長崎造船所を退職した。退職前の半年間は長崎県産業振興財団の主催する「NAGASAKI 起業家大学」に通い，会社設立の手続きから会社経営の基礎知識，新規事業の推進に必要な事業計画の作成などを学んだ。

　C 氏は 2002 年に C 社を立ち上げ，三菱重工業在籍時に培ったシステム開発の知識・技術を利用して，IC カードに組み込むナビゲーションシステムの開発や HP 等の制作，大学やホテルの紹介 DVD の作成を行っていた。その後，福岡のホテルの紹介 DVD を製作した際，そのホテルから結婚式演出用 DVD の製作を提案されたことを契機として，2008 年より結婚式演出ムービーの製作・通信販売事業を開始したところ，当該事業が好調となったため，創業当初のシステム開発事業は縮小し，結婚式演出ムービーが事業のメインとなった。ムービー製作のうち 4 割が首都圏からの発注であるが，営業や打ち合わせは全てメールや電話で済むため，本社が地方に立地していても困らないということである。

3.2　佐世保市におけるスピンオフ企業の事例

　表 6-1（下）は，佐世保重工業からのスピンオフ企業の概要を示したものである。

　D 社は回流水槽[6]を使った船型開発と実験用回流水槽の製造販売を行う企業で，2015 年現在社員数は 29 名である。同社は佐世保重工業設計部船型研究課回流水槽係の社員 7 名がスピンオフして 1979 年に設立した企業で，他に 3 つのグループ企業を持つ。D 社がスピンオフした当時は，佐世保重工業では造船不況下で人員削減が進められており，回流水槽係では仕事の受注はあったものの，残業

の禁止が言い渡され，24時間の計測が必要な実験などが思うようにできなかった。そこで回流水槽係の係長であったD氏がリーダーシップをとり，部下6人を引き連れて佐世保重工業を退職し，同年D社を設立した。この際，佐世保市で企業を経営していたL氏に援助を依頼し，資金と土地の提供を受け，さらに7人の技術者たちが研究に専念できるよう，L氏が初代社長に就任した。

同社では水や空気といった流体技術の研究と事業化を行っており，とりわけ実験用回流水槽の製造では高い国内シェアを占めている。この製品の開発は，前職時に船舶流体力学の研究活動で回流水槽を使っていたことから，より良い回流水槽を作りたいという思いで始められている。創業当時，D社は自前で研究設備を持たない中手造船所をターゲットに絞り，営業を行うことで顧客を獲得していた。佐世保重工業とは現在に至るまで取引関係はないが，同社はかつて佐世保重工業退職者を雇用したことがあり，現社長であるM氏は「人材のもと」として佐世保重工業を評価している。

事業内容に関して，当初は回流水槽を用いた船型およびプロペラの開発を主体としていたが，水中探査ロボットの開発や海洋構造物の研究開発，オリンピック選手用水着の研究などに事業を拡大し，現在はそれらの事業を分社化する形でグループ会社が3社存在している。D社を設立させた当初から造船業界が浮き沈みの激しい業界ということがわかっていたため，コア技術をもとに船以外の事業も広げていこうと考え，積極的な事業展開を行ってきたという。

E社は，船型設計と船型開発支援を主な業務とする企業で，2015年現在14名の社員を有する。同社は現社長であるE氏が前述のD社をスピンオフし2001年に設立した企業である。E氏はD社の創業メンバー7人のうちの1人であり，佐世保重工業時代は設計部船型研究課回流水槽係に所属していた。1975年に佐世保重工業に入社し回流水槽係で4年半勤めた後，D社の立ち上げに関わり，同社で20年間勤務した後に独立している。

E氏は佐世保重工業時代，D社時代を通じて船舶の船型設計に携わっており，その知識・経験を活かす形で独立しているため，E社は創業当時から船型設計と船型開発支援を主な業務としている。E氏は，船舶の性能を最大限引き上げるためには主要目を決める段階から船主にコンサルティングを行う必要があると考え，自らその提案を事業化するため独立を決心した。創業当時は船型設計の仕事

がメインであり，佐世保重工業やD社で学んだ知識をそのまま使うことができたが，他にも新しいことに取り組まなければならないと考え，創業翌年から船舶用省エネ装置の開発を開始した。現在では船型設計だけではなく，省エネ装置の販売，船舶設計・運行プログラムの開発，実験用船舶模型の設計を事業内容としている。なお佐世保重工業との関係については，佐世保重工業から若い技術者の指導を頼まれ，2002年から2013年まで佐世保重工業の技術者の指導顧問を務めていた。

F社は3D-CADエンジニアリング，造船建造管理関連システムの開発・販売，船舶運航支援関連システムの開発・販売を行う企業で，現在45名の社員を有する。同社は佐世保重工業船舶設計課長であったF氏が同僚4人と共に佐世保重工業をスピンオフして1992年に設立した。F社の初代社長であり現会長であるF氏は，佐世保重工業時代，船舶設計課長とCAD室長と新規事業開発室課長を兼務していた。また，同社創業メンバーの1人であるY氏は，船舶設計課でのF氏の部下にあたり，一時富士通に出向しUNIXコンピュータを学び，佐世保重工業に戻ってからは3D-CADでの設計を3年ほど行っていた。

佐世保重工業時代，F氏は新規事業開発室の課長として造船不況を乗り切るための新規事業を模索しており，その中の1つとしてIT関連事業の分社化の話が出ていたという。「これからコンピュータの時代が来る」ことはわかっていたが，会社が当該事業の分社化を認めるのは困難に思われたため，部下であるY氏，大型電算室の事務社員1名，他1名を連れて重工を退職し，起業した。創業当初は船舶設計ツールの開発を手掛け，佐世保重工業時代の同僚が転職して他の会社にいた伝手を利用して顧客を獲得した。現在は3D-CADエンジニアリング，造船建造管理関連システムの開発・販売，船舶運航支援関連システムの開発・販売を行っている。

佐世保重工業との間には20年ほど取引がなかったが，4,5年前から3D-CAD分野でつながりができ，2013年には両社と他数社の共同出資による合弁会社が設立されている。3D-CADエンジニアリングを特色とした同社の社長にはF氏が就任し，社員はF社から一部を移籍させる形で確保している。

G社は，船舶の生産設計を手掛ける企業で，2015年現在で常勤4名と他に「フリーランス」[7]と呼ばれる社員を2名有する。同社は現社長であるG氏が前会

社時代の部下 1 名を連れて 1990 年に起こした企業である。G 氏は佐世保重工業に入社し生産設計[8]に従事していたが，入社から 6 年ほど経った頃，造船不況によって佐世保重工業を退職している。その後福岡の建設機械会社に入社したが，1 年ほど経ったところで佐世保に戻って佐世保市内の一般産業機械の設計・製作・据付および建設機械・建設用金属製品・船体ブロックの作成を行う会社に就職，そこでは佐世保重工業時代に従事していたのと同じ生産設計の仕事を 10 年間行っていた。西海市の大島造船所が鉄構の仕事を頼める事業所を探しているという話があり，そこで G 氏に白羽の矢が立ち，部下と共に独立しその仕事を請け負うことになったのが直接の独立の契機である。ただし，現在は船舶の生産設計の受注が中心になっている。

　H 社は，艦船やクレーンなどの機械のメンテナンスを行う企業で，2015 年現在 34 名の社員を有する。同社は現社長である H 氏が佐世保重工業をスピンオフし，1989 年に設立した企業である。H 氏は中学卒業後，通信制高校に通いながら佐世保重工業の技能者養成所に通い 3 年かけて技術を習得していた。養成所を修了すると現場に配属となり，新造船のエンジン据付や機関室での機械運転の業務に従事していた。しかし，4 年ほど経ったところで「会社に将来の見込みがなかった」ため，会社が希望退職を募った 1 年後に退職した。その後機械修理を行う中小企業に就職し，2,3 年勤めるも，再び退職した。さらに 1,2 年知人の経営する工場で電気や油圧について勉強させてもらい，1989 年に H 社を設立した。創業当初は元の職場の伝手で仕事を受注し，米海軍の艦船修理と機械のメンテナンスを主力としていた。現在でも艦船修理や機械のメンテナンスが売上の大半を占めているが，近年は貿易業にも進出している。佐世保重工業との取引については，今はほとんどないということである。

　I 社は大手空調メーカーのサービス協力店として空調機の設計・施工・サービス業務，そして佐世保市下水道工事指定店として公共の工事を行う企業で，2015 年現在 14 名の社員を有する。同社は現社長である I 氏が佐世保重工業をスピンオフして 1989 年に設立した企業である。I 氏は中学卒業後，佐世保重工業技能者養成所に入学し，機械組立課で機械工学の基本を学んでいた。しかしながら，造船不況に直面し，養成所の卒業後は機械関係の部署ではなく，全く未経験の塗装課に配属となってしまった。それを受けて I 氏は「自分の意志で仕事をし

たい」と考えるようになり，退職を決意し，正式入社後約 1 年で佐世保重工業を退職した。元々退職後は市場の成長性を見込んで空調機の仕事をすると決めており，佐世保重工業退職後は MY 冷熱という空調機器の販売・修理を行う会社に就職した。I 氏は MY 冷熱入社時から 10 年勤めたら独立することを決めており，7 年目に前述の大手空調メーカーから修理の仕事を持ちかけられたのを契機として，1989 年に修理サービスマンとして独立した。当初は佐世保市に立地していた大手空調メーカーの修理サービスステーションから仕事を請け負って空調機修理を請け負っていた。独立から 3 年ほど経った頃，佐世保市の上下水道の指定工事店となり，公共事業の入札にも参加するようになった。佐世保重工業とは普段は取引はないという。

4　スピンオフ事例の比較・分析

4.1　スピンオフの動機と契機

　起業家の母体企業での在職期間は，長崎市の事例で総じて 25 年以上と長く，佐世保市ではほとんどが 10 年未満と短い（図 6-3）。母体企業の退職時期は長崎市の場合 1990 年代前半〜2000 年代前半にかけてであるのに対し，佐世保市の場合は 6 件中 5 件が 1970 年代後半〜1980 年代前半にかけて退職している。退職の理由としては，長崎市では 3 件中 2 件で元々起業の意思があったため退職したというのに対し（残りの 1 件は定年退職），佐世保市では「(佐世保重工業にいても)生活していけなくなった」「将来の見込みがなかった」など，造船所に対しての不安や不満があって辞めた事例が多い。

　こうした背景としては，造船不況に直面した際の母体企業となった三菱重工業と佐世保重工業の経営状況と人事方針の違いがあると考えられる。三菱重工業に関しては，元三菱重工業長崎造船所副所長への聞き取りによると，三菱重工業では好況期不況期を問わず，完全雇用制を維持しており，定年後も再雇用制度があるため，独立するケースは稀であるとのことである。社史においても，1970 年代後半からの不況では造船部門の余剰人員を関連会社に出向させたり，火力発電部門に異動させたりすることで解雇を避けた旨が確認できる。一方佐世保重工業では，1970 年代後半の造船不況時に，2,000 人近い希望退職者を募っている他，

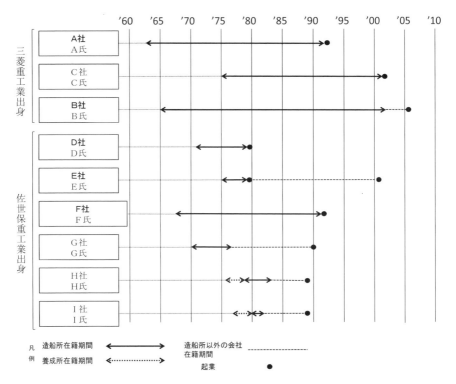

図 6-3　スピンオフ企業家の造船所在籍期間と起業時期
出典：聞き取り調査より森永作成

企業再建のため T 氏が打ち出した厳しい人件費削減策がプッシュ要因となって多くの自己都合退職者を出している。調査対象となったスピンオフ企業 6 社中 5 社の創業者が 1970 年代後半〜 1980 年代前半にかけて造船所を退職しているのも，造船不況下で大幅な人員削減と人件費削減が行われていた時期と一致する。

また，1990 年代以降に設立されたスピンオフ企業は，ソフトウエアやシステムの開発といった IT 産業の成長性を見込んで起業されている。当時母体企業であった造船会社では IT 化が推進されており，スピンオフ企業家は母体企業で IT の知識・技術を身につけた後，IT を活用した事業で起業している。

4.2　スピンオフ企業と母体企業の関係

スピンオフ企業の業務内容に注目して母体企業との関係をみてみる。船舶に関

係する業務を行っているスピンオフ企業は，長崎市で3社中1社，佐世保市で6社中5社であった。長崎市のA社は，元々母体企業である三菱重工業やその関連会社と取引を持つことを期待して設立されている一方で，佐世保市で船舶に関係する業務を行う5社のうち，創業当初から母体企業である佐世保重工業と取引を持っていた企業はない。また，H社が米海軍を取引先として艦船修理を行っているように，佐世保市には海上自衛隊の基地や米海軍基地が立地しており，母体企業を取引先にしなくても母体企業と同業種の造船関連業でスピンオフが可能であった。さらに佐世保市のスピンオフ企業は，佐世保重工業が排出した人材を活用することで，母体企業の存在によるメリットを間接的な形で享受することができていた点にも注目したい。

4.3 スピンオフ企業の事業展開と立地

スピンオフ企業の事業内容の展開を追っていくと，G社を除く全ての企業で事業の多角化が図られている。中でもA社やD社といった技術志向型の企業は，その応用力の高さから多角化した事業を分社化してグループ企業を設立するまでに至っている。船舶に関係する業務を行っているスピンオフ企業に注目してみると，6社のうち3社で医療分野など船舶以外の事業へと多角化を進めている。

また，ほとんどの会社が事業所を移転させているが，隣町に移転した1社以外は同じ市内で移転しており，立地慣性が強く働いている。

5 造船業におけるスピンオフと地域への影響

地域の中核企業として造船会社を持ち，造船業こそが地域の基幹産業であるという地域にとって，造船業の不振は地域の不振を意味することになる。これまで造船業における不況はその暗い側面にしか注目されてこなかったが，今回の調査によって，数は多くないものの，スピンオフによって地域に新たな企業が誕生し，地域経済の多角化に寄与していることがわかった。しかも，製造部門のみだけでなく，コア事業の研究開発部門からもスピンオフが発生し，国内でも高い技術力を持った研究開発型の企業が成長し，新たなスピンオフ企業を生み出すといったスピンオフ連鎖を生んできた点は注目に値する。

また，1990年代以降は造船会社内でのIT化が進み，そこで培った知識や技術を基にスピンオフしてIT関連の事業を行う事例が長崎市と佐世保市の両方でみられた。ここでも母体企業と取引を持ってスピンオフした事例は少なかった。

したがって，長崎市と佐世保市という造船業地域でみられたようなスピンオフは，母体企業との取引によって経営を安定させるというスピンオフの一般的なメリットを享受できているわけではなく，それゆえに発生数が多くないということも考えられる。しかし，造船業という不況の煽りを受けやすい産業を基幹産業として持つ地域にとっては，スピンオフによって1つの中核企業への依存度を低めることは，不況の影響を受けるリスクを減らしていくことでもあった。

スピンオフ企業は母体企業の立地する地域に立地する可能性が高く，その後の展開も同一地域内で行われる。また，母体企業と取引を持つこと自体は少なかったが，母体企業の排出した人材を利用することで，経営上の課題が解決しやすくなっている。たとえ地域の中核企業がさまざまな理由で事業縮小や撤退を余儀なくされたとしても，人材と技術が放出されることがかえって新たな産業創造の契機となりうるのである。

政策的には長崎市の事例でみたように，起業家精神を持つ人材のスピンオフを手助けすることが重要だと思われる。これに関して，佐世保市には佐世保市産業支援センター，長崎市には長崎県ビジネス支援プラザおよびながさき出島インキュベータ（D-FLAG）という創業支援施設が立地しており，それぞれの施設で起業予定の人や起業間もない人に対して事業所スペースの賃貸しやインキュベーション・マネージャーによる指導・助言のサービスを提供している。また，今回の事例でもみられたように，スピンオフ企業家は専門的な知識や技術を持っているものの，企業経営の知識は不足していることが多く，「NAGASAKI起業家大学」のように，起業を志す人が経営を学ぶ場が用意されていることも重要であろう。

造船業は構造的な不況に陥りやすく，中国・韓国とのグローバル競争が激化する中で，日本の造船業が厳しい状況を迎えていることに変わりはない。造船業に依存してきた地域は，造船業自体の国際競争力を高めるとともに，スピンオフを促すことによって，中核企業に依存しない形で，地域産業構造の多角化を図っていくことが求められているといえよう。

（森永亜由美）

注
1) 造船不況下の長崎県全体の造船業の実態を記述したものとして，河野善隆（1977）が挙げられる。また小川喬義（1971）は，佐世保重工業の合理化について下請利用の観点から分析を加えており，1965年以降景気変動の調整弁とするために社外工の利用数・利用割合を拡大させてきたとしている。
2) スピンオフという用語は文献により多義に使われているが，その本質的な意味は「企業がその一部を組織外部に分離すること」である。スピンオフを狭義に捉え，企業内ベンチャーといった親会社とのつながりを保ったまま起業するケースをスピンオフと呼ぶ場合もある。スピンオフ研究会（2003）では，企業の分離独立に関して，母体企業の管理下で運営する場合を「子会社型」，母体企業とは人的・資本的関係を持たない場合を「スピンアウト型」，両者の中間的な場合を「スピンオフ型」として分類している。
3) スピンオフが地域経済に与えた影響については，高橋英博（2003）が，戦後の花巻市において地域の中堅企業であった通信機器メーカーの谷村新興（のちの新興製作所）が，自らの工場からのスピンオフを促しつつその協力工場を編成することで花巻市の内発的な工業化に貢献したことを，長山宗広（2012）が，ヤマハ発動機の舟艇事業部からスピンオフが連鎖的に起こり，浜松地域にソフトウエア業が集積したことを明らかにした。Mayer（2013）は，中核企業の特性や再編とスピンオフ企業輩出の多寡との関係，アメリカにおけるハイテク産業集積地域の成長との関係を検討し，大きな企業再建を経験したケースでスピンオフが活発にみられた点を明らかにした。
4) 2015年10月1日から長崎地区の商船建造部門は分社化され，船舶建造事業を担う三菱重工船舶海洋株式会社と船体ブロック製造事業を担う三菱重工船体株式会社として三菱重工業本体から切り離された（三菱重工，2015）。
5) 2015年8月〜9月に行ったスピンオフ企業への聞き取り調査による。対象企業は，長崎市役所，佐世保市役所およびスピンオフ企業からの情報により選定した。
6) 水を人工的に循環させる水槽。水槽に船を固定して浮かべ，水の流れを計測し効率的な航行に最適な船型を開発する。
7) G社で受注した仕事を請け負い，事務所に常駐するのではなく造船所に入って仕事を行う人。
8) 設計図から1つの部品を拾い上げ，現場の職人が作業できるような施工図を作ったり，資材に線を引いて印をつけたりする工程。

第7章

鉄道車両工業の技術蓄積とサプライヤーシステム[1]

1 鉄道車両工業の変化

　日本の鉄道交通システムを取り巻く環境に，近年大きな変化が現れている。高速性，大容量，定時・安定性，さらに環境負荷の小ささといった特徴に対する関心・評価が世界的に高まりをみせ，特に急速な経済発展を遂げる途上国において新線の建設が加速している。新幹線に代表される日本の鉄道システムもその高い技術的トータルバランスで注目を集め，欧州や中国などの企業との国際受注競争が激しさを増している。一方日本国内に目を転ずると，整備新幹線計画や中央リニア新幹線，大都市の新規路線など，輸送網のさらなる整備拡充が続けられているが，本格的な人口減少社会の到来を目前に控え公共交通インフラとしてのあり方の再検討も求められつつある。

　こうした内外の環境の変化は鉄道交通システムを支える鉄道関連産業，その筆頭である鉄道車両工業にも業界再編をもたらそうとしている。鉄道車両工業は鉄道交通システムのキーハードである車両を担い，広範な分野を網羅する鉄道関連産業の中でも中心的位置を占める。しかし，国内的には鉄道交通のあり方に直接影響を与える産業であると同時に国際的にも高い技術的総合力を有するこの産業分野が，製造業としての観点において注目されることはこれまで少なかった[2]。

　本章では，山口県下松市の株式会社日立製作所笠戸事業所（以下，日立笠戸と略記）とその周辺に立地するサプライヤー群を取り上げ，各企業の技術蓄積と取引関係に注目し，日本の鉄道車両工業の分業構造を明らかにしたい。

2 日本の鉄道車両工業の全国的概況

2.1 鉄道車両の製造工程

　鉄道車両の新造は，鉄道事業者が車両の外観・内装・定員・性能等のスペックをまとめた「仕様書」に始まり，一般に基本設計と詳細設計の 2 段階を経て図面が作成される。鉄道車両の外形をなす車両構体は主に車両メーカー内で造られ，側板・妻板・屋根といった板状の各面部品を台枠とともに組み上げて箱状にする。また台車，制御装置・信号装置・集電装置・空調機器等の電気品，座席・網棚等の内装部品などをそれぞれ並行して製造する。これは車両メーカー自身による場合と部品サプライヤーが担当する場合とケースバイケースであるが，特に電気品は専門の部品サプライヤーが担当する傾向が強い[3]。

　出揃った一連の部品を組み上がった車両構体に取り付けるのが艤装工程である。数千本の電気配線など一般に膨大な量の手作業を要し，しかも個々の鉄道車両は専用性が高く非常にバリエーションの多い製品であるため，工程の自動化・共通化が難しい。この工程が最も労働集約的であり，車両メーカーにおいてはコスト削減上のネックになってきた。製造工程は多種の部品の製造とそれらの組み立てからなり，車体製造・最終組み立てを行う車両メーカーの他に広範な各種部品メーカーが鉄道車両工業に関与する。しかも各部品の市場は専門メーカーによる寡占ないし独占の傾向が強いため，車両メーカーと部品メーカーの間は対等関係が主流となる。

2.2 鉄道車両生産の歴史

　第 2 次世界大戦後の鉄道車両工業は，国鉄による全国的な輸送網の整備拡充に牽引されて，高度経済成長の中で飛躍的に生産を伸ばした（日本鉄道車輌工業会，1978, 1998）。こうした輸送網の整備拡充が一段落するのが 1968（昭和 43）年 10 月の全国ダイヤ改正，通称「ヨンサントオ」改正である。特急列車を中心とする長距離輸送網が一通りの完成をみたこの改正は，鉄道車両工業にとって新造車両需要の中心が純粋増備から老朽代替へとシフトしたことを意味した。

　鉄道車両の生産は一転して急減し，1971 年には 4,445 両と高度経済成長以前の

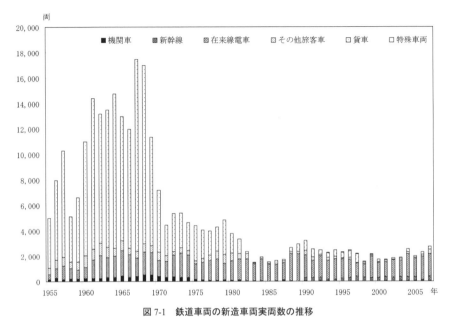

図 7-1 鉄道車両の新造車両実両数の推移
注：1964〜89 年の新幹線は在来線電車に含まれる。「その他旅客車」とは気動車・客車を指す。
出典：国土交通省「鉄道車両等生産動態統計」より船倉作成。

水準に戻り，さらに 1980 年代には 2,000 両を切るまでになった（図 7-1）。鉄道車両生産の低迷の影響は，能力過多な生産設備の量的集約に及んだ。特に 1968 年に帝国車両工業が東急車輛製造[4]へ，1972 年に汽車製造が川崎重工業へと経営の悪化により吸収合併される車両メーカーが現れた。その後東急車輛と川崎重工の 2 社もそれぞれ現存工場 1 カ所への生産設備集約を行ったため，旧 2 社の生産設備は 1986 年までに全て消滅することとなった。また三菱重工業三原製作所も 1982 年限りで普通鉄道向け車両の生産から撤退し，モノレール・新交通システム等の特殊鉄道や他分野の製品に中核を移した。近畿車輛と日本車輌製造も，1970 年代にそれぞれ操業年次の古い工場を廃止し現存工場 1 カ所へと生産を集約している。

1987 年に国鉄は分割民営化され，事業を継承した JR 各社は，新生 JR のアピールの意味も込めてそれぞれの地域の輸送事情に合わせた新型車両を積極的に投入したため，新造車両実両数の総計は 1990 年の 3,208 両まで増加をみた。しかし車両のバリエーションが拡大する一方で量的回復は一時的なものにとどまり，

1998年には再び1,563両まで割り込んだ。2000年代は漸増の傾向にあるものの，新造車両の需要は老朽代替中心であり，純粋増備の需要は整備新幹線等に限られる。

車両メーカー各社にとって国鉄の分割民営化は，発注両数の一時的増加の一方，むしろ価格競争の激化をもたらすことになった。JR各社の個性が強く反映された車両を受注するため，車両生産そのものはますます小ロット化の方向に進む[5]。その一方でJR各社は，国鉄時代と異なり随意契約による分割発注を前提としない。つまり車両メーカーは私鉄と同様JRからも競争入札による受注獲得を求められることになり，限られた市場規模の中で生産を継続するために多品種少量の車両製品の低コスト生産を一段と厳しく追求しなければならなくなった。

こうした国内市場の競争激化の中で，輸出車両の受注に活路を見出す動きが加速している[6]。特に1999年の台湾高速鐵路，2005年のドバイ＝メトロやイギリスCTRL線高速車両といった，メンテナンス等も含めたフルターンキーすなわちシステム一括での受注が増えている。また1980年代以来アメリカ市場の開拓を進めている川崎重工業は，2001年にネブラスカ州リンカーン工場に車両一貫生産ラインを新設した。

その一方で，競争の激化は再び企業レベルでの車両メーカーの再編を発生させた。路面電車や気動車といった市場規模の小さい車種を主なターゲットとしていたメーカーに淘汰の波が及び，2002年にアルナ工機と新潟鐵工所が倒産し，同年に富士重工業も鉄道車両生産から撤退した。他方で三菱重工業が1993年の新幹線試験車両開発，2004年の国産超低床LRV開発・製造への参画により再参入，IHIも新潟鐵工所と富士重工業の鉄道車両部門を買収し，傘下の新潟トランシス発足という形で2003年に事実上参入した。

中でも大きな意義を持つのは，1994年のJR東日本新津車両製作所[3]の操業開始である。東京都市圏を営業路線網に抱えるJR東日本は，民営化直後から短周期でのモデルチェンジを前提とした低コスト通勤電車の大量生産を目指し，既存の車両メーカー各社との共同開発を通じて製造技術の導入に努めていた[7]。その上で新津工場の検修設備を転換して車両内製を始め，さらに2002年からは大手公民鉄向けにも共通設計の車両の出荷を開始した。JR東日本新津車両製作所は通勤電車限定ながら事実上車両メーカーとしての新規参入を果たし，鉄道国有化

以来の国鉄工場と車両メーカーの役割分担がついに覆された[8]。2008年にもJR東海が日本車輌製造を子会社化するなど，車両メーカー各社をめぐる環境は相互の競争関係のみならず鉄道事業者，特にJR各社との関係においても流動化の度合いを増している。

2.3 鉄道車両部品の生産動向

　鉄道車両部品の出荷額の推移をみると，新造車両と同様の1970年代初頭や1980年代後半に一時的な落ち込みがみられるものの，全体としては増加の傾向にある（図7-2）。種類別では電気品の伸びが著しく，金額では3倍以上，割合でも2割程度から約5割までの大幅な伸びを見せた。電気機器は電子技術の進歩によって鉄道車両部品の中でも際立って高性能化が進んだ分野である。特にパワーエレクトロニクス技術の進歩によって大容量半導体素子の実用が可能となり，これを用いたVVVFインバータ制御は電化黎明期以来の抵抗制御に代わる主回路制御方式の主流となっている。

　都道府県別に出荷額を比較すると，2005年時点では大阪府・兵庫県，神奈川県を中心とする首都圏が特に多く，山口県・広島県，愛知県がこれに次ぐ（図7-3）。これらはいずれも車両メーカーの工場が立地する地域であり，比較的近接する傾向があるといえる。地域別に1965年からの変化をみると，首都圏では東京都が概ね横ばいであるのに対し，神奈川県と群馬県の増加，茨城県の減少が目立つ。神奈川県の増加は東急車輛製造に近接するサプライヤーの伸長とも，自動車産業のサプライヤーに見受けられた郊外移転と符合する動きとも解釈しうる。一方群馬県の増加は，新潟県ともども顕著であり，JR東日本新津車両製作所の操業開始によるものと推定されよう。逆に茨城県の減少は日立製作所水戸工場の電気機関車生産打ち切りによると考えられる。近畿圏では，大阪府に比べると兵庫県の伸びが大きい。1970年代に帝国車両工業と汽車製造の吸収合併により両社の大阪の工場が消滅したため，その分大阪府が伸び悩んだとみることができる。最後に山口県と広島県では，三菱重工業の三原製作所が一度鉄道車両製造から撤退した広島県よりも，日立笠戸の立地する山口県の方が大きく伸びている。

第7章 鉄道車両工業の技術蓄積とサプライヤーシステム 111

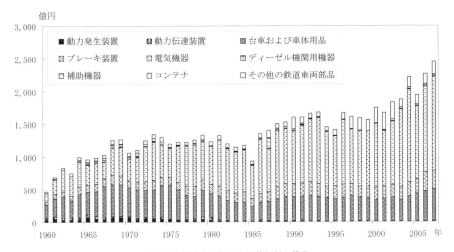

図 7-2 鉄道車両部品の出荷総額の推移
出典：国土交通省「鉄道車両等生産動態統計」より船倉作成。

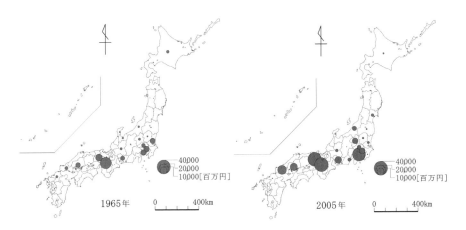

図 7-3 鉄道車両部品の都道府県別出荷額の推移
注：機関車用部分品と客貨車用部分品の出荷額の合計値，ただし秘匿値は含まない。
出典：「工業統計表」（品目編）より船倉作成。

3 山口県下松地域における鉄道車両工業の展開

3.1 日立製作所関連企業の立地と再編

　山口県の南東部に位置する下松市は，人口5万6千人（2016年），両隣の周南市，光市とともに，瀬戸内工業地域の一角を占めている（図7-4）。下松地域における鉄道車両工業は，1917年10月の日本汽船株式会社笠戸造船所の操業開始に遡る。その翌年には第一次世界大戦が終局に至り，船腹過剰や鉄資材価格の乱高下といった様相を呈していた。そうした中で工場長古山石之助が活路を見出したのが鉄道車両であった[9]。当時は鉄道院が車両の国産化・標準化を進めていた時期であり，古山はまず1919年3月に鉄道院の内諾を得て8620形蒸気機関車の図面を借用し設計試作を行った。翌1920年には初の受注として佐世保海軍工廠から12tBタンク機関車を，次いで鉄道省から先の8620形蒸気機関車の正式受注を得て，正式に鉄道省指定工場となった。ただし船舶から鉄道車両への製品転換をもってしても経営不振は免れず，1921年に日立製作所の買収を受けることとなった。

　鉱山用小型電気機関車の製作に取り組み始めていた日立製作所は，笠戸工場の吸収合併を契機に国産電気機関車の開発に乗り出した。小平浪平は日立工場の電気部品と笠戸工場の機械部品を組み合わせることで国産電気機関車の速やかな開発を企図したとされる。開発は鉄道省からの受注のないまま独自でスタートする異例の形となったが，紆余曲折を経て1924年に貨物用のED級59t電気機関車が完成した。この国産初の大型電気機関車は，日立笠戸，鉄道省大宮工場の双方で良好な試運転結果を示し，ED15形として3両が鉄道省に納入された。

　以後1929年に客車，1931年にディーゼル機関車，1942年に電車と，担当する車両分野を広げながら，蒸気機関車・貨車を中心に生産を伸ばし，建物面積は合併当初の7倍，人員は10倍近くにまで増加していた。

　終戦後は戦災車両復旧や朝鮮戦争に伴う受注などで早くに復興を成し遂げ，特に1957年以降数次にわたる国鉄5カ年計画の下で生産を伸ばしていった。こうした鉄道車両の受注増加に備えて，1956年には日立笠戸協同組合（HKK）を設立し下請企業の管理育成を強化した（日立製作所笠戸工場, 1975）。

　しかし1970年代に入ると国鉄向け車両の受注が伸び悩み，特に貨車の受注の

第 7 章　鉄道車両工業の技術蓄積とサプライヤーシステム　　113

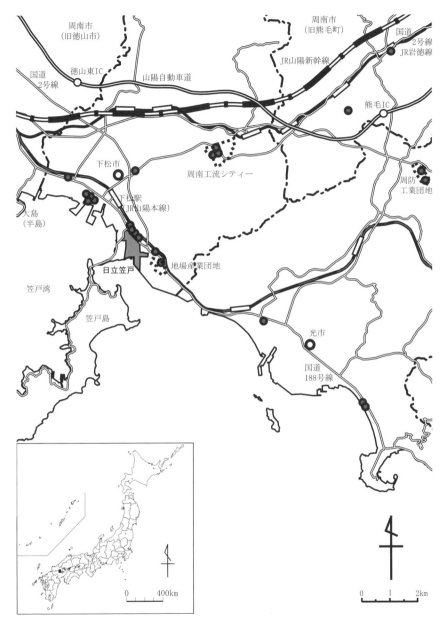

図 7-4　下松地域の概要と外注品サプライヤーの分布（1 点 = 1 工場，聞き取り調査等をもとに船倉作成）
　　　　注：作成に際し，国土地理院基盤地図情報データを一部用いた。

激減によって鋳鍛造原料部門が1974年に廃止されるに至った。オイルショックの影響は特に1975年以降の受注減少の連続として表れ，1979年には従業員の社内派遣が約350名に達するような事態となった。1979年には製品分野別の各部門から製造部門を分離統合した製造部が発足するとともに，総計約400名の人員異動が決定され，特にこの一環として翌1980年に笠戸機械工業（KSK，後述）が設立され，従業員約90名の受け皿として機能した。

その後も転勤や社内派遣による人員整理，設計・製造部門それぞれにおける運搬機分野と化学装置分野の統合といった軽量化策が採られ，1987年には就業人員912人，社内派遣約270人にまで圧縮された。また製品分野の多角化も行われ，1971年にクレーン等輸送荷役設備の生産が開始され，1973年には亀有工場から同内容の運搬機部門が移転集約された。また1983年には半導体製造装置部門が化学装置部門（1957年生産開始）から独立し，1985年には専用の生産設備が稼動を開始した（日立製作所笠戸工場，1996）。

低調の続いた日立笠戸の車両部門が再び上向くのは1987年，国鉄分割民営化により発足したJR各社の新型車両の受注である。JR各社最初となるJR東日本205系通勤電車の80両一括受注を皮切りに，JR各社から新幹線電車・特急電車・通勤電車の受注が相次いだ。特に受注車両の多様化に際し，設計部門の作業量増加に対応するため，1988年に日立笠戸エンジニアリング（HIKEC）が設立された。

JR各社はまた，独自の方針で高速化に向けた技術開発を進め，新幹線を筆頭に新技術の投入が加速した。中でもJR東海300系新幹線電車は，車両技術のみならず鉄道車両の製造において日立笠戸に大きな転機をもたらすこととなった。すなわち，アルミニウム車両への特化と生産体制の「装置産業化」（石丸靖男，2002, p.19, 120）という現在に至る方向性がこのとき固まったのである。技能継承の困難を打開する製造技術・方法の革新，つまり「熟練技能の関わる部分の限定とそれに見合う自動装置の導入」（石丸靖男，2002, p.20, 112）による品質の安定化と生産の効率化の方針が定められ，1991年からアルミ押出型材を自動装置による溶接で組み上げる専用ラインが稼動を開始した。これ以降日立笠戸はアルミ押出型材を用いた車両構体への特化を進め，トラス構造の押出型材を用いたダブルスキン構体，FSW[10]や三次元削り出し加工[11]といった自動製造技術の実用化，さらに押出型材上のレールを利用したモジュール艤装方式の採用といった改良が

順次重ねられた。1999年のJR九州815系通勤電車からは，日立の標準モデル車両として「A-Train」の名が冠され，国内では10社局19形式（2008年時点），さらに海外向け車両にも採用例が登場している。

このように，鉄道車両分野が堅調を保ちつつ新たな方向性を定めた一方，半導体製造装置は，半導体不況やバブル崩壊など受注の増減が大きく，流通・産業プラントは円高の影響を受け低調が続いた。1999年からは，従来の工場単位から製品分野別の事業グループ単位による独立採算方式に改められ，これら他分野の製品は分社化の対象となった。2001年に半導体製造装置部門が日立ハイテクノロジーズへ，2006年に産業プラント部門が日立プラントテクノロジーへ移管された。これにより笠戸事業所は，日立製作所本体としては鉄道車両専業工場となったが，各分野の生産設備は引続き笠戸事業所敷地内に並存している。

一方，日立交通テクノロジー（HIK）は，日立製作所の交通事業部門の支援企業であり，前項で挙げた笠戸機械工業（KSK）・日立笠戸エンジニアリング（HIKEC）をルーツとする笠戸事業所と，日立プラントテクノロジー水戸交通本部が前身の水戸事業所からなる。

ところで，KSKは1980年，前述の事業改革の一環で日立笠戸の製造支援企業として発足した。設立の趣旨としては労働集約的作業の分離・専業化による効率向上と高齢従業員の雇用安定が掲げられたが，部品専門メーカーとして経営の独立性を持たせる狙いもあった。具体的には，従業員に占める直接員（製造工程従事者）の比率を高めることで人件費を圧縮し，製造コストを低減するとともに，部品専門メーカーとしての軽量経営を活かして他車両メーカー等からの受注を可能にする。こうした価格競争力の向上と外販の相乗効果によって，創業初年から外販受注が3割に達し，当初目標を上回る120人以上の従業員を日立笠戸から引継ぐことができた。さらに高齢の熟練従業員の受け皿としての機能を併せ持つことで，技能継承の安定化も図られてきている。

またHIKECの発足は1988年で，JR各社の発足などに伴う受注増加に備えた設計力の強化が目的であった。具体的には，完成外注・設計外注として流出していた設計業務の取り込み，および高齢設計者の受け皿機能の担当を通じて設計ノウハウの流出の阻止と後継者への継承を図る狙いがあった。またKSK同様に価格競争力の向上と軽量経営を活かし，外販の獲得も行われた。一方，日立製作所

水戸工場では，これらに先立ち設計支援・車両部品アフターサービス部門として日立産機エンジニアリング水戸事業所が1975年に開設されていた。

　2000年代に入ると，これらの分社も本社諸部門と同様に製品分野単位への再編が順次行われ，KSKとHIKECは2006年に合併して日立笠戸メカニクス，茨城地区でも数度の統合を経て同年に日立プラントテクノロジー（HPT）水戸交通本部が発足した。さらに2007年には，日立笠戸メカニクスからプラント・流通・物流部門が分離され，最終的に笠戸・水戸両者の鉄道車両部品部門を統合した日立交通テクノロジー（HIK）が発足した。

3.2　外注品サプライヤー各社の対応と変化
(1)　日立笠戸協同組合（HKK）の概要

　日立笠戸協同組合（HKK）は，鉄道車両関連を中心とする下請企業44社を組合員として1956年に発足した。目的は下請企業への技術的・経営的サポートであり，当初は親会社日立笠戸が各企業を管理する窓口としての性格が特に強く，受発注や設備投資の許可に至るまで下請企業の指導・育成が図られていたが，近年は労務関係や安全，教育などに関する情報伝達が主な業務で，技術面および経営面は各社に一任されている。組合員数は，主として鉄道車両の受注の波による退出や日立笠戸の多角化に伴う転換・参入により変動し，2008年時点の組合員数は27社で，うち現在も鉄道車両部品を製造しているのは12社である。

(2)　調査対象サプライヤーの概要[12]

　創業年次別では戦前・終戦直後の1945〜55年（昭和20年代）・1960年代でほぼ均等に分かれる。現社長はほぼ全社が2代目または3代目であり，特に1990年代以降の3代目への代替わりが多い。従業員数は3名から56名と幅があるが，20〜30名規模が多い。製造品目は，台車部品，座席・荷台・吊り手などの内装部品，トイレユニット部品，ボルト類などで，これら鉄道車両部品を専業とする企業は少なく，半導体製造装置部品や各種産業用装置なども製造する企業が多くなっている。

　鉄道車両部品の取引プロセスは，基本的に日立笠戸の主導によって進む傾向が強い。基本的には日立笠戸の依頼から一連の受注プロセスがスタートしており，サプライヤー自社による受注獲得の営業活動は他車両メーカーに対するものが中

心である。日立笠戸は年2回，上下各半期の期首に予算説明会を開催して受注車両の製造時期をサプライヤー各社に通知しているが，近年これに加えて長期（5年程度）の生産計画を開示するようになり，サプライヤー各社に長期の生産の見通しを立てやすくするメリットをもたらした。

　基本設計の段階には4分の3のサプライヤーは関与せず，基本的には鉄道事業者と日立笠戸の間のみで仕様が確定され，それを前提にサプライヤーへの発注が行われる。一方詳細設計では過半数の企業が日立笠戸の提示する設計原図に対して改善提案を行っている。設計原図の作成そのものは基本的に日立笠戸の設計部門の担当であり，サプライヤーは改善提案により自社のノウハウを設計原図に反映し生産コストの圧縮を図る。同様に製造途中での設計変更でも，サプライヤーからの改善提案に基づいて日立笠戸が設計原図の変更を行うシステムであり，自ら設計原図の作成・変更を行うサプライヤーはほとんどない。しかしそれゆえに，設計者の当初の意図と外注品サプライヤーのノウハウ，そして納入後の艤装工程等の生産現場における意向を一貫させる上でこの改善提案の段階はますます重要度を増している。なお設計原図を受けて現場で生産する際の加工図面に関しては自社で作成する場合と支給を受ける場合が約半々であり，特にCAD/CAMを用いる企業は前者が多い。

　一方，製造段階は基本的にサプライヤーに一任されている。原材料の調達は最終的に部品ごとで異なるため一概には分けられないが，自社調達を中心とするサプライヤーが3分の2を占めた。自社調達のメリットとしては原材料の在庫保有による特急品への対応が挙げられる他，日立笠戸の使用が少ない材質・形状の場合には，サプライヤー自らがコスト低減のノウハウを発揮する余地ともなっている。一方，支給材のメリットとしては日立笠戸や鉄道事業者での一括購入による質の安定，入手コストの低減が挙げられる。特に鉄道車両部品では強度や耐火性などの観点から汎用性の低い金属素材が使われることも多いため，自社調達を行うサプライヤーの中にも支給を志向する意見があった。また品質管理については，納入時に日立笠戸による検査が行われるが，途中の工程・品質管理は全社が自社で行っている。ただし重要品・指定品や初回・試作品等については日立笠戸の立会による確認が行われる。

　売上に関しては部品単価が下がったとする企業が全体の4分の3と多いが，そ

の一方で全体の半数がロット当たり数量および品目数の増加を回答しており，結果的に半数の企業が売上総額も伸ばしていた。「売上は変わらないが忙しくなった」との声もあり，単価の下落分を数量の増加で補う形態となっていることがうかがえる。また他製品分野への拡張については，行った企業と行わない企業，鉄道車両部品からの転換を図った企業が均等に分かれた。出荷先についても数を増やしウェイトの分散を図った企業と現状維持を続けた企業がほぼ拮抗した一方，企業数は変わらないながらも出荷額の比率に偏りが生じた企業もあった。一般に製品分野の相違は出荷先の相違をもたらすが，出荷先を日立グループのみに絞ったまま製品分野のみを拡張したケースなどもみられたため，両項目は完全には一致しなかった。

(3) サプライヤーシステムの特徴

これまでの分析より明らかになった日立笠戸の鉄道車両工業のサプライヤーシステムは図7-5のように示され，その特徴は以下の諸点にまとめられる。

①購入品と外注品の大きな相違

鉄道車両工業におけるサプライヤーは大きく購入品サプライヤーと外注品サプライヤーに分かれ，両者の性格は大きく異なる。

②少数・広域・対等な購入品サプライヤー

購入品サプライヤーはその市場における企業の絶対数が限定されている（少数）。必然的に調達の空間的範囲も広く日本全国に及び，組立工場としての日立笠戸の立地上やや西日本に偏りが見られる程度である（広域）。また購入品サプライヤーの多くが電気機械産業や自動車部品といった他分野に経営上の主力を求めており，鉄道車両部品については技術的に近い種類のものを副業的に生産するにとどまる。これらのサプライヤーでは経営上の影響が軽微なため価格は下方硬直的で，取引における両者の関係は対等ないしサプライヤー主導である（対等）。

③ユーザーの直接介入

日立笠戸と購入品サプライヤーの対等関係を生み出すもう1つの原因として支給品制度が挙げられる。ユーザーすなわち鉄道事業者は，自社での車両運用における経験的信頼性やメンテナンス性に対する志向が非常に強い。このため，走行関連を中心とする主要部品のメーカー選定を鉄道事業者が主導し，

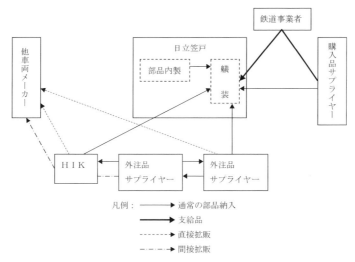

図7-5 日立笠戸の鉄道車両生産をめぐるサプライヤーシステム（船倉作成）

その購入品が支給品として日立笠戸へ渡されるケースも少なくない。この現象はサプライヤーシステムに対するユーザーの直接介入といえ，鉄道事業者のイニシアチブが特に強い日本の鉄道車両工業ならではの特徴といえるであろう。

④地域的・少数分担の貸与図型外注品サプライヤー

一方，外注品サプライヤーは日立笠戸周辺の下松地域に多くが立地し，海外を含む域外からの調達は少ない（地域的）。数の限られた域内サプライヤー各社間では，部品取引における日立笠戸の主導によって部品分野の分担が形成されている（少数分担）。

外注品の設計については，日立笠戸側がエンドユーザーである鉄道事業者の要望を踏まえて設計原図を作成する貸与図形式が大半であり，サプライヤー側のノウハウを設計に取り込む機会として図面作成プロセス上に改善提案の機会が設けられている（貸与図型）。

⑤外注品サプライヤーの自立経営と日立笠戸の誘導

一方で，外注品サプライヤーも自らの判断で経営安定のための方策を採っている。その方向性は大きく他車両メーカーへの拡販と製品分野の多角化，前者はさらにサプライヤー自身による直接拡販と日立笠戸の分社であるサプラ

イヤー HIK を窓口とした間接拡販に分かれる。これらの経営判断に対して日立笠戸は直接の指導を行わないが，発注の振り分けが間接的な誘導として機能している。

4　日本の鉄道車両工業の課題

冒頭でも述べたように，日本の鉄道業界ならびにその関連工業界は重要な転換期を迎えつつある。対内的には人口減少社会の本格到来，対外的には市場のグローバル化による国際競争の顕在化と，双方の環境の変化が総合産業としての鉄道システムのあり方に再検討を迫っている。

鉄道車両工業に関して言えば，その1つの表出が新造車両の価格低減への要求であり，それに対する車両メーカー各社の答えとしての標準モデル車両であった。製造業において設計・製造方法の共通化，つまり同じモノを量産することはコスト圧縮の1つの"王道"であり，この意味で鉄道車両を他の工業製品に近づける試みは徐々に進みつつある。もっとも鉄道事業者各社の専用仕様への志向は依然強く，欧米ビッグ3の車両製品や航空機のような仕様選択型製品の形態には至っていない。しかし逆に，より自由度の高い多品種少量生産型という，いかにも日本的な競争力の核をなす可能性を秘めているともいえよう。

（船倉翔一朗）

注
1) 本章は，執筆者の在学時の研究成果に基づくものであり，鉄道総研としての見解等を示すものではありません。
2) 日本の鉄道車両工業の歴史については，青木栄一（1986, 1996, 2002），沢井　実（1998），細田吉蔵（1993），山田桑太郎（2002）などがある。技術史の観点からは，坂上茂樹（2005）が，「国鉄一家体制」から「鉄道車両の自動車化」，「鉄道車両工業の重工業化」という2つの新たな傾向を指摘している。また，車両発注や製造工程におけるメーカーと鉄道事業者との関係については，林田治男（2003）の研究が注目される。
3) 電気品では東芝・三菱電機・富士電機といった大手重電メーカーや東洋電機製造のような専門メーカー，輪軸では住友金属工業（現・新日鐵住金）などが挙げられ，多くのサプライヤーが多角経営の一分野として鉄道車両向け部品を生産している。
4) 現・総合車両製作所（J-TREC）。JR東日本の100％子会社で，2012年に東急車輛製造の鉄道車両製造部門を継承して発足した。2014年にはJR東日本新津車両製作所を新津事業所として経営統合している。

5) 国鉄時代は均質なサービスの全国展開が基本方針とされ，全国各地に同等の車両が配備された。この「国鉄型」と呼ばれる車両群は制御装置などの主要部品はもとより内外装も含めて共通化が徹底され，特定地域向けのアレンジは耐寒耐雪などの自然環境や輸送需要等に合わせた最小限のものにとどめられていた。
6) 日本国内で生産した車両を輸出するだけではなく，2015年には日立製作所がイングランド北部ダラム州で車両工場を立ち上げるなど，海外現地生産も行われてきている。
7) 車体構造・材質の見直しによる軽量化を図るとともに，電子部品の寿命に合わせて10年間メンテナンスフリーとし，ランニングコストを低減する。また同時にこの10年を新型車両の投入周期とすることでイニシャルコストを抑える。
8) 鉄道国有化以降，国鉄は自社工場を原則として検修専門とし，車両新造を指定車両メーカーに委ねるという方針を採った。国鉄車両設計事務所を頂点とする共同設計・分割発注により，車両メーカー各社の育成を図ることが目的とされていた。
9) 古山はもと川崎造船所（笠戸工場史には「川崎車輛」と記載）株式会社車両課長であり，日本汽船株式会社笠戸造船所の創業時に工場長として迎え入れられた。
10) 摩擦攪拌接合（Friction Stir Welding）。1991年にイギリスで開発された技術で，ピン状のツールを回転させながら接合線に沿って移動させると，接合部分のアルミが摩擦熱で軟化すると同時に攪拌され，部材同士がほぼ母材に近い状態で一体化する。この方式は従来の方式に比べて溶融に要する熱量が極めて少なく，変形・収縮・変色を殆ど伴わない形で部材を溶接することができる。ロボットによりほぼ自動化されたこの溶接方式を用いることで，精度の向上と安定化，省力化，さらには製品状態で無塗装でも一枚板と遜色ない外観をも得られる。
11) 先頭構体などの複雑な三次元曲面を持つ部材を，予めプレスで曲げておいた数十ミリの厚手のアルミニウム板からCAD/CAMで制御された高速回転ツールの切削により製造する工法。従来は骨組みの上から打ち出し工法による曲面の薄板を貼る構成となっていたが，三次元削り出し加工では全自動での一体成形となり，強度・精度向上や熟練技能依存の解消などのメリットがある。日立笠戸は2001年に実用化に成功し，700系新幹線の一部から採用している（日経ビジネスオンライン「鉄道車両にカンバン方式：日立，海外輸出を見据え生産改革」2007年10月17日）。しかし軽量化のため特に薄さが求められる新幹線の外板では大量の削り屑が生じ，しかもアルミでありながら切削油の混入によりリサイクルのコストがかさむ。このため3次元削り出しの利用は部品が相対的に厚手な在来線電車が中心であり，新幹線では従来の打ち出し工法も併用される傾向にある。
12) HKK所属で鉄道車両部品を製造している12社と鉄道車両部品から他分野へ転換した4社，合計16社を分析の対象とし，2008年に聞き取り調査を行った。

第 8 章

米菓産業集積における技術継承と技術革新

1 日本の米菓産業

　わが国製造業では，グローバル化による厳しい競争が続く中，食品産業など地域資源をいかした内需型の産業が見直されてきている。もっとも，こうした地域密着型の食品産業は，伝統的なものが多く，小規模・零細経営が支配的で，地域イノベーション政策の対象とされることはあまりなかった。21世紀に入り，経済産業省や文部科学省がクラスター政策を打ち出す中で，香川県の高松エリアにおける希少糖を活用した機能性食品の開発など，産学連携による地域イノベーションの取り組みが盛んになってきている。また農林水産省は，「食料産業クラスター」の形成により，地域の食品産業と農林水産業との連携を推し進めようとしている。しかしながら，地域の食品産業のイノベーションに関する学術的な研究は少なく（辻　雅司，2008; 石原三妃ほか，2010 など），本章で分析の対象とする新潟県の米菓産業に関する先行研究は見あたらない。米菓は，伝統的食品であるにも関わらず，高度経済成長期以来，技術革新を通じて市場が拡大しており，注目すべき先行事例と考えられる。

　新潟県の米菓産業の年間出荷額（2010年）は，約 1,700 億円で全国の米菓出荷額の 52％を占め，第2位の埼玉県の 6％，第3位の栃木県の 4％を大きく引き離し圧倒的なシェアを誇っている。1950年頃までの米菓の主産地は，東京，大阪，名古屋の大都市で，新潟県は米の生産量は多いものの湿気の多い気候のため，乾燥が必要な米菓製造に適さないと言われていた[1]。新潟県の米菓産業が伸長し現在のような地位を築いたのは，1950年代から行われた県の公設試験研究機関である新潟県農業総合研究所食品研究センター（以下「食品研究センター」）と新潟県米菓工業協同組合（以下「新潟県米菓組合」）との産学協同研究により，技

術革新が起きたことによる（新潟県米菓工業協同組合,1985)。

本章では，新潟県の米菓産業において，なぜ産学協同研究が成功し，その成果がイノベーションに結びついて産地形成へと至ったのか，その要因を明らかにする。さらに，今後の方向性について，現在，イノベーションに結びつく取り組みを積極的に行っている亀田製菓と岩塚製菓を取り上げ，食品研究センターの役割とその変化に着目して言及する。

2　新潟県における米菓産地の形成

米菓産業の都道府県別の年間出荷額は，亀田製菓（1987）によれば，1964年頃までは，消費地を背景に持つ消費立地型の東京都や大阪府の生産が大きく，原料地立地型の新潟県はそれに次いで第3位であった。高度経済成長期前は，現在のように交通網が発展しておらず，米菓はバラ売りで壊れやすいうえ，出来たてがおいしいこともあり，近在の消費者に製品を提供する小規模企業が全国各地に散在している状況であった。図8-1は，1965年から2010年までの全国と新潟県

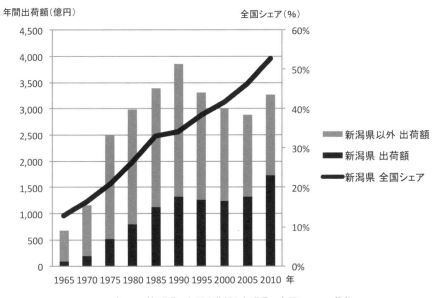

図8-1　全国及び新潟県の年間出荷額と新潟県の全国シェアの推移
出典：「工業統計表品目編」（従業者4名以上の事業所）より清水作成。

の出荷額の推移を示したもので，この間に新潟は大きく全国シェアを伸ばしたことが分かる。

新潟県の米菓産業の歴史は，明治後期に高田（現上越市）で機械を導入した工場が登場したのを始まりとしている（新潟県米菓工業協同組合, 1969）。その後，柏崎，長岡や小千谷で米菓を専業とする企業が誕生し，信越線の開通（1886年）に伴い県外への販売も始められた。戦後の食糧難時代に，米や芋からの水飴や澱粉の委託加工所として亀田町と岩塚村で創業した亀田製菓や岩塚製菓などは，水飴や澱粉が大企業の参入で事業が難しくなった1955年頃に米菓製造へと転身した。

米菓製造は，製造工程が複雑で，原料である米の性質や各工程の条件設定によって焼き方や膨らみ方が異なり食味もさまざまとなる。そのため，原料の特徴を知り尽くした職人が長年培ってきた技や勘に頼るところが依然として大きかった。しかし，これを産業として発展させるためには，暗黙知である職人技を科学的に解明し，形式知である製造技術理論にすることが必要となり，1958年に食品研究センターと新潟県米菓組合との共同研究が始められた。複数の地元企業は，その成果を製品量産化技術に結びつけ，高度経済成長期に全国に販売網を展開し，生産高は急拡大した。その後，米菓は流通菓子として，スーパーやコンビニを舞台にスナックなど他の流通菓子と熾烈な市場競争を繰り広げる。しかし，その間，規模の拡大を進めた企業がある一方で，多くの中小企業が淘汰された。新潟県米菓組合に所属する企業は，1969年の46社から，2011年には16社へ減少した。

図8-2は，新潟県内の米菓企業の工場の分布を示したものである。新潟県に本社を置く米菓企業のほとんど全てが，国内工場を県内に立地させ，原料の仕入れから製造，出荷までの一貫生産を行っている[2]。図をみると，新潟地域と長岡地域を中心に工場が集積している。大手企業に成長した地場企業は，概ね工場を1960年代に一貫流れ作業設備を導入して拡大，1970年代に狭隘化により近隣に増設，生産拡大が続く1980年代に現在の主要となる工場をまとまった用地を取得して新設し集積が進んだ。

新潟県の主要な米菓企業をみると，亀田製菓，三幸製菓，岩塚製菓の新潟県に本社を置く3社が全国売上上位企業の1位から3位を独占し，上位10社には栗山米菓（5位）とブルボン（8位）が加わる（表8-1）[3]。亀田製菓は，抜群の知

第 8 章　米菓産業集積における技術継承と技術革新　125

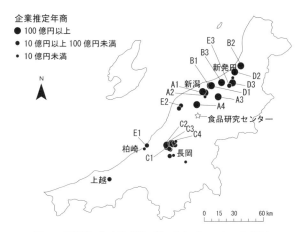

図 8-2 新潟県における米菓工場の分布（2011 年 7 月現在）
出典：新潟県米菓工業協同組合資料及び各社ホームページをもとに清水作成。

表 8-1 新潟県の主要な米菓企業

企業名 (本社所在地) 設立年	推定年商 (単位：億円)	従業者数（人）	主要製品	特徴	工場	竣工年	地図記載
亀田製菓㈱ (新潟市) 1957	689 業界 1 位	2,863	SF 柿種、ハッピーターン、まがりせんべい	定番商品の存在、ヘルスケア事業及び海外進出の展開	1. 元町工場（新潟市）	1957	A1
					2. 水原工場（阿賀野市）	1971	A2
					3. 白根工場（新潟市）	1976	A3
					4. 亀田工場（新潟市）	1987	A4
三幸製菓㈱ (新潟市) 1962	447 業界 2 位	1,056 (推定)	雪の宿、柿の種、粒より小餅	高い生産性と営業力で躍進	1. 新崎工場（新潟市）	1963	B1
					2. 荒川工場（村上市）	1982	B2
					3. 新発田工場（新発田市）	2009	B3
岩塚製菓㈱ (長岡市) 1954	190 業界 3 位	983	黒豆せん、味しらべ、えびカリ	品質・鮮度を重視、商品チャネル毎に子会社設立（通信販売等）	1. 飯塚工場（長岡市）	1963	C1
					2. 中条工場（長岡市）	1972	C2
					3. 下沢工場（長岡市）	1980	C3
					4. 千歳工場（北海道千歳市）	1990	
					5. 長岡工場（長岡市）	2004	C4
栗山米菓㈱ (新潟市) 1949	127 業界 5 位	750 (推定)	ばかうけ、星たべよ、瀬戸の汐揚	商品ブランド戦略、手焼き体験施設オープン	1. 新崎本社（新潟市）	1964	D1
					2. 中条工場（胎内市）	1969	D2
					3. 新発田工場（新発田市）	1984	D3
ブルボン㈱ (柏崎市) 1924	75 業界 8 位	3,266 (米菓以外含む全社)	味ごのみ、チーズおかき、味サロン	総合菓子メーカー、新潟県内の老舗	1. 柏崎工場（柏崎市）	1934	E1
					2. 新潟工場（新潟市）	1972	E2
					3. 新発田工場（新発田市）	1990	E3

全国の推定年商上位トップ 10 に入っている新潟県の企業（2011 年時点）。全国の推定年商順位は、食品新聞（2011 年 3 月 30 日）による。
出典：各社 HP（http://www.kamedaseika.co.jp/, http://www.sanko-seika.co.jp/, http://www.iwatsukaseika.co.jp/, http://www.kuriyama-beika.co.jp/, http://www.bourbon.co.jp/, 最終閲覧日 2012 年 8 月 31 日）及び食品新聞（2011 年 3 月 30 日）より清水作成。

名度を誇り，ロングセラー商品で圧倒的な売上高を築いている。三幸製菓は，最新鋭工場を立ち上げ生産性と営業力を高め，亀田製菓を急追している。岩塚製菓は，おいしさ第一を掲げて，できたてを届けることと国内産米の使用をうたっている。栗山米菓は，メイン商品を企画力でブランドに育てている。ブルボンは，総合菓子メーカーとして米菓も製造し，マーケティング力を有する。新潟県の企業は，独自の戦略を持ち互いにしのぎを削り競争力を発揮し，現在に至っている。

3 産学協同による共同研究の取り組み

3.1 共同研究の経緯

　新潟県米菓組合と食品研究センターによる共同研究は，1958年から始まった（新潟県米菓工業協同組合，1985）。県内には当時，せんべい生産で大企業中心の新潟県米菓工業協同組合と，あられ生産で小企業中心の越後米菓工業協同組合があり，両者は1969年に新潟県の指導によって合併し今日に至っている。

　食品研究センターは，1941年に新潟県農村工業指導所として加茂市に設立された公設試験研究機関である（新潟県食品研究所，1982）。設立のきっかけとなったのは，加茂農林高等学校で教鞭をとっていた有本誠作氏[4]の存在がある。有本氏は農産加工分野で地域への多大な貢献をしており，退職後も学校に残り指導を続けてほしいと同窓生たちから新たな研究室設立の話が持ち上がる。有本氏自身も，昭和初期に襲った農村恐慌の教訓から農産物の品質向上と農産加工による付加価値の増大が重要と考え，関係官庁に研究指導機関の重要性を強く働きかけた。設立の際は，地元有志が自発的に多くの費用を負担し，地元から大きな期待が寄せられた[5]。

　1950年代半ば，新潟県の米菓業界は，全国でヒットした「赤物」[6]の類似品の登場と，甘味から塩味への嗜好変化に直面し大転換を図らざるを得ない危機感を有していた。新潟県の米菓業界が苦境にあえぐ中，1958年2月に新潟県主催で，東京・横浜方面への先進地視察が約20名で実施された。視察に参加した亀田製菓創業者で当時社長の古泉栄治氏は，視察の待ち時間に，後に共同研究の中心となる食品研究センターの齋藤昭三技師[7]から研究内容を聞いて感銘し，視察から帰ると早々に訪問し技術指導の依頼を申し出たという（亀田製菓三十年史編集委員会，1987）。

第8章 米菓産業集積における技術継承と技術革新　127

表 8-2　米菓の研究開発年表

年代	業界動向 (A)	主な研究内容 (B)	商品
1950年代	食研に米穀研究室開設 新生あられ出現で県産赤物苦境 食研で機構改革、県主催先進地視察会 組合が食研に共同研究を依頼、食研主催米菓研究部門新設 第1回米菓製造技術講習会開催（共同研究の開始） 食研での研究計画（対象時期：1959～1969）策定	米の性状に関する基礎的研究 米の性状と米菓加工技術に関する基本原理の解明（各工程の製造条件と品質との関係）	
1960年代	食研に全国初の米菓研究施設完成 食研と組合による実地研修会開始 (1962～1976) 運転式乾燥機の登場（量産化の進行） 薄焼きブーム、スナックブーム到来	基本原理の解明を受けた製品化技術の開発 （生産ラインの構築）	亀田「サラダホープ」(塩味) 亀田「ピーナッツ入り柿の種」 岩塚「おかきせんべい」手焼きせんべい） 亀田「サラダうす焼」(薄焼)
1970年代	水質汚染防止法の施行 新潟、越後両組合合併 大型化設備導入	公害防止のための米菓製造工程の再検討 保健と米菓を考えた米菓づくりの検討	亀田「梅の香巻」「ソフトサラダ」(ソフト) 岩塚「あまから」「ふっくら豆餅」 岩塚「味しらべ」(ソフト)
1980年代	亀田製菓が株式上場 岩塚製菓が株式上場	米菓の製造工程管理技術の確立 産地・品種による米菓加工性の解明 微細米粉の製造法の開発	亀田「ぼた焼き」「まがりせんべい」
1990年代	各社R&Dセンターを開設 亀田製菓がR&Dセンターにお米研究所を開設 食研に食品工学科新設	ヘルスケア型米加工品の開発 緊急輸入された多くの米の加工特性	亀田「ゆめごはん」(低淡蛋白ごはん)
2000年代～	岩塚製菓がR&D・MセンターにC ものづくり道場を開設 食研に研究交流棟を整備 食研と組合による米菓製造実技講習会開始 (2007～)	米菓の硬さの簡易分類法の開発 低カロリー米の米菓加工適性	亀田「ふっくらおかゆ」 「植物性乳酸菌ヨーグルト」

注
食研：食品研究センター、組合：新潟県米菓工業協同組合。
出典：齋藤昭三 (1982)『私の一筋の道～米研究から地域振興まで～』p204-208、原沢久夫 (1986)『小さな明星をみつめて』p129-138 及び聞き取り調査をもとに清水作成。

その後の両者の産学協同に向けた動きは早く，同年に県内企業が結束し新潟県米菓組合として食品研究センターへ正式な依頼が行われた（表8-2）。これを受けて，食品研究センターは，齋藤技師を主任にした米菓研究部門を新設し，1959年から1969年までの研究計画を策定した。1958年12月に新潟県米菓組合主催で，両者による米菓製造技術講習会が開催されて共同研究が実質的にスタートした。1960年，県予算と新潟県米菓組合の寄付により，食品研究センターに全国初の米菓研究施設が完成して，研究は急ピッチで進められた。

　食品研究センターでは，既に1951年から齋藤技師のもと，日本全国の米を集めて米の性状に関する研究を開始していた[8]。当時，時代の変化に伴い農村振興や農家の副業支援を目的とした食品研究センターの存在意義が問われ始めていた。所長の原沢久夫氏は，県の基幹産業となる食品産業の創造を新たな目的にする機構改革を進めており（原沢久夫，1986），その方針に基づいた基礎研究に重点が置かれ，先取り的な研究テーマが実施されていたことが，後に新潟県米菓組合との共同研究につながったと考えられる。

3.2　共同研究の内容

　共同研究は，食品研究センターで行われていた米の性状の基礎研究をベースに，食品研究センターが得意とする科学的な分析法や測定法と，米菓製造や設備の扱い方を熟知する職人の知識の融合によって行われた。しかし，職人側は日々忙しく，自らの技能をオープンにしないのが常である。そこで，食品研究センターでは，ギブアンドテイクの関係を築こうと，職人が身に着けて直ちに役立つ分析法や測定法を学ぶ内容を盛り込んだ実地研究会を企画し，これによりお互いが学び合うことで共同研究が進んだ（齋藤昭三，1982）。

　米菓の製造技術理論と加工法の確立は，原料である米の性質の把握から始まり，各工程の意味と工程間の関わり，各工程の製造条件と品質との関係が明らかにされた[9]。その際，仮説の設定，試験実験，検証を繰り返し，理論構築と適切な製造条件のデータが示された。各企業は理論を学び，示されたデータを参考値として現場に持ち帰り，自社の生産規模，使用する機械に適したデータに修正し生産ラインを構築した。このように，暗黙知である職人技を科学的に解明し，形式知である理論やデータに生まれかわり，それが機械化・自動化の技術に結びついた。新潟県

の米菓産業の機械化の特徴は，既にある機械を他から導入したのではなく，自らで製造技術理論の確立を行い,機械及び生産ラインを作りあげたことにある。ただし，機械化が進んでも，原料や天候は日々変わり常時一定の製造条件や製造環境は存在しないため，微妙な調整という人の勘と経験でしかできない工程は残る[10]。

3.3 新技術の現場への浸透

食品研究センターでは，確立した製造技術理論を組合加盟企業に広く浸透させるため，研修会を体系的に開き，地域への技術の伝達を行った[11]。以下，齋藤昭三（1982）によると，まず中央講習会で業界全体への報告がなされ，その実施の徹底と効果の確認のため，1～2カ月後に県内6地区で地区講習会を開催した。そして，伝達困難な課題や新たな研究課題については，各工場の中堅工員を集めて実地研修会を開き，実地研修会後に行われる座談会では夜を徹して膝をつき合わせて現場での技術上の問題を討論した。このように，伝えたい内容に応じて地域単位の講習会を設定した。

指導は，食品研究センターの研究員が自ら生産現場に赴き実施された。一般的に，研究員は1つの研究が完了すれば次の研究にとりかかり指導まで行うことは少ないが，食品研究センターの研究員は直接生産現場に行くことで新たな技術問題や課題を発掘し，企業のニーズに即したテーマの選定につながる情報を入手でき，研修会から得ることは大きかったとしている。また，実地研修会の開催は，食品研究センターと生産現場との一体感の醸成につながった（齋藤昭三, 1982）。

4 産学協同の変化

4.1 産学協同の変化

亀田製菓や岩塚製菓など，後に大企業へと成長した複数の地場企業は，製造技術理論と加工法を得たことで，あらゆるタイプの米菓を安定的に生産する知識を得て，それを量産化技術や多様な製品開発に結び付けた。

米菓には，もち米菓とうるち米菓，ハードものとソフトもの，厚ものと薄ものなど，あらゆるタイプがある。もち米菓とうるち米菓のどちらか一方を得意とする企業が全国で多い中，新潟県の米菓企業は両方の製造技術を習得したことで，

時代の潮流にあった米菓を素早く開発し安定的に製造して市場に投入した。たとえば，うるち米の古米を安価に入手できる時は，うるち米菓の生産量を増やした。また，嗜好の洋風化から，それまで主流だった草加せんべいのような堅焼きとは違い，スナック感覚の薄焼きやソフトなせんべいを開発しヒットさせた。

このように，産学協同による共同研究が行われた1950年代以降，技術力により市場での競争力を増していった。1990年代になると，自社で既存技術の見直しや商品化の研究を行う研究開発部門を有する企業が登場した。

しかし，人口減少で市場のパイも少なくなる中，企業が今後さらなる成長段階へと進むためには，今までの延長線上にはない新たなイノベーションを起こす必要性が増している。ここでは，新潟県を代表する大手メーカーである亀田製菓と岩塚製菓の研究開発の動向を取り上げ，それぞれに注目される取り組みの中から，亀田製菓の健康機能面の取り組み，岩塚製菓のおいしさを追求した取り組みについて，その内容と食品研究センターとの関わりを論じる。

4.2 亀田製菓の取り組み

亀田製菓は，設立当初から食品研究センターとの共同研究に積極的に参加し成長した。「パッピーターン」「ぽたぽた焼」などのヒット商品を全国展開して急成長をとげ，1975年に米菓売上日本一（165億円）を達成し，その地位を現在に至るまで維持している。

工場は，創業地の亀田町元町の他，県内に順に水原工場，白根工場，現在の主工場となる亀田工場を新設した。2000年に試みた消費者ニーズの多様化にあわせたチャネル・ジャンル別の供給体制が，逆にアイテムの大幅増による生産性低下を招き初の赤字となるが，経営改善策により2007年にV字回復する。現在，米菓部門の他にヘルスケア部門と海外事業部門の新事業を展開している。

ヘルスケア部門は，1992年にR&Dセンターにお米研究所を開設し，米の成分を活用した食品開発を進めている[12]。食品に対する衛生管理が厳しくなる中，米に生息する菌の把握を行い，同時にこれを利用した商品開発を始めた。亀田製菓にとっては，新たな研究分野であり，1992年に当分野で研究蓄積がある食品研究センターに職員を1年間派遣し，米の発酵についての研究が始められた[13]。その職員は，炊いたごはんに乳酸菌を接種し条件を変えながら培養し，粥状のご

第 8 章　米菓産業集積における技術継承と技術革新　131

はんの発酵液を作っては飲む日々が続いたある日，生米に乳酸菌を直接接種することを思いついた。すると米粒がもろくなり，中の蛋白質が分解されて外に出ることを突き止めた[14]。ちょうど，食品研究センターに，製薬会社から腎臓患者向けの低蛋白ごはん開発の相談がきており，新発見の活用が検討され，1993年に亀田製菓とその製薬会社とで共同研究契約が締結された。

　食品研究センターからの技術移転と事業化の目処はたったが，その後の技術の実用化段階で，次の2つの問題に直面した（亀田製菓株式会社企画室，1999）。1つは，乳酸菌による低蛋白米処理に時間がかかる点，もう1つは，低蛋白米にすると，動かすだけで粉々に壊れるほど粒構造が弱くなり，普通の炊き方では溶けてしまう点であった。前者は，乳酸菌の利用にかわり酵素が選択され，数十種類の酵素から相性のよいものを検索した。後者は，食品研究センターに蓄積された米加工技術の知識が活かされ，粒の表面を丈夫にするおこわの炊き方をヒントとするアイディアが出され，二度蒸し製法が考え出された。

　また，製品化に向けた生産ラインの構築で40度の高温で酵素処理したごはんを無菌包装パックする際に，製品にかびが発生するトラブルが生じた。当時の亀田製菓の開発責任者であったW氏は，「原因が，削るや洗うといった材料の扱い方なのか，加熱温度，水分，容器の厚さ，シールや穴などなのか，何であるか分からず，解決の糸口が掴めないのがつらかった」と話す[15]。その後，分析や測定を得意とする食品研究センターの有益な助言もあり，適切な量産化技術が確立され，蛋白質を発酵で分解し少なくした生米をおいしく炊き無菌包装パックにした「ゆめごはん」が1994年に誕生した。

　「ゆめごはん」は誕生から15年で，通常のごはんに比べ蛋白質が3分の1から35分の1まで低減し，売上は3倍以上となった。この約20年間にわたる研究で，米の乳酸菌と加工に関する技術とノウハウを蓄え，健康を軸とした機能性食品の開発を推進している(2011年9月1日の聞き取り調査による)。食品研究センターは，今後も増える機能性に関する研究に対応していくため1997年に食品工学科を新設し，独自で難しい分野においては県内の大学と連携を深めている。

4.3　岩塚製菓の取り組み

　岩塚製菓も，設立当初から食品研究センターの指導を受けて成長した。創業者

が農村の出稼ぎをなくしたいとの思いから，地元・岩塚村（後の越路町，現長岡市）で事業を始めた。「お子様せんべい」「手焼きせんべい」などの新商品増産のため，廃校となった小学校跡地に工場を増やし，現在は当地域 5 km^2 内に 4 つの工場が立地している。働く母親のために保育園を運営し（現在は廃止），工場前の直売所に格安の出来立て米菓や地元農産物が並ぶなど，社是の 1 つである"地域社会とともに生きる"を実践している。

岩塚製菓では，「品質第一主義」を掲げ，「農産物の加工品は，原料よりよいものはできない…よい原料からまずい加工品もできる。だから，加工技術はしっかり身につけなければならない。」（岩塚製菓, 1992）との考えから，よい原料の使用と確かな加工技術を重視している。

岩塚製菓では，確かな加工技術への取り組みとして，全国で 1 業種 1 社しか入れない NPS 研究会への参加でトヨタ生産方式の実践者から直接指導を受け，1980 年代に岩塚生産方式（IPS：Iwatsuka Production System）を確立した。営業部門と生産部門と物流部門の連携システムの構築で受注生産と大幅な在庫削減を実現し，無駄を徹底的に省き，改善意識を持ち続ける，ものづくりの現場を創造している。100％受注生産の通信販売分野に業界で先駆けて進出することを可能とした。

さらに岩塚製菓では，2006 年に，技術や知識の習得を目的として，R&D・M（Research & Development・Marketing）センターにものづくり道場を開設し，製造部品質管理課による米菓製造技術講習会を実施している。選抜された管理職候補社員が，マニュアルに沿った生産工程や IPS の考え方の他，原料である米の性質，米の仕込みから包装までの一連の工程を，コンパクトな製造装置での実技により，月 2 回，半年にわたって学んでいる。

研修で一連の工程を実技で学ぶ背景には，生産ラインの機械化，マニュアル化，工程細分化が進んだことにより，通常の業務ローテーションでは米菓製造の全工程を経験するのが難しくなったことがある。米菓の本当のおいしさという品質を実現するためには，よい原料と確かな加工技術が重要であり，その製品化には，原料である米の性質，各工程の製造条件と品質の関係，各工程の意味と工程間の関わりといった製造技術理論と加工法の基礎知識が欠かせない。

同様の取り組みは，企業から業界全体へ広がり，2007 年から，新潟県米菓組

合が食品研究センターに依頼し，米菓製造実技講習会を始めている。うるち米菓ともち米菓に分かれ，年1回6人の定員で5日間泊まり込み，製粉から焼き上げの一連の工程の実技，原料や条件を変えての試作品づくりや評価が行われている。食品研究センターにある米菓製造装置を使い，講師は食品研究センター研究員や各企業メンバーが務める。

　講習会で，参加者は食品研究センターの最新研究に触れられるのはもとより，企業規模も製品もさまざまで普段は話す機会がない同業他者と議論をし，企業内では得られない考え方に触れて刺激を受け，新しい発想や技術開発が生まれるきっかけをつかむ貴重な場にもなっている。

5　地域イノベーションの変化

　本章で取り上げた，亀田製菓の事例は，米の新機能という新しい理論や発見をベースとした取り組みである。その製品化には，研究室で行われた基礎研究（乳酸菌による低蛋白米の発見），応用的基礎研究（効率的な低蛋白米処理，低蛋白米の炊飯方法），製品化に向けた研究（生産現場での生産ラインの構築）の段階があり，各段階で試行錯誤が繰り返された。岩塚製菓の事例は，本来のおいしさを実現するための加工技術改善に向けた，既存技術の蓄積をベースとした取り組みである。その製品化には，製造技術理論と加工法の知識が重要となる。しかし，機械化が進んだことにより，改善に必要な製造技術理論と加工法を企業の現場で学ぶ機会がなくなっていることから，企業及び業界で人材育成の研修が開催されている。これは1950年代の技術革新で，機械化が進んだことにより生じた今日的問題でありジレンマでもある。

　食品研究センターは，1950年代に確立された製造技術理論と加工法をベースに，企業への指導，試験実験，研究活動を通して，米菓及び米加工の知識を蓄積してきた。亀田製菓の事例おいては，基礎研究では，食品研究センターの先行的な研究が活かされ，応用的基礎研究では，今まで蓄積されてきた知識との融合がなされ，製品化に向けた研究では，思わぬトラブルに対処するため，企業の現場での相談指導で蓄積された知識や経験により有益な助言を行った。岩塚製菓から新潟県米菓組合の取り組みへと広がりをみせた米菓製造実技講習会の開催を可能

としたのは，食品研究センターにはさまざまな原料が持ち込まれ，米の性状把握や製造条件を変えた試験・分析・測定が行われており，米菓製造工程を経験できる施設と製造技術理論と加工法の知識，基礎的な加工技術を身につけている研究員が存在していることによる。

企業と食品研究センターとの産学協同の1950年代と現在の異同については，第1に，1950年代の食品研究センターとの共同研究は，企業側は新潟県米菓組合として参画したが，現在は個別企業として参画する傾向がある。これは，米菓産業が発展し，県内企業の規模，戦略や技術レベルが多様となったことで，共通の研究テーマが見つけづらくなっていること，市場のパイが伸びない中で企業間競争が厳しさを増していることが関連していると考えられる。第2は，食品研究センターで行われる実地研修会の目的の変化である。1950年代は，新たに確立された製造技術の理論と加工法の「普及」が目的であり，それは達成された。現在は，研修内容は1950年代と同じだが，目的が製造技術の理論と加工法を習得する「人材育成」へと変化したことがあげられる（図8-3）。

以上，本章では，職人技の暗黙知と食品研究センターの理論や分析法の形式知の融合による技術革新で，新潟県が米菓産業の産地となった過程，次の時代の新

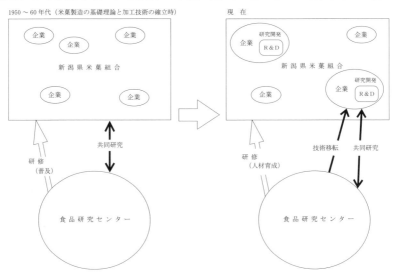

図8-3　食品研究センターと業界との産学協同の変化（清水作成）

たな技術革新につながる取り組みと，食品研究センターとの関わりをみてきた。新潟県の米菓産業は，1950年代に確立された米菓の製造技術理論と加工法をベースとして発展を続け，今後のイノベーションにおいても，蓄積された知識が活かされている。地域密着型の食品産業の振興が着目され，イノベーションをいかに進め，成果につなげていくかが問われている中で，本章で明らかにした産学協同の取り組みは，重要な示唆を与えるものと考えられる。

　地元の要請で設立され，地域振興の使命を担う食品研究センターには，製造技術理論と加工法の知識が継承・蓄積されており，地元企業との産学協同において重要な役割を果たしてきた。本章でもふれたように，時代の変化とともに公設試験研究機関と地元企業との関係は変わってきており，地域内外の異業種の企業や大学との新たな関係構築も必要になっているといえよう。

（清水希容子）

注
1) 齋藤昭三（1982）は，もち米菓はうるち米菓に比べて生地の乾燥を必要とするため新潟では難しく，しばらく作られなかったとしている。新潟県の米菓産業は，そうしたデメリットを技術力で克服した「技術立地」であると述べている。
2) 1990年代後半から亀田製菓が海外進出を始め，米国，中国，タイ，ベトナム（予定）に現地生産拠点がある。岩塚製菓は台湾企業と技術提携をしている。
3) 新潟県米菓組合には市場を限定した中小企業も存在するが，ここでは全国シェアを有する大手企業が複数存在することに注目する。
4) 加茂農林高等学校の第一回卒業生，札幌にあった東北帝国大学農科土壌学教室に所属した後，1910年同校助手，1917年教諭となり，1940年退官。担当は農産製造と化学。
5) 設立費用は県が3万5千円，地元が2万5千円を負担し，地元負担の内訳は，加茂農林同窓会からの寄付が1万5千円，三井報恩会からの寄付が8千円，加茂町が5千円である。設立以来の伝統として，業界と密接な関係を有し企業ニーズに即した研究テーマの選定や親身となった指導を行っている。
6) 新潟は湿度が高く，乾燥不十分による生地の老化を防止するため，砂糖の添加，海老粉をあしらい独特の風味を作り出したもの。海老を入れた感じを出すため赤い色素を利用した。
7) 齋藤昭三氏は，1928年新潟県三条市生まれ，新潟大学卒業後，1952年に新潟大学職員から農村工業指導所職員。1961年に軟質米の貯蔵に関する研究で博士号（農学）取得。貯蔵と食味から早生系品種の統一を提案し，当提案が新潟コシヒカリ誕生へつながった。1982年食品研究所所長。
8) 1952年，米殻研究室開室。米を単に澱粉，蛋白質などの化学成分の集合体ではなく，植物細胞を持つ粒とする物性の考え方を取り入れた点が今までにない発想であった。

たとえば，米粒の充実度が部署により異なると，吸水度も変わり製粉時の粗さに影響し不均一なもち生地の原因となる（齋藤昭三, 1982）。
9) 米穀は加熱や加水をすると澱粉の糊化がおこり，ふっくらとおいしく食すことができる。米菓は餅生地や団子生地に熱を加えて焼くので二度糊化行う。加熱により生地は伸展し水分が蒸発して膨圧が起こる。膨化程度により視，聴，臭，味，触の米の食味や品質が変わる。米菓の工程には，「原料の性質」「原料の処理」「もち生地の調整」「生地の乾燥」「焼き上げ」「仕上げ」がある。
10) たとえば，生地に含まれる焼き前水分量は品質に大きな影響を与える。しかし，それが基準値におさまっていても，実際に焼き上げると，使用米の性質が原料の産地や収穫年，保管方法などにより常に一定ではないためばらつきがでる。そのため，その都度テスト焼を行い，最終的には人の経験や勘で微妙な調整を施さなければならない。
11) 実地研修会は, 1962 年から 1976 年まで続けられた。新潟県米菓組合(1969)によると，1961 年から 1965 年に講習会 42 回，受講延べ人数 2,183 人，実地研修会 14 回，受講延べ人数 918 人，研究生養成（6 カ月）29 人，技術相談 2,501 件あったとしている。
12) ヘルスケア部門は，1992 年から「コメの成分を活用した新しい食品の開発」というテーマを掲げて設立された。「ゆめごはん」「ふっくらおかゆ」「植物性乳酸菌ヨーグルト」など，植物性乳酸菌や米蛋白質の商品化をしている。
13) 米の菌に関する専門家に元所長の江川和徳氏がおり，過去の著名な実績には，佐藤食品工業がわが国初の製造実用化に成功した餅の個装パックや無菌米飯パックがある。
14) 「キッセイゆめ通信 2008. 秋 . ゆめごはん開発秘話（http://www.kissei.co.jp/health/backnumber/yume_tushin/pdf/no27/no27-08.pdf（最終閲覧日 2012 年 8 月 31 日））」より。
15) 2011 年 9 月 1 日の聞き取り調査による。

第Ⅲ部　文化芸術産業の集積と地理的環境

第9章

東京における広告産業集積の多極化

1 構造変化に直面する広告産業

　第Ⅱ部では，日本のものづくり産業を取り上げ，サプライヤーシステムやスピンオフ，産学官連携などについて，技術に着目した主体間関係の系譜をたどることを通じて，多様な技術軌道が工業地域の変化にどのようにあらわれているかをみてきた。製造業におけるイノベーションに焦点を当ててきたこれまでの章に対し，第Ⅲ部では，文化芸術産業を取り上げ，その地理的集積のメカニズムを探るとともに，創造性を高めようとするさまざまな取り組みと地理的環境との関係を検討していきたい。本章と次章では，東京と上海における広告産業の集積の内的構造と最近の変化を分析することを通じて，世界都市における創造性と空間との関係を考えていきたい。

　日本の広告産業は，1990年代以降，広告市場の停滞，メディアの多様化，業界再編といった構造変化に直面している。戦後，日本の広告市場は拡大を続けてきたが，バブル経済が崩壊すると拡大と縮小を繰り返してきた。近年では，リーマンショックや東日本大震災の影響がみられたが，2012年から4年連続で日本の広告費は増加している[1]。その一方で，インターネットが急速に普及したことで，消費者行動にも変化が生じ，テレビ広告を中心としたマス媒体に依拠してきた広告会社はその対応に迫られている。さらに1990年代後半に外資系広告会社が本格的に日本へ参入し始め，これに広告市場の停滞も重なり競争が激化する中，1999年に旭通信社と第一企画の合併によりアサツーディ・ケイが誕生し，2003年には博報堂，大広，読売広告社が共同持株会社として博報堂DYホールディングスを設立し経営統合を図った。

　広告産業は，広告会社を中心に多様な業種から構成され，また大手広告会社に

第 9 章　東京における広告産業集積の多極化　139

よる寡占という産業構造を成している。産業の空間特性として大都市の特定地区への集積が指摘されており[2]，日本では東京に著しく集中しているが，上述した広告産業を取り巻く環境の変化は集積自体に影響を及ぼしていると考えられる。本章では，東京都心部における広告関連企業の立地変化を分析し，都心部への集積は持続しつつも，その内部では「多極化」と表現できるような変化が起きていることを明らかにする。その上で，東京の広告産業集積と創造性との関係について考察する。

2　広告産業の東京一極集中

表 9-1 は，『平成 26 年経済センサス－基礎調査』をもとに，都道府県別の広告業および広告制作業の従業者数とその特化係数をまとめたものである。まず広告

表 9-1　都道府県別広告業および広告制作業の従業者数と特化係数（2014 年）

	広告業		広告制作業			広告業		広告制作業	
北海道	3,089	(0.63)	718	(0.68)	滋賀県	234	(0.18)	58	(0.21)
青森県	343	(0.30)	74	(0.30)	京都府	1,262	(0.50)	343	(0.64)
岩手県	437	(0.36)	94	(0.37)	大阪府	12,713	(1.33)	3,734	(1.84)
宮城県	1,774	(0.80)	419	(0.89)	兵庫県	1,339	(0.28)	345	(0.34)
秋田県	353	(0.38)	58	(0.29)	奈良県	238	(0.24)	64	(0.31)
山形県	347	(0.32)	94	(0.41)	和歌山県	253	(0.30)	68	(0.38)
福島県	902	(0.51)	60	(0.16)	鳥取県	253	(0.48)	32	(0.29)
茨城県	757	(0.28)	84	(0.15)	島根県	349	(0.53)	35	(0.25)
栃木県	877	(0.47)	67	(0.17)	岡山県	867	(0.49)	221	(0.58)
群馬県	877	(0.45)	154	(0.37)	広島県	2,025	(0.72)	334	(0.56)
埼玉県	1,739	(0.31)	310	(0.26)	山口県	441	(0.34)	13	(0.05)
千葉県	1,160	(0.25)	267	(0.27)	徳島県	142	(0.20)	31	(0.21)
東京都	62,484	(3.21)	14,362	(3.46)	香川県	618	(0.64)	98	(0.47)
神奈川県	3,433	(0.46)	716	(0.45)	愛媛県	521	(0.41)	109	(0.40)
新潟県	736	(0.32)	74	(0.15)	高知県	199	(0.31)	61	(0.44)
富山県	616	(0.55)	109	(0.46)	福岡県	5,694	(1.18)	695	(0.68)
石川県	595	(0.50)	90	(0.36)	佐賀県	345	(0.44)	17	(0.10)
福井県	337	(0.41)	84	(0.48)	長崎県	437	(0.35)	19	(0.07)
山梨県	315	(0.39)	16	(0.09)	熊本県	755	(0.48)	217	(0.65)
長野県	998	(0.48)	113	(0.26)	大分県	468	(0.44)	88	(0.38)
岐阜県	757	(0.39)	121	(0.29)	宮崎県	421	(0.42)	48	(0.22)
静岡県	2,212	(0.59)	370	(0.46)	鹿児島県	496	(0.33)	51	(0.16)
愛知県	7,644	(0.95)	1,322	(0.77)	沖縄県	1,187	(0.96)	56	(0.21)
三重県	686	(0.39)	33	(0.09)	全国	124,725	(1.00)	26,546	(1.00)

注：括弧内の数値は特化係数を表す。
出典：『平成 26 年経済センサス－基礎調査』により古川作成。

業をみると,東京都の広告業従業者数は 62,484 人と全国の 50.1% を占め,その特化係数も 3.21 と高い。一方,大半の道府県の特化係数は 1 を下回っており,1 を上回るのは大阪府(1.33),福岡県(1.18)に過ぎない。

広告制作業をみると,広告業に比べ東京一極集中の傾向はより強い。東京都の広告制作業従業者数は全国の 54.1% を占め,広告業の全国シェアよりも 4 ポイントほど高い。一方,地方では広告業の全国シェアに比べ広告制作業のそれは低い傾向にある。その背景として,縁辺地域では広告サービス需要が量・質ともに低位であるため,デザインやコピーといった広告関連産業が発達しないことが指摘されている(石丸哲史, 2000)。

東京都内を詳細にみると,千代田区,中央区,港区の都心 3 区に新宿区,渋谷区を加えた「都心部 5 区」の広告業従業者数は 52,496 人(東京都に対する割合 84.0%),広告制作業従業者数は 10,873 人(同 75.7%)となっており,都心部 5 区への著しい集中傾向が読み取れる。以下では,都心部 5 区を中心に,その内部の変化を詳細にみていくことにする。

3　東京における広告産業集積の構造変化

3.1　広告関連企業の立地変化

図 9-1,図 9-2 は,『日本の広告会社(アドガイド)』(旧名:広告関連会社名鑑)に基づく,1980 年および 2010 年の東京都心部における広告関連企業の分布図である[3]。

1980 年時点において,アドガイドから抽出した東京都に所在する広告関連企業のうち都心部 5 区に立地する企業の割合は 88.4% と,広告関連企業の都心への立地指向を確認することができる。図 9-1 を詳細にみると,都心部の中でも特定地区への著しい集中が読み取れる。中央区の銀座・築地には電通をはじめとして有力な広告会社が立地する。また,戦後,製品の差別化のために広告表現が重視されるようになった結果,企業や広告会社の制作部門からの独立や,設立された広告制作会社からのスピンアウトが活発化し設立された広告制作会社も銀座・築地に多数立地している。

その他をみると,年間売上高第 2 位の博報堂も立地する神田駅周辺に広告会社

第 9 章　東京における広告産業集積の多極化　141

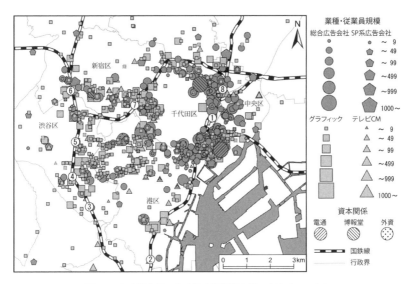

図 9-1　東京都心部における広告関連企業の立地（1980 年）
注：破線は従業者数が不明の企業を表す。図中の番号は①東京，②品川，
　　③恵比寿，④渋谷，⑤原宿，⑥新宿，⑦四谷，⑧神田の各駅。
出典：古川（2013）より作成。

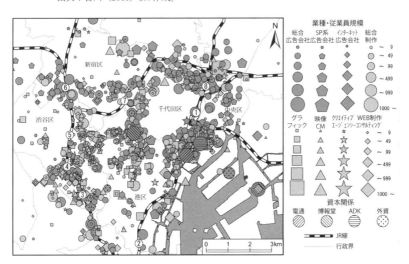

図 9-2　東京都心部における広告関連企業の立地（2010 年）
注：図 9-1 に同じ。
出典：古川（2013）により作成。

が集中する。赤坂から渋谷周辺にかけては，広告会社の立地は目立たず，代わりに広告制作会社の立地が卓越する。しかも，中央区や千代田区に立地する広告制作会社に比べ，比較的設立年が新しい企業が多い[4]。したがって，1980年当時の東京都心部では，広告制作会社のスピンアウトにより広告産業の集積は面的に拡大しつつも，広告関連企業が集中する銀座・築地を中心とした構造だったといえる。

2010年時点においても，都心部5区に立地する企業は東京都全体の82.9%と広告関連企業の都心への立地指向に変化はないものの，1980年の分布図と比べると変化がみられる。具体的には，外資系広告会社や大手広告会社のグループ企業の立地数の増加である。また，銀座・築地や神田駅周辺の広告関連企業の立地は依然として多いものの，1980年に比べ他の地区で広告関連企業の立地数の増加が読み取れる。

以上をまとめると，広告関連企業の分布は都心部5区への集中傾向は持続しつつも，従来の銀座・築地を中心とする構造からの転換が進んだといえる。以下では，広告関連企業が東京都心部に集積する要因および集積内部の構造変化について検討していく。

3.2 集積の要因

広告産業が都心部に集中する要因に関して，広告会社は広告主と媒体社との間で綿密な意思疎通が必要であり，また広告制作会社をはじめとする関連企業との接触の必要性が指摘される（富田和暁, 1982; 野村 清, 1997）。2010年に行った広告制作会社への調査結果においても，こうした点が依然として重視されている。

調査対象企業の取引関係は，東京都区部を中心に形成されていた。具体的には，調査対象企業が取引する受注先のうち東京都区部の割合が80%を超える企業は25社中14社と半数を超えた。これに「60%超80%以下」の企業も加えると全体の84%を占める。また外注先についても，東京都区部の割合が60%を超える調査対象企業は23社中16社と約7割を占める。

調査対象企業の取引関係が東京都区部に卓越する背景には，対面接触による緊密な意思疎通が図られているということがある。調査対象企業のすべてが広告制作における対面接触の重要性を認識しており，このことは「インターネットによ

る業務連絡やデータのやり取りが主体となる時代であっても，対面でしか掴めないことはあり，かつ重要であると認識している」という言葉にも表れている。

　実際に，調査対象企業においては取引先と緊密なコミュニケーションが行われている。主要受注先（売上に占める割合が最も高い受注先）への訪問頻度について，「週5回以上」と回答した企業は26社中10社（38.5％）であり，「週3，4回」と回答した11社（42.3％）を加えると，大半の調査対象企業が週の半数以上の頻度で主要受注先との接触を図っていることが分かる。同様に，主要外注先（外注費に占める割合が最も高い外注先）への訪問頻度も「週5回以上」と高頻度に接触を図るケースがみられた[5]。

　これと同時に広告制作の作業が進められるため，取引先との接触にかかるコストの節約が重要となる。主要受注先，主要外注先までの所要時間は，それぞれ26社中22社，21社中17社が「40分以内」であった。これは，「取引先に30分以内に行けることが重要」や「クライアントの所まで行くのに1時間を超えると苦痛」といった聞き取り調査での発言にも表れている。

　その結果，広告制作会社の立地決定においては，広告主や大手広告会社に近接した場所，もしくは交通の便が良い駅周辺が重視される。調査対象企業が現在の立地を決定する際に重視した項目として，「適切なオフィス（賃料・面積）の存在」（21社，77.8％）や「場所のイメージ」（17社，63.0％）に加えて，「交通の利便性」（20社，74.1％），「広告主との近接性」（16社，59.3％）が半数を超えた選択肢であった[6]。聞き取り調査では，取引先との打ち合わせをすると同時に実制作を行うため，「効率よく時間を使おうと思ったら場所（立地）は限られる」。その結果，広告主へ近接立地，もしくは交通の便が良い「ターミナルの駅に立地する」という選択肢となる。なお，「大手広告会社との近接性」を重視した企業は半数を下回ったが，これは調査対象企業の中には大手広告会社に依存する企業だけでなく，広告主と直接取引する企業も存在しており，大手広告会社との関係の強弱が影響したと考えられる。

　加えて，メディアの多様化による消費者行動の変化を背景に，調査対象企業の多くは，業務範囲の拡大に対応して柔軟な外注連関を構築する傾向にあり，こうした点からも都心部5区に立地するメリットが大きいと考えられる。調査対象企業の多くはグラフィック広告を中心に事業展開してきたという特徴があるが，ク

ライアントのニーズは従来の広告の枠組みでは十分に満たされなくなりつつあり，グラフィック広告にとどまらず事業領域を拡大せざるを得ない状況となっている。これに対して，自社が持たないスキルを持つ新たな外注関係が構築されるとともに，外注先との柔軟な関係を通じて，広告主へのサービスを提供する体制を構築する事例がみられた。

　情報通信技術の発達を背景に対面接触によるコミュニケーションを代替する手段が整いつつある中で，依然として対面接触を中心とした取引先と緊密な意思疎通が重視されていた。取引先との綿密な意思疎通を必要とする取引の費用節約のために，都心立地指向に大きな変化がなく，結果として東京都心部の広告関連企業の集積が維持されてきたと考えられる。加えて，インターネット広告の市場の拡大をはじめ従来の広告の枠組みから変化し，外部との柔軟な関係が求められる中で，都心部5区に立地するメリットは大きく，このことが広告制作会社を都心部に引き寄せ，広告産業の集積の持続に寄与していると考えられる。

3.3　集積内部の構造変容

　集積内部の構造変化として，まずインターネット広告関連企業が増加し，それが集中する地区があらわれた点が挙げられる。1990年代以降，総広告費は停滞する中，インターネット広告費は急成長し，2015年の総広告費6兆1710億円のうち，インターネット広告は1兆1594億円（構成比18.8%）と，テレビ広告に次ぐ規模になった[7]。これを背景として「インターネット広告会社」と「Web制作・コンサルティング」の9割以上が1990年代以降に設立されており，その多くは銀座・築地という既存の広告産業の集積地区から離れ，インターネット関連企業の集積として知られる渋谷に集中している[8]。このことから，インターネットという新たな媒体が既存の広告産業の枠組みに変化をもたらし，都心部5区に新たな集積地区が形成されたといえる（図9-2）。

　次に，大手広告会社のグループ企業の立地数の増加である。1990年代以降の広告環境の変化の中で，大手広告会社はグループ体制の強化・再編を進めた[9]。広告主が広告出稿の効果や効率性を求め，マス媒体以外の手法に関心を持つようになった結果，企業のマーケティング費用のうち非マス媒体の比重が高まり，さらにマーケティングのみならず経営活動まで含めた課題解決が求められるように

なった（日経広告研究所編，2006）。こうした広告主のニーズが高度化する一方，広告市場が停滞する中で，大手広告会社は非マス媒体の領域に活路を見出し，総合的なサービスを提供できるグループ体制を構築するようになったということが，2000年以降に大手広告会社の子会社が増加した背景にある。こうして非マス媒体の市場の開拓を進めた結果，大手広告会社の年間売上高に占めるマス媒体の割合は低下した[10]。

加えて，大手広告会社は，広告制作に関わる子会社を整理・統合している[11]。従来，広告制作といった広告主に対するサービスは，媒体枠を売るための付帯的なサービスに過ぎず，広告会社は制作を外注することが一般的であった（小林保彦，1998）。広告市場の成長局面では媒体の取扱高を増加させることが収益拡大に結び付いたが，1990年代以降，マス媒体の広告市場が停滞もしくは縮小する中で，広告制作の外注は利益の圧迫に結び付く。そこで，大手広告会社は，広告制作を子会社へ優先的に発注し，広告制作をグループで完結する内製化を進め，利益の流出を抑制している。

大手広告会社のグループ企業をみると，山手線内に卓越し，さらに親会社を中心に非常に狭い地理的範囲に集中している。地理的に集中する背景には，業務効率化やグループ企業間の情報交換を促すために，空間的に集結していることが考えられる[12]。企業グループの中には，親会社との関係や事業分野の違いから，東京都心部の中で空間的に分離した子会社も存在するが[13]，大手広告会社の組織再編の結果，グループ企業の地理的集中という質的な変化が集積内部で生じていたといえる。

4　東京の広告産業集積と創造性

前節では，1990年代以降の広告産業を取り巻く環境の変化によって，東京の広告産業集積がどのように変化したのかを明らかにしてきた。都心部への集積に大きな変化はなかったものの，その内部では大手広告会社の組織再編による企業グループの形成やインターネット広告関連企業の集積地区の形成といった変化がみられ，従来の銀座・築地を中心とした構造から「多極化」し，現在に至っているといえるだろう。

最後に，広告産業集積を含めた空間と創造性との関係について考察し，まとめとしたい。既存研究で指摘されるように，広告産業を含めた創造産業では物理的な生産プロセスよりも新しいアイディアやイメージの創造の比重が高く（Asheim et al., 2007），その創造性の源泉として場所および多様性の重要性が指摘される（Reimer et al., 2008）。2010年に行った広告制作会社のクリエイターを対象とした調査では，インターネットの普及を背景として，情報の獲得における地理的な制約は大幅に緩和されてきたことが指摘される一方で，東京における情報の質・量の良さが評価され[14]，特定の地区を高く評価するクリエイターもいた[15]。その中で，次のクリエイターの指摘に注目したい。

「やはり東京は『モノ』『コト』が動くのが日本で1番早い場所。その感覚に日々触れておくことは必要条件ではないか。"空気感"こそが東京にあるメリット」（30代，コピーライター）
「（地方にも）ファッションや音楽など（流行に関する情報）は東京から伝わってくるが，その温度感までは伝わってこない。現場に行けるということは大きい」（20代，コピーライター）
「『さまざまな情報を肌で感じられる』という点で東京と地方は全く違う」（20代，デザイナー）

この3人のクリエイターの指摘は，実際に情報が都市の中でどのように発信され，また消費者に受容されているのかという，都市でしか体感できない雰囲気に触れることの重要性を示唆している。

加えて，既存研究では，アクター間の相互作用を通じて新しいアイディアが創出される環境を集積がもたらすと指摘される（Thomas et al., 2010）。聞き取り調査では，モチベーションが向上したり，視野を広げたりなど，クリエイター間の結びつきの重要性が指摘された[16]。ただし，広告制作の多忙さから実際には他のクリエイターとの交流が難しく，また積極的に結びつきを構築しようとしないクリエイターも存在しており，集積内部ではクリエイター間の結びつきが活発に形成されているとはいえない実態もみられた[17]。個人の属性や制作環境などによって違いはあるものの，人的関係の構築とそれを通じた交流を望むクリエイ

ターにとって，広告関連企業の集積はそれを容易にし，人的関係を通じた相互触発がクリエイターの創造性の源泉になっているといえよう。

（古川智史）

注
1) 電通『日本の広告費　2015年』による。
2) 世界に目を向けると，ニューヨークのマディソン通り（Faulconbridge et al., 2011, Leslie, 1997），ロンドンの Soho 地区（Grabher, 2001, Nachum and Keeble, 1999），ロサンゼルスのセンチュリーシティ（Faulconbridge et al., 2011, Scott, 1996）が広告産業の集積地区として知られている。
3) 抽出企業の概要などについては，古川智史（2013）を参照されたい。
4) 設立年が「不明」である企業数が全体の半数以上に上ることに留意する必要はあるが，中央区では 45 社中 33 社（73.3％），千代田区では 30 社中 24 社（80.0％）が 1969 年以前に設立されている一方で，港区では 51 社中 25 社（49.0％），渋谷区では 42 社中 22 社（52.4％）が 1970 年以降に設立されている。
5) 主要受注先に比べ主要外注先への訪問頻度は，調査対象企業「週 1 回未満」が 21 社中 8 社（38.1％），「週 1, 2 回」が 6 社（28.6％）となっていたが，これは基本的に外注先が自社を訪問することが影響していると考えられる。
6) その他の項目の回答は，「人材確保のしやすさ」（12 社，44.4％），「情報の得やすさ」（11 社，40.7％）「大手広告会社との近接性」（7 社，25.9％），「同業者との近接性」（4 社，17.8％），「媒体社との近接性」（2 社，7.4％）であった。
7) 電通『日本の広告費　2015年』による。
8) 渋谷のインターネット関連企業の集積については，絹川真哉・湯川　杭（2001），Arai et al.（2004）などに詳しい。
9) 電通を例に挙げると，2000 年代に入り，子会社の新規設立や他社への資本参加が顕著になる。具体的には，広告主が抱える課題解決に向けたプランニング体制として，少数のクリエイター集団から成るプランニングブティックの設立や，ファッション産業，屋外広告，スポーツビジネスなど特定分野に特化した子会社の設立・買収，さらにセールスプロモーションやマーケティングなど広告周辺市場と呼ばれる分野を担う子会社の設立が活発に行われた。
10) 電通，博報堂，アサツーディ・ケイの年間売上高に占めるマス媒体の割合は，2000 年時点で 73.3％，71.0％，66.4％であったのに対し，2010 年では 60.3％，60.4％，60.3％へと低下した（広告経済研究所『広告代理業の現勢　2011 年版』）。
11) 1996 年に電通テック，2003 年に ADK アーツ，2005 年に博報堂プロダクツが設立されている。
12) 博報堂 DY ホールディングスのアニュアルレポートでは，2008 年に博報堂 DY ホールディングスを構成するグループ企業を赤坂に集結させたのは，業務の効率化のみならず，従業者間，組織間の緊密な情報交換を容易にし，イノベーションを生み出す素

地を作ることで，グループ全体としての競争力を強化する狙いが言及されていた。
13) たとえば，電通が設立したプランニングブティックは，電通本社から離れ，港区の南青山，麻布へ立地する事例が多く，他の子会社の立地傾向とは異なることが特徴的である。親会社である電通との密接な関係があるとはいえ，クリエイターに一定の自由度が与えられているという特性が，立地に反映されていると考えられる。
14) この点は「東京の利点は，多くの情報を入手できる点である」（20代，デザイナー）や「東京では広告制作の仕事が多いことに加え，情報の発信地であることが，東京の魅力である」（40代，アートディレクター）といった発言に表れている。
15) たとえば「渋谷や代官山に行くと，目に入ってくるもの，色が違うし，看板も違う」（30代，アートディレクター），「渋谷は，色々なことを発信しようとする人が多いので，街を歩くと刺激を受ける」（20代，コピーライター），「渋谷は情報の発信地であり，デザインに溢れた街なので，クリエイターにとっては良い街」（20代，デザイナー）と指摘される。
16)「ソーシャルメディアで離れた場所にいても人と人の結びつきは得やすくなったが，実際会って生まれる交流は非常に重要であると認識している。その点，東京はさまざまなクリエイターの方がおり，便利である」（20代，コピーライター）や「個人的には，色々な人に会うこと，交流することは絶対に必要だと思っている。理由は，刺激をもらうことが挙げられる」（20代，デザイナー），「自分の視野・世界を広げるために，交流は必要だと思っている」（40代，アートディレクター）といった発言が聞かれた。
17) この点については，同業者という横の関係よりも，受注を左右するクライアントとの縦の関係が重視されることも影響していると考えられる。

第10章

上海における広告産業集積の変容

1　文化産業の集積とグローバル化

　近年，ポストフォーディズムを背景にした文化経済への関心の高まりにより，文化産業に関する集積理論も大きく発展してきた。プラットは，文化産業の集積に対する研究は，地域内の産業クラスターよりむしろ，特定産業の生産連鎖からの議論の方が重要であると主張した（Pratt, 2004）。つまり，域内における単独企業だけでなく，生産から消費までにおける各アクターの外的リンケージと関係性構造が焦点とされたのである。またパワーとスコットは，文化産業の集積要因として，①専門・分化した担当業者の近接と相互交流による経済的効率性の達成，②学習過程やイノベーション，③場所特殊的競争優位，④才能ある人材のプールを挙げるとともに，文化産業のグローバル化についても言及し，文化の生産物のフローが国境を越えるのは比較的容易で，低賃金労働力が豊富に存在する衛星的な海外拠点への分散傾向をも指摘している（Power and Scott, 2004）。さらにスコットは，文化産業が都市に集中している理由について，専門的かつ補完的な生産者ネットワーク，都市空間に結びついたローカルな労働市場と社会的ネットワークに加えて，広い意味での都市環境（たとえば記憶，余暇，社会再生産など）と管理制度を指摘している（Scott, 2010）。

　このように文化産業に関しては，地理的集積とともに，グローバルリンケージの重要性が指摘されてきたが，そうした研究の大半は先進資本主義国を対象にしたものであった。これに対し，体制や制度が大きく異なる国との間でリンケージが形成される場合には，どのように企業間関係が構築され，産業集積地域でいかなる変化が生じるか，といった点については未解明な点が多い。

　本章では，グローバル化の進む中国広告産業を取り上げ，社会主義的市場経済

の下での制度変化と企業間関係の変化を明らかにするとともに，成長著しい上海地域における広告産業集積の変化を，企業間取引関係，都市空間構造，地域労働市場の観点から検討することを目的とする。

2 中国広告産業の制度変更と企業間関係

2.1 広告業の発展と外資系広告会社の進出

　中国で商業広告が成長し出すのは，改革開放政策が導入された後の1970年代末以降のことである[1]。広告業の情報誌『中国広告』，情報紙『中国広告報』が創刊され，業界組織の「中国広告協会」も設立されて，中央政府の主導下で業界活動や情報交換がなされてきた（許俊基, 2006）[2]。1980年代初頭は，国有企業以外の資本参入は許されず，広告主の要請で中国市場に進出した外資系広告業者は，北京や上海に事務所を設け，中国国内企業と業務提携する形で業務を行っていた。

　1992年の「拡大開放」で，中国政府は積極的な外資導入を促し，経済改革がさらに深化した。1992年に民間資本の広告産業への参入も許され，1993年には広告代理制度が正式に導入された[3]。メディア部門は，従来の「事業単位」（公的な組織）から新たに「企業単位」（ビジネス組織）に移行することになり，自由が与えられた反面，国からの補助金が減り，メディア社は独自に新たな収入源として広告主を探さなくてはならなくなった（卜彦芳, 2012）。市場経済への移行や制度・法律の整備によって，民間の広告企業の急速な成長がもたらされた（許俊基, 2006）。

　多くの多国籍広告会社は，相次いで中国で合弁会社を設立し，業務拡大を図った[4]。この時期はまた，香港の中国返還と中台関係の緩和を背景に，先行して広告市場が成長していた香港や台湾広告業の存在も，外資系広告会社の中国展開に大きな役割を果たした。数多くの台湾や香港の経営管理人材やクリエイターが，中国に流入し，外資系広告会社も台湾での経験を中国に適用しようとした（黄奇鏘, 2008）。中国における広告企業上位10社をみてみると，2001年時点で外資系が過半数を占めるようになり，その状況は現在まで続いている。

　1990年代後半以降にも，中国の広告産業を取り巻く社会経済情勢には大きな変化がみられた。第1に，中国における商品の市場供給が市場需要を上回り，多

くの産業部門で激しい競争が現れ，広告の必要性が多くの企業に実感された。第2に，メディア環境が多様化し，テレビチャンネルや新聞紙の種類が大幅に増加し，インターネットが新たなメディアとして中国社会に大きな影響を与えた。1998年からの数年間で，各省のテレビ局では衛星放送チャンネルが開設された（卜彦芳, 2012）。第3に，国有企業の株式化改革が進み，民間資本を積極的に導入した[5]。最後に，2005年WTO加盟時の協定で100%外資による広告企業の設立が認められ，外資系広告企業数は2005年の370社から2012年の1045社に3倍近く急増した（中国広告協会, 2013）。

2.2 広告業界の特徴

改革開放後の30年間，社会主義的基盤に立ちつつ，資本主義的な市場原理が導入され，市場経済の発展とともに，広告産業も急速に拡大した。eMarketerが公表した世界の主要国別の広告費統計では，2012年における中国の広告市場規模は417億ドルに達し，米国（1,650億ドル）と日本（472億ドル）に次ぐ世界第3の広告市場になった。

広告の生産は主に3つのプロセスに分けられる。第1は，広告主から消費者に直接発信されるもの，第2は広告業務の全般を広告業者（総合代理）が代理するもの，第3は広告業務の一部を代理するものである。従来の国有広告会社はフルサービスを提供し，広告業務を全般的に代行することが多かった。一方，民間資本の参入後，広告手法の多様化で資源や能力が不足したため，分業が進み，ブランディング，広告制作，広告枠購入などが異なる職能の広告業者に分割されることが多くなった。外資系広告会社が広告主から仕事を受注する仕方としては，欧米系広告会社の場合は第3のプロセスが一般的であるのに対し，日系広告会社では日本国内の慣習と同じ第2のケースが比較的多い[6]。

なお，中国の広告業界は，頂点にある総合広告代理店あるいはクリエイティブエージェンシーとその周辺にあるメディアエージェンシー，調査，企画，制作などの専門会社から構成されている他[7]，一部の国有のメディア社も直接広告業務を扱っている。影響力の強いメディアほど，広告業務に関わる度合いが強いとみられる[8]。

2.3 ステークホルダーと業界構造の変容

中国広告業の経営環境を変化させたものとして，米国起源の「4A」協会制度の導入をあげることができる[9]。「4A」は会員の加盟に関し売上高や価額（コミッション）などの厳しい基準を定めてきたが，多国籍広告会社のグローバル展開とともに，その制度も各国に定着した。

中国では，市場競争に任せた広告業とは対照的に，メディアは国家統制力が最も強い部門である。一部は近年の改革で従来の「事業単位」から企業に転じたが，内部の組織構造は依然として行政機関と同じである（楊文延, 2012）。これらの国有メディアグループは，各階層の行政機関からの指導と監督を受けるため，従来の地理的な行政範囲を超えることはなかった[10]。メディア業界のピラミッドの上層に位置する国や各省レベルのメディア社は，優良な広告枠を寡占的に支配している。また，国や各省レベルの寡占メディア社は，広告会社に単にメディア枠を提供するだけではなく，広告代理業務にも関わっているため，広告会社，特にメディアエージェンシーとは，バイヤーとサプライヤーの関係だけではなく，競合関係も少なくないと考えられる。

一方，国有メディア会社を除く，ほとんどのメディアは地域性が強い。ピラミッドの下層にある数多くの都市テレビやローカルな新聞社の情報発信力は，域内に限られている。こうしたメディアも含めた各産業における地域障壁，いわゆる「地方保護主義」と呼ばれる現象により，都市内において，ローカルメディアとつながりのある域内の広告会社が発展している[11]。

「4A」制度の確立に伴い，大規模広告会社の交渉力が増すなど，メディア社と広告会社のパワーバランスは，従来以上に多様な形態を発展させてきた。4A広告会社は，メディア枠の大量購買でメディア社側からリベートが得られるようになった[12]。また，大規模広告会社側は，中小メディア社が提供する広告枠に対する価額決定権を持つようになり，メディアに対する交渉力を強めた。それに対し，中小広告会社はメディア社に依存するタイプで，メディア社と深い関係がある中小広告会社しか広告枠が得られない。直接メディア社から広告枠を獲得できない会社は，広告枠のある広告会社と提携し，いわゆる2次もしくは3次階層の代理店になるか，特定の生産工程に特化し，広告制作の下請け，または屋外広告やSP関連媒体広告に専念せざるをえない。

2.4 「三極」の空間構造

1992年から，北京，上海と広東を中心とした三大経済地区が徐々に確立され，広告業も2000年からこの三大中心地域への集中傾向がみられる（図10-1）。特に，三地域の広告業売上高は，全国の5割近くを占めている。

北京は中国の政治・文化の中心地かつ華北地方の経済中心地として，ナショナルなメディア社，大手国有企業の本社が多数集積している。また，1980年代の改革開放初期に進出した大半の外国企業が北京に立地している。現在，北京における広告業の企業数は，沿海地区の上海と広東に及ばないが，メディア社とメディアエージェンシーに限っては最大の集積地であり，広告業の売上高は全国の2割を占めている。

広東省の珠江デルタ地域は改革開放の先進地域で，1980年代後半から香港資本または香港経由の外国資本が多く進出し，輸出加工産業の集積が形成され，多国籍企業と民間企業が急増した。また，広州交易会を中心に多数の貿易活動で，中国でもっとも商業活動が盛んな地域とみられる。現在，華南の中心都市広州だけではなく，隣接した深圳・東莞・珠海なども都市化が進み，大きな連坦都市を形成し，1990年代では中国最大の広告業の集積地であった。

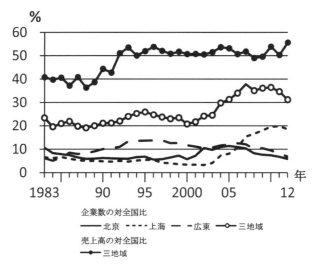

図10-1　北京，上海，広東における広告業の対全国比の推移
出典：各省市の統計資料により趙作成。

一方，中国最大の商業都市・上海には，多くの多国籍企業が中国本社を立地させた。2000年以来長江デルタ地域全体が製造業の中心として急成長し，関連したサービス業の企業活動も活発化した。近年北京と広東を抜き，中国最大の広告産業集積地にまで成長した。

3 上海市における広告産業集積の変容

3.1 上海市における広告産業の現状

上海市の広告産業は，2012年時点で広告経営単位数が69,976社，従業者数は21.4万人に達している（上海市広告協会, 2013）。上海市工商局が2012年に一定規模以上の広告経営単位3,930社を調査したところ，広告会社3,181社のうち国内広告会社は2,970社，外資広告会社は211社，1社当たりの従業者数は国内が13.5人に対し，外資は65.8人，1人当たりの売上高は国内が1,604万元，外資が27,024万元で，両者に大きな格差がみられた[13]。

さらに，従業者数をもとに広告企業を大規模（100人以上），中規模（50-99人），小規模（10-49人），零細規模（1-9人）に分類し，規模別の構成比と利益率をみると，大規模広告企業79社は，全売上高の58.1%，全収益の54.9%を占める一方，2,000社以上もある零細企業は，全売上高の14.7%，全収益の8.6%を占めるに過ぎない。また，零細企業の売上高利益率は5.0%しかなく，非常に激しい競争環境に置かれているとみられる。

次に，メディアごとの広告収入額が全広告費に占める割合をみると，テレビ広告，インターネット広告，屋外広告の割合が高くなっている。このうち，比較的多額の製作費用を必要とするテレビ広告は，大規模広告企業によって担当されることが多い。一方，インターネット広告は，中規模広告企業によって，また屋外広告は，中小広告企業によって，担われることが多い。

広告主別ごとの広告収入額では，化粧品，自動車，食品，服飾が上位に並んでいる。このうち，化粧品などのローカル要素の低い産業部門は，全国的範囲でキャンペーンすることが多く，広告業務が大規模広告会社に集中する傾向がみられる。逆に，自動車などの広告は，ローカルなメディア社，しかも小規模な広告会社が得意分野としている。

3.2　広告業の分布状況

　都心地区の黄浦、静安から、新開発地区の浦東新区、徐匯、長寧、さらに郊外地域まで、広告企業は上海全域に分布している。都心部と隣接地区では、大規模、中規模の広告企業の割合がやや高いが、郊外ではほとんど中小、零細広告企業が占めている（図10-2）。さらに、外資系広告企業だけに注目すれば、都心部の黄浦、静安、浦東新区、および隣接した徐匯、長寧に高度に集中し、その他の地域にはほぼ立地していない。そのうち、「4A」広告会社はほぼ全て中心市街地に立地し、

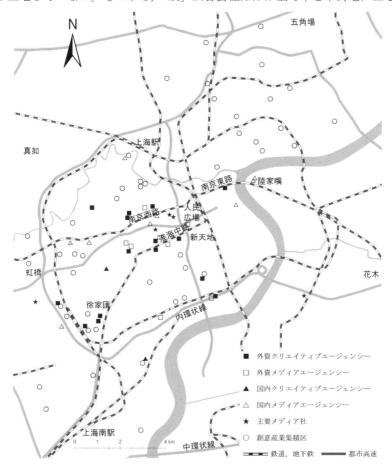

図10-2　上海市中心市街地における「創意産業集積地区」と4A広告会社の分布
　　　　出典：上海創意産業協会と各広告会社ホームページの公表資料により趙作成。

特に外資系メディアエージェンシーは，同グループ内のクリエイティブエージェンシーと同一オフィスビルに立地するケースが多く，都心部の南京路－淮海路に集積している。一方，国内4A広告会社の場合，都心部の他，陸家嘴（金融センター）や「創意産業集積区」に立地するものが多い。

上海では，文化産業の振興を狙い，2005年から市内の81カ所を「上海創意産業集積区」として認証し整備してきた。とりわけ都心周辺部で廃棄された倉庫や工場などの中には，開発業者によって再開発され，芸術家や文化産業関連企業の集積が進み，上海市政府によって「創意産業集積区」に指定されたものも少なくない[14]。

3.3　調査対象企業の概要[15]

業務内容については，総合広告代理が21社，その他（メディアエージェンシー，広告制作，イベント，印刷広告など）が11社となっている。各社の広告収入をメディア別でみると，大規模広告会社では，取扱うメディア種類は多様で，そのうち，テレビ広告の割合が相対的に大きい。一方，小規模や零細規模の広告会社については，単一の媒体に依存することが多く，テレビに特化した零細規模の広告会社もあるものの，全体としては，特に印刷広告や屋外広告が中心になっている。さらに，商品別にみると，大規模広告会社では，多様であるのに対し，中小，零細広告会社においては，特定の商品に偏っている。中でも，不動産広告は，中小，零細広告会社によって主に担われていることが分かる[16]。

3.4　調査企業の立地と移転

調査企業の所在地をみると，32社のうち30社が上海都心部と隣接地区（黄浦，静安，徐匯，長寧，閘北，浦東新区）に，残りの2社は郊外地域の嘉定区に立地している。調査企業のうち26社（81.2%）が，移転した経験があるとしている。一部の国有または旧国有の広告会社（J社，W社）を除き，設立年次は新しく，特定の場所に対する依存度は非常に低いとみられる。企業の経営状況または広告主の変動に応じ，オフィスを移転することが多い。なお，現在の立地を決定する際に重視した理由（複数回答）は，「適切な賃貸料や面積など」（27社）がもっとも多く，以下「交通の利便性」（26社），「環境の快適さ」（20社），「広告主との近接性」（17社）の順であった。一方，「メディア社との近接性」（6社）や「同

業企業の近接性」(7社)は，それほど大きな要因にはなっていない。

　より詳しくみると，4A広告会社，特に外資系は，CBDとその周辺に集中している。これは上に列挙した理由の他，主要の広告主であるフォーチュン・グローバル500企業，関連したコンサルタント，金融などとの近接性を求めるだけではなく，競争相手との差がつかないように，トップクラス広告会社としての威光を示すねらいもある（C社，H社，T社）。

　しかしこの数年間，都心オフィスビルの賃貸料は，10年前外資系が中国に事業拡大し始めた頃と比べ，3倍以上に上昇した。その一方で，近年インターネットやスマートフォンの普及で，4A広告会社の主な収入源であるマスコミ広告の成長が止まる兆しもみられ，利益の増加は見込めなくなっている。そこでコストの削減のために，一部の4A広告会社は，都心から地下鉄で2～3駅離れ，近年副都心として位置づけられつつある徐家匯地区に移転しており（P社，Q社，R社），そこが新たな広告業の集積地へと成長しつつある。なお都心からの転出に伴い，前述した「創意産業集積区」への移転もみられる。

4　広告会社の空間的リンケージ

4.1　広告主関係の地理的範囲

　広告会社の取引先は非常に多様で，大まかにいえば，広告主，メディア社，および他の広告会社である。図10-3は，調査企業の広告主の地理的範囲を表している。広告会社の業務内容や使用媒体などによって多様化しているが，全体的な傾向としては，企業規模によって市場の空間的拡がりは異なり，規模が大きければ大きいほど，取引関係の地理的範囲はより広い。一方，小規模もしくは零細広告会社の場合，上海市内に限られ，主要の広告主の数もわずかなのが一般的である[17]。

　広告のコンペ，企画から，実施に至るまでのプロセスにおいて，広告主側の担当者などと頻繁に対面接触し，相互理解を深めることは不可欠であることは，8割以上の広告会社が認めている。上海を本拠地にして中国に進出する多国籍企業が多く，そうした企業との近接性が上海の広告産業集積を支えているといえよう。

　A社，I社，AD社などの中小規模の広告会社は，顧客の変更に応じて頻繁に

移転し，広告主に近接した場所，また交通の便がよい駅の周辺に立地している。たとえば I 社は，主に雑誌や新聞広告を担当する中小規模の広告会社だが，2 年前は保険会社と契約を結ぶとともに，南京西路の該当保険会社が所在しているオフィスビルに移転した。できる限り移動する際の空間的・時間的コストを節約し，フレキシブルなサービスを広告主に提供できることが，中小広告会社にとって，大きなメリットだと考えての行動であろう。

4.2 発注先の地理的範囲

P 社，T 社，X 社などの大規模広告会社は，全国スケールで広告宣伝するため，各地のメディア社から広告枠を購入している[18]。広告会社は，直接子会社や支社を立ち上げるよりも，現地企業に資本参加するか，業務提携を探るのが一般的である。こうした業務提携が進むのには

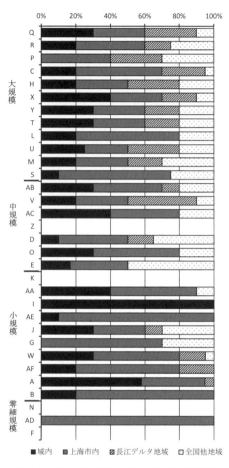

図 10-3　調査企業の広告主の地理的範囲（規模順）
出典：聞き取り調査により趙作成。

地方の人材不足という問題がある。各社の全国での拠点をみると，北京と広州に拠点数が多い（それぞれ 13 社，12 社）。一方，地方都市への進出は極めて少ない。その理由について，「地方都市は適切な人材が少ない。3 年前に青島で拠点を設けたが，上海から地方に行くと希望した社員は少なく，現地で長期的に持続できず結局は撤退した。沿海部の青島さえそうなのだから，内陸部ではさらに厳しいだろう」（S 社），「中国西南部の貴州省の大手国有企業で，有名ブランドのクライアントがあるが，現在わが社の担当者は月に 1 回現地へ打ち合わせに行くが，

もしその 1 社のために現地でオフィスを設置すれば，コストが高すぎる」(Y 社)といった指摘がある [19]。

一方，上海市内では，広告業者間の提携，または企業経営者間の関係に基づいた協力が存在すると回答した会社は 3 社しかない [20]。理由はさまざまだが，「クライアント側は，広告費用を軽減するため，広告の各工程を 1 社に任せるより，独自に各専門企業に依頼することが多い。そこで，企業間の外注や下請けは比較的少なくなる」(AC 社)，「総合広告会社の責任として，クライアントの情報を流出させないように，依頼された作業をできる限り社内で完成させている」(T 社)といった指摘がなされている。また，「CM 撮影のような社内でできない作業だけは外注するが，できるだけ最小限に収める」(AE 社)，「玉石混交ともいえるほど，広告会社のサービスや作品の質にはレベルの差が大きい。小さい制作企業やデザイン企業に外注するより，社内で完成したほうが安心」(S 社)といった回答もある。

なお，上海では，ローカルなメディア社（またはその広告部門）は，多く南京西路の CBD 付近に位置しているが，一部の中小広告会社やメディア社のハウスエージェンシー [21] を除き（E 社，J 社，I 社），C 社，H 社，P 社などの大規模広告会社をはじめ，ほとんどは，メディア社への近接性に関しては言及していなかった。大規模の，特に外資系の広告会社にとって，上海のローカルメディアへの発注量は比較的少ないと考えられる。

4.3　人的ネットワークの空間領域 [22]

Lv 氏（20 代男性）は江蘇省出身で，上海の大学で広告学を専攻し，2011 年大学卒業後，現在の就職先 T 社に入社した。コピーライターとして現在の月収は 6 万円前後となっている。「2〜3 年間経験を積んでから，海外の MBA 課程に留学したい」と Lv 氏は将来のプランを語っていた。「コピーライターは通常専攻を問わず人材を募集しており，同期には，広告・メディア関係以外の卒業生も多い。日々いろいろ刺激・学習できるし，シンガポール出身の上司からも多様な情報が得られる」と職場環境についてコメントし，「他社のクリエイターに知り合いはそれほどいない。一方，現実社会で見知らない同士でも，インターネット上で随時コンタクトし，相談に乗ってくれる人はたくさんいる」とした。さらに，「インターネット上では，北京や広州で働いている友人もいるが，ほとんどは上海に

在住している。類似している環境でがんばっている同僚だし，共通の話題もあり，互いに連帯感がある」と，サイバー空間であっても職場が同じ都市内の同士が互いに情報交換する傾向がみられる。

これに対し，Z氏（40代男性，月収70万円前後）はベテランクリエイターとして，個人の活動範囲は比較的広い。Z氏は香港出身で，最初は映画ディレクターを目指したが，1985年から広告業界に転職し，欧米系4A広告会社の数社で勤務を経て，2009年から現職にある。「私の経歴は，上海の主要な広告会社に勤めているアートディレクターの中では，一般的なものである。ここでは，香港・シンガポール出身，または中華圏で長年勤務し，華人圏の商業慣習や文化受容を十分理解できる欧米人が多い」という。さらに，「自社においては，大株主は香港人だが，中国本土（江蘇省，雲南省）や海外（ドイツ）の株主もいる。欧米系の広告会社と異なり，われわれのチームは全て中国人で，国内ブランドの広告は比較的多く，創作も中国的な要素を重視しているから，従来の外資と異なったところでチャレンジしようと思っていた」と，転職の動機を説明した。さらに，「家族は全て香港に残し，1年のうち上海にいる時間は半分しかなく，クライアントとの打ち合わせや，全国的なイベントやフォーラムなど，いろいろなところに出張しなければならない。業界の友達とその場でいろいろ話し合い，新たなビジネスチャンスも探れる」と日頃の仕事の実態を述べ，広告フォーラムや広告祭などのイベントが社会ネットワーク構築に役立っていることを示唆している。

以上の2人のクリエイターでは，ベテラン層と若手クリエイター層の間において，はっきりした線引きができる。グローバルな経験を踏まえたベテラン層にとって，個人活動の空間や社会ネットワークの編成は，中国本土または中華圏全体を想定している。一方，全国数万人の若手クリエイター層にとって，上海は主な活動地域であり，経験を積み上げて成長する場でもある。上昇志向が強い若手クリエイターは，社内外関係なく，サイバー空間などを活用し，個人を中心にしたネットワークを構築している。

5　外的リンケージからみた広告会社の重層性

以上のように，上海の広告産業集積は，域外リンケージを重視する大規模広告

会社と，地元企業の広告需要に応える各種の中小広告会社との2極化構造にあること，またベテランから若手までの広告人材における多様な人的ネットワークを特徴とすることが示された。

　ローカルの視点からみると，急速に成長していた巨大都市である上海は，広告産業に充実した労働力プールやサービスを提供しているだけでなく，市場原理が支配的で，中国でもっとも企業活動と対外交流が盛んな地域で，インフラや環境も整備されてきた。特に，クリエイター個人が所属企業に関係なく，自主的にサイバー空間などの，多様な情報交換の手段を利用していることは興味深い。一方，行政によって計画された文化創造産業の空間集積は，産業支援策として起業に多くの利便性を与えた一方，集積内の同業者交流は低いレベルに止まっているとみられる。

　次に，ナショナルスケールでは，上海における大規模広告会社には，全国的なサービスネットワークを構築する広告会社が多くみられる。広告会社は，全国各地方の同業者，メディア社，および広告主との協力によって，上海を本拠地に各都市との間に階層的なネットワークを成立させ，そのうえで上海の中心性を発展させていくという業務展開を図っている。広告会社における営業部門やクリエイティブ部門における統括的な責任者たちは，ローカルに限らず定期的に面会し，全国市場を相手に上海で生産されたグローバルスタンダードのサービスと広告作品を提供している。

　さらに，現在主要な広告企業グループ7社は全て上海に拠点を置き[23]，東京，ニューヨーク，ロンドンの本社，および世界各地の拠点と，グローバル人材を通じた技術，業務面の提携が多くなっている。近年，国内広告人材の成長，および中国企業の海外進出に伴い，一部の国内広告業者も，海外の情報・知識を重視しはじめ，それらを積極的に活用し始めた[24]。このように，グローバル化の進んだ広告業者や広告人材によって，上海はグローバルスケールでの上海の重要性を一層高めていると考えられる。

　こうした企業間，クリエイター間の格差を内包する広告業の産業集積は，グローバル，ナショナルからローカルまでといった重層的な空間におけるリンケージを複雑なものにしてきた（図10-4）。その理由として，以下の3点がある。まず，市場経済化とグローバル化が進んだ広告産業部門と国家統制力の強いメディア部

162　第Ⅲ部　文化芸術産業の集積と地理的環境

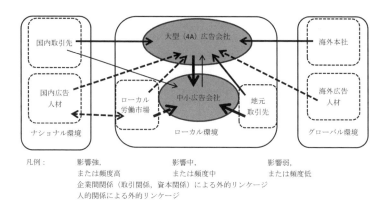

図10-4　上海の広告産業空間（趙作成）

門の間に，ギャップが存在している。つまり，市場原理で上海に集積した広告業と異なり，メディア部門の分布は行政区分と一致しているため，上海の広告業者にとって地方市場は大きい。2つ目は，国内企業と外資企業との間のギャップである。中国の広告業は国内で育成されたというより，域外の人材や資本に強く依存していた。産業をリードする人材群は，グローバルな環境で成長し，市場開拓する志向が強い。3つ目は，中国の広告会社にとって，広告主資源やメディア枠を確保することが，最優先の戦略として扱われ，競合相手である同業者より，川上・川下の企業とのネットワーク構築がより重視されていることである。

このような構造の中で，グローバルシティである上海は，外資と国内広告会社の両方にとっても，「グローバル広告の中国拠点」および「中国広告のグローバル接点」と位置づけられる存在であるといえるだろう。

（趙　政原）

注
1) 近代的な広告は，1840年のアヘン戦争の頃に中国に入り，1958年に始めてテレビ局が開局するのに伴い，広告産業も急速に拡大し，2つの国有広告会社，上海広告公司と北京美術公司が設立された。しかし，1966年から1976年にかけて文化大革命が発生し，すべての商業広告は一時中断した。
2) 中国の業界団体は，純粋な民間団体ではなく，政府機関の国家工商行政管理総局からの「指導および監督」を受け，企業と政府の間の仲介役を果たしている。
3) それまでの中国の広告業では，広告代理の概念はなく，メディアでの業務はほぼメディア社（テレビ局，新聞社など）が兼ねており，広告業者は単に広告企画や製作の業務を担当するのみであった。

4) 当時，中国の広告業では外資規制があり，外資による出資は50％以下に決められていた。
5) 株式化改革とは，国有企業の企業制度の改革の一環で，株式保有の分散化と全体上場により，コーポレートガバナンスを確立し，経営の透明性を図ることを意図している。
6) 欧米式の広告代理制は，広告業のうちの分業にみられるだけではなく，欧米で通常の「一業種一社制」という社会的モラルも含んだ制度も含まれている。つまり，1つの広告会社が同じ業種の広告主を複数扱うことは原則的に行われない。その原則は日本国内では通用していないが，中国の日系広告会社は，多様な形を採っている。電通の中国本社「北京電通」は，日本と同じく，一事業部の中では一業種一社制という「事業部制」を採る。一方，博報堂は，いくつかの独立した合弁会社を設立することにより，「一業種一社制」に従っている。
7) クリエイティブエージェンシーは，広告の企画，制作を専門とする会社に対し，メディアエージェンシーはメディアの広告枠の企画や購入を行う会社である。
8) たとえば，CCTVの人気チャンネル1，2，3，4，6，10のプライムタイムの広告枠は，直接市場で競争入札されている。上海のテレビ放送に関わる上海東方伝媒集団有限公司の場合，広告会社に任される広告代理は全広告枠の3割以下となっている。
9) 「4A」は業界団体「American Association of Advertising Agencies」の略称である。1917年，各広告会社間の過当競争を避けるため，米国にある主要広告業者の協議により「4A」が成立した。現在米国の「4A」会員はほぼ多国籍広告会社である。
10) 厳密に言えば，現在，新聞雑誌の流通範囲はそれほど規制されず，地方テレビの衛星チャンネルも全国範囲で受信されることになっている。しかし，M&Aのような所有権の移転は，地方政府の領域内でしか行えない。
11) 「地方保護主義」とは，地方政府と地元企業の強い結び付きの下で，政策，税収，および情報開示などにおいて地元企業を優先させることである。
12) 1990年代後半から，4A広告会社は，同グループ内にある各社のメディア部門を統合してメディアバイイング会社を設立し，従来分散して行っていた広告枠の購買を1社にまとめつつある。
13) 「広告経営単位」3,930社は，「企業単位」と「事業単位」に二分され，「企業単位」はさらに「主営広告企業」（3181社，80.9％），「兼営広告企業」（476社，12.1％），「メディア社」（196社，5.0％），「インターネット企業」（76社，1.9％）の4種類に分けられている。
14) 旧倉庫・工場の他，高等教育機関（大学，専門学校など）からの芸術関係の知識のスピルオーバーを狙った産官学の提携でプランニングされた「創意産業集積区」もある（上海市経済和信息化委員会，2010）。なお，近年嘉定，金山区などの従来の郊外地域でも，外部投資を誘致するという思惑で，「創意産業集積区」が整備されてきている。
15) 筆者は，上海の広告会社32社を抽出し，2011年11月と2013年11月に，企業担当者に対し聞き取り調査を行った。32社の内訳は，大規模企業12社，中規模企業7

社，小規模企業 10 社，零細企業 3 社であった。これらをグループ本社所在地でみると，外資系 15 社（欧米系 9 社，日系 3 社，香港系 3 社），国内系 17 社（民間 15 社，国有 2 社）となる。

16) 大規模広告会社だけをみると，日系広告会社は日系ブランドを多く担当し，化粧品，自動車，電気製品の広告が多くなっている。これに対し欧米系広告会社は，化粧品，食品や服飾などのグローバル展開した一般消費財メーカーを担当することが中心で，中国国内広告会社は，主にサービス業などの国内業者が支配力のある部門の広告を扱っている。

17) 近年の不動産ブームで，地域性が強く，折り込みやパンフレットが中心の不動産広告は，多くの広告会社，特にローカルな中小会社の重要な収入源になっている（A 社，B 社，S 社）。

18) その際，キャンペーンの仕方によって，地方の広告会社と提携することも多い。

19) ただし，例外もある。H 社は，通常の広告会社の中で，もっとも「クリエティビティ」をセールスポイントとして主張する 1 社であり，コストが高くなるにも関わらず，広告生産の過程にできる限り直接関与しようとするため，重慶などで支社を設立した。

20) 上海の広告業界においては，上海広告協会という業界団体が存在している。聞き取り調査では，「広告協会の活動は，社長やクリエイティブ・ディレクターならたぶん関与しているが，我々のような普通のクリエイターとはほぼ関係はない（Li 氏）」というコメントが出された。行政上の意味が強いローカルな広告協会は，欧米のように同業者の交流の場としての役割を果たすには限界があると考えられる。

21) ハウスエージェンシーとは，親会社の宣伝活動の補佐のために存在する事業子会社，または親会社が保有する広告媒体の管理を行っている事業子会社である。

22) 本研究の予備調査として，2011 年においてデザイナー，コピーライター，プランナーと呼ばれる職種を対象にアンケート調査を行った。回収した 45 人の回答者の中，2 割（9 人）が上海出身で，8 割近く（37 人）が周辺の長江デルタ地域または他の地方からの流入となっていた。一方，最終学歴地については，6～7 割が上海である。若い世帯が上海の大学または大学専科（短大）への入学を機に地方から上海に集まり，卒業後上海で就職するケースが多いと考えられる。さらに，広告業界は非常に不安定で，回答者の 7 割以上（34 人）は転職経験があり，平均 1.6 年で 1 回転職したことになる。広告産業内での主な転職動機としては，有効回答数 34 のうち，「昇進」（22 人，64.7%），「昇給」（25 人，73.5%），または「個人の好み」（29 人，85.3%）と回答した人が多かった一方，「社内人間関係」（8 人，23.5%）は少なかった。なお，大規模広告会社の制作部門またはクリエイティブ部門のクリエイター 4 人に詳しい話を聞くことができた。聞き取り調査を実施した。このうち以下では 2 名について紹介する。

23) メガエージェンシーの WPP、インターパブリック、オムニコム、ピュブリシスグループの他，電通，博報堂，Havas の 7 社である。

24) Y社はかつて中国最初の広告会社であったが，2000年以降日本とアメリカの広告会社から出資を受けていた。AB社は香港とパリで子会社を設立し，最先端の広告やデザインに関連した情報やグローバルな文化資源の活用を目指している。外資のP社は，急増する中国企業の海外進出に応じ，去年ニューヨークで海外事業部門を設置した。

第11章
パブリックアートの拡散と地域の受容

1 パブリックアートの意義

　近年,都市間競争が激しくなる中で,ユネスコ創造都市ネットワークや欧州文化首都などの試みがみられ,都市の創造性や文化に注目が集まっている。都市の創造性を高めるもの,もしくは文化を表象・象徴するものとして,しばしばパブリックアートが取り上げられる[1]。著名な例としては,工業地区から文化地区として再生を果たしたと言われるゲーツヘッド・ニューカッスルの「エンジェル・オブ・ザ・ノース」が挙げられるだろう。高さ20 m,横54 mと巨大でインパクトの強い同作品は,地域の造船産業を活かして製作され,その制作段階から作家が住民を巻き込み地域のシンボルとなった事例として高く評価されている。

　欧米では,パブリックアートは国家による芸術家支援や都市美運動から都市再開発へと続く動きの中で発展し,その中で公共性やパブリックアートの芸術的価値に対する議論が重ねられてきた[2]。たとえば1989年,NEA(国家芸術基金)の助成金を受けてマンハッタンのフェデラルプラザに設置されたリチャード・セラの「傾いた弧」が,広場を分断し広場利用者の歩行を遮るとの住民の批判を受けて撤去されるという事件が生じた。この撤去問題をきっかけに,アートと鑑賞者の関係を重視した「ニュー・ジャンル・パブリックアート」[3]が注目を集めるようになる。こうした議論を受けて文化論者のMiles(1997)は,パブリックアートという言葉には,屋外に設置される彫刻から,コミュニティとの相互作用をもたらす作品,ランド・アート,サイト・スペシフィック・アート,そしてパフォーマンスに至るまで,多様な概念が含まれると述べた。

　日本のパブリックアートは,野外彫刻展に端を発する自治体主導の野外彫刻設置事業を起源として,欧米とは異なる発展を遂げてきたと言われる(竹田直樹,

1997; 秋葉美和子, 1998)。1960 年代から 70 年代半ばにかけて，宇部市，神戸市，旭川市，長野市などで，野外彫刻展や野外彫刻賞の先進的な事例がみられた後，70 年代後半から 90 年代前半にかけて，「彫刻のある街づくり」や「彫刻の道整備事業」等が全国各地で行われ，非常に多くの彫刻が設置されるようになった[4]。その後 1990 年代半ばに，社会活動に積極的にかかわる芸術家が登場する等，アートを利用したさまざまな活動が日本でもみられるようになり，同時期に，海外の影響を受けてアートを活用した都市再開発事業が注目され，その中で芸術家がアートディレクターとして都市計画に参加し始めた[5]。こうしたアートの社会化，都市計画の中でのアートの活用といった流れの中でパブリックアートという言葉が一般的になり，それまで設置されてきた野外彫刻も，パブリックアートとして捉え直されたという点も日本の特徴として指摘される（八木健太郎・竹田直樹, 2010)。こうした背景から，日本ではパブリックアート＝自治体の公的資金によって野外に設置された彫刻，という認識が一般的である一方で，専門家からは，社会的意義を持つアートをパブリックアートと呼ぶべきであるという指摘が続けられてきた[6]（工藤安代, 2008)。

本章では，神奈川県旧藤野町（以下，藤野町と表記）を対象地域として取り上げ，地域におけるパブリックアートの展開と受容について検討する。その際，以下の 3 点に注目して考察を進める。第 1 に，野外彫刻設置事業の変遷だけでなく，彫刻設置事業によってもたらされた地域の変化や影響を明らかにすること，第 2 に，長期的な視点で彫刻設置事業の変遷およびその他事業・活動との関連をみていくこと，第 3 に，パブリックアートに関わる主体に注目し，その主体間関係の変化とパブリックアートの位置づけを明らかにすることである。

2　神奈川県旧藤野町における芸術関連の取り組み

神奈川県の北西部に位置する藤野町は，面積約 65 km^2，人口約 1 万人，山林が 8 割を占める農山村で，2007 年に相模原市，城山町と合併し，相模原市緑区となった。藤野町における芸術関連の取り組みの出発点は，1986 年に神奈川県と相模川流域 12 市町により制定された相模川総合計画「神奈川県いきいき未来相模川プラン」に求められる。同プランの下，豊かな環境と都心部へのアクセス

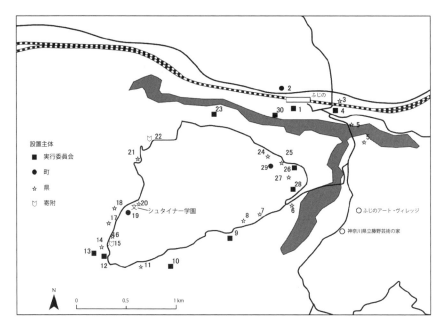

図 11-1　藤野町における環境彫刻設置場所一覧
注：地図中の番号は表 11-1 と対応している。
出典：三宅作成。

の容易さを持つ藤野町は「森と湖と創造の拠点」に制定され，芸術・文化の拠点の形成を目指す「アート・リゾート芸術村構想」が提唱された。

　1988 年には神奈川県と藤野町，芸術家と地元住民の協働の下，第 1 回「森と湖からのメッセージ」事業が行われ，野外彫刻作品が名倉地区を中心に設置された（図 11-1）。1991 年には，県が主体となり，神奈川県ふるさと芸術村環境整備事業として新たに 6 つの彫刻作品が設置された。県の支出は 1991 年までであり，町としては基金を作って毎年 1 つずつでも作って行くことを検討もしたが，実現はしなかった。

　県の支出に支えられた彫刻事業が大規模に行われていた 1991 年当時の在住芸術家（48 名）の分布をみると，南部の牧野地区が 22 名と最も多い。芸術家は自然を好み，自給自足の生活を営むことが多いため，中心部ではなく山がちで空き家もみつけやすい牧野地区に芸術家の居住が多いと考えられる。こうした芸術家らの定住は，地域社会にも大きな影響を与えた[7]。

1992年には，オーストリアから来日した芸術家アロイズ・ラングが仲介となり，日本におけるアーティスト・イン・レジデンスの先駆的な事例となる「オーストリア芸術家の家」がオープンした。同施設は古民家を藤野町が借受け，オーストリア教育芸術局に貸し出すという形で設置され，芸術家の交流が進んだ。1995年には神奈川県立「藤野芸術の家」が開館した。同施設は体験工房と宿泊施設を有し，ホールで自主事業等も行い，芸術家のコミュニティ形成の場や観光客の誘致に寄与している。現在でも，年間10万人程度の利用者を維持している。

 ところで，2000年以降，藤野町では少子化により小学校の廃校が相次いだ。校舎の跡地利用を巡って，さまざまな取り組みがなされている。2004年には，廃校となった牧郷小学校跡地をアートスペースとして利用する「牧郷ラボ」が活動を開始し，2003年3月に廃校となった旧菅井小学校を利用して農産品の研究を行う「ふじのアグリラボ」が2005年に内閣府地域再生本部によって「『農』と『健康』の発信拠点整備による多様な主体参加型地域活力再生計画」の認定を受けるなど，廃校利用が積極的に進められている。

 また2005年4月には，国の構造改革特別区域推進本部により「藤野『教育芸術』特区」の認定を受け，廃校となった小学校校舎の貸与を受けて私立の小・中一貫校としてシュタイナー学園が開校した。同校では，欧米で評価の高い芸術を通した教育プログラムが実施されている。同校を支援することは，①「芸術によるまちおこし」の構想に合致した方針で，それに伴う地域芸術活動の活発化，人的交流が期待できる，②地域の芸術の担い手の増加に繋がる，とされている。オーストリアとの芸術家の交流が続けられていたことも，オーストリアの哲学者シュタイナーの理論を実践する同校の受け入れにつながった。2005年の開校から2007年までに，同校に通う児童・生徒を擁する約50世帯が，藤野町および近隣市町村に移住するとともに，同校の開校に伴い「芸術の小径」を一巡する民間路線バスの名倉循環線が通学用バス路線として新設された。

 こうして新たな地域住民を迎えるとともに，芸術家と地域住民，新住民の交流も促進され，2008年には在住作家のデザインや意見を取り入れた「藤野観光案内所ふじのね」が新たにオープンした。また，自立分散型の自然エネルギーによって地域の電力をまかなうことを目指す市民グループが設立されるなど，移住してきた住民の動きは芸術活動のみにとどまらず，地域社会への影響を拡げてきている。

3 旧藤野町におけるパブリックアートの展開

3.1 環境彫刻の設置

藤野町のパブリックアートを表11-1にまとめた。同地域のパブリックアートは，「芸術の小径」と称される地区に重点的に設置されている（図11-1）。この町道名倉葛原線の名倉，葛原地内の一部道路は，旧建設省による「マイロード事業」に選定され整備が進められた。環境彫刻の設置は，県・町・住民の協力のもと実行委員会を設置して実施された藤野ふるさと芸術村メッセージ事業と，県主体で行われたふるさと芸術村環境整備事業に大別される。

彫刻設置の背景や選定方法にも変化がみられる。1998年から1990年までは，行政による指名式で作家が選定された。表11-1をみると，1988年から1989年にかけては，町や実行委員会が主体となった作品は藤野町在住の作家が多い。1988年度は協賛企業の協力の中で設置され，1989年度は地元作家が中心に，1990年は無名だが熱意のある若手作家がそれぞれ選ばれ設置された。その後，選定基準の不透明さに対する批判もあり，1991年度は招待コンペ形式の下，19作家から6作家が選ばれ作品が設置された。負担者別・年度別パブリックアート設置費用をまとめると，彫刻の設置費用は1億6千万円にのぼり，県および実行委員会の負担が比較的大きくなっている（現存していないものも含む）。

代表的な作品としては，藤野町に在住している作家によって制作された「緑のラブレター」が挙げられる。山の斜面に設置されたこの作品は，「自然と調和したアートシーン」の中でもひときわ印象的な作品である。他にも藤野町内で長年展覧会等を開催している村上正江の作品や，全国各地で彫刻作品が設置されている岡本敦生の作品など具象，抽象を問わず多様な作品がみられる。先述したように，同事業では彫刻と環境の調和が重視されたが，岡本の作品は「置かれる場所からの触発ではなく，作者の内面思考から産まれた作品である」とされている。「環境のなかで，これから作品がどのように呼吸を始めるかを見届けたい」ともあり，作品と環境の相互作用を期待するものとなっている。なお，藤野町の環境彫刻の多くは，ウォーキングコースともなっている「芸術の小径」内に集中して設置されているが，海外作家のジム・ドランの作品は，藤野総合事務所玄関脇や弁天橋

第 11 章 パブリックアートの拡散と地域の受容　171

表 11-1　藤野町における環境彫刻一覧

	No.	作品名	作者 (出身地)	土地 所有者	設置 (年)	設置主体	修復 (年)
藤野ふるさと芸術村メッセージ事業	28	過去からのひびき(エコー)1	アロイズ・ラング (オーストリア)	市	1988	実行委員会	2010
	32	過去からのひびき(エコー)2		市	1988	実行委員会	2010
	10	山の目	高橋政行(横浜市)	不明	1988	実行委員会	2008
	9	射影子午線	加藤義次(東京都)	不明	1988	実行委員会	2008
	30	カナダ雁	ジム・ドラン (ロサンゼルス)	県	1988	実行委員会	2010
	26	カリブー(アイアン・アニマル)		不明	1988	実行委員会	2009
	4	バッファロー		市	1988	実行委員会	
	29	緑のラブレター	高橋政行(横浜市)	個人	1989	町	2008
	23	溻(とろ)	多摩美術大学 (深谷泰正)	市施設	1989	実行委員会	
	13	吠える	植草永生(千葉県)	神社	1989	実行委員会	2009
	12	回帰する球体	中瀬康志(青森県)	神社	1989	実行委員会	
	1	フジノゲート	高橋政行(横浜市)	市	2009	実行委員会	
ふるさと芸術村環境整備事業	27	トライアングル・ウィンド・ソング	鈴木明(東京都)	市	1990	県	2009
	21	芽軸	田辺光影(川崎市)	不明	1990	県	
	20	森の記念碑	池田徹(山形県)	個人	1990	県	
	17	FLORA・FAUNA	原智(藤沢市)	個人	1990	県	
	16	景の切片	菅木志夫(盛岡市)	個人	1990	県	2009
	14	語り合う石たち	杉浦康益(東京都)	個人	1990	県	
	7	COSMOS	村上正江(東京都)	道路敷	1990	県	
	6	両側の丘の斜面	三梨伸(東京都)	企業	1990	県	
	3	空(くう)	狩野炎立(東京)	市	1990	県	
	25	空を持つ柱	土屋昌義 (神奈川県城山町)	不明	1991	県	
	24	あなたと…明日の空の色について	武荒信顕(千葉県)	個人	1991	県	2010
	18	庵(いおり)	斉藤史門(東京都)	個人	1991	県	
	11	森の守護神	佐光康行(群馬県)	個人	1991	県	
	8	限定と無限定	古郷秀一(栃木県)	企業	1991	県	
	5	記憶容量—水より、大地より	岡本敦生(広島県)	不明	1991	県	
その他	2	藤波	與倉豪(横浜市)	企業	1990	町	2009
	19	未来への躍動	中瀬康志(青森県)	-	1991	町	
	31	季節の翼		-	1991	町	
	15	羅典薔薇	加藤義次(東京都)	道路敷	1991	寄付	
	22	雨	フェリット・オズシェン(トルコ)	道路敷	不明	寄付	2009

注：網掛けは当時旧藤野町に在住していた作家。出典：藤野町まちづくりセンター資料より三宅作成。

のたもとなどに設置され，地域の主要施設を印象づけるものとなっている。

　一方で，現在は撤去された作品もいくつかある[8]。その多くは，実行委員会主体で設置されたものであり，修復費用がかさむこと等を理由に，撤去に対して設置主体に合意が得やすい実行委員会主体のものから撤去されたものと考えられる。今後は彫刻作品の新設の予定はないものの，設置から20年程が経過し，現在設置されている作品についても，その維持管理が課題となっている。設置されていてもあまり目を引かないもの，解説版の文字が読みづらくなっているものなどもあるが，「環境彫刻」であるが故に過度な修復は作品のオリジナリティを損なう可能性もあり，維持管理には作家と管理者の意思疎通が不可欠である。

3.2　事業内容の変化

　図11-2は，メッセージ事業の下で4年以上開催があったイベントの変遷を示したものである。当初継続的に行われたものは，ふるさと芸術村メッセージ事業実行委員会が主催する行政主導の性格が強いものであった。1993年に，NPO法人フィールドワーク・イン藤野が活動をはじめ，芸術家団体主導の企画が継続的に行われるようになる（図11-2のNo.9）。同企画は，世界各国でのアーティストインレジデンスの促進を目的とするものであり，地域内の交流だけでなく，域外・国際交流も目的とするものであった。フィールドワークインフジノ実行委員会が主導して野外彫刻の設置を行い，彫刻の道周辺に限られていた行政主導の野外彫刻設置事業とは異なる流れの中で，佐野川等のより広い地域に野外彫刻を同時期に，地元作家の個展（No.11），移住作家のアトリエ展（No.12）が開始され，芸術家の自発的な動きがみられるようになる。翌年には，藤野在住の舞台演出家が古民家を改修して作った多目的ホール「無形の家」（No.14）で，音楽や演劇の複合イベントが開始され，ジャンルを問わず多くの芸術家が集まる拠点が形成された。

　1995年以降になると，自然体験事業（No.19, 20）やダンス・演劇イベント（No.18, 21）など，彫刻や絵画に留まらず多様なイベントが増える。97年には，篠原地区では合同オープンアトリエイベント（No.22）が開始された他，地元アーティスト主体のNPO法人きのこぷらんにんぐ（No.23）が結成され，多様な芸術家が集うフェス「こもりく」が開催されるなど，域内芸術家のつながりが強化されて

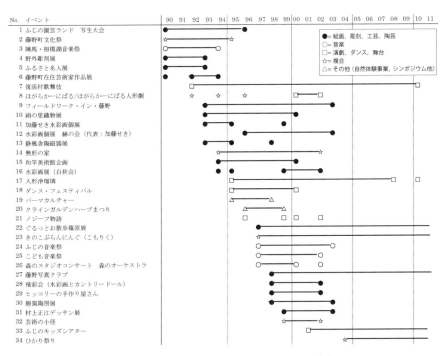

図 11-2 メッセージ事業における主要イベントの変遷
注:4年以上イベントが行われたもの(断続的なものも含む)。
出典:各年度報告書より三宅作成。

いった。その後地域住民のサークル活動の展示会(No.26, 28)等の機会も増えつつ,2004年には廃校舎を拠点としてジャンルを問わず芸術家や地域住民が集うひかり祭り(No.34)が開始される等,地域活性化と密接に関わる事業も多くなっている。

　2003年以降,事業規模が以前の500万円規模から300万円程度に抑えられるようになると,事業数は減少傾向を示す。参加芸術家数は増える一方で,予算配分が難しくなり,客観的に審査をするために,文化協会や観光協会員等を委員に含む推進委員会形式に移行した。それに伴い,個人展やサークル展等ではなく,多数の芸術家や住民らが合同で主催する企画が,優先的にメッセージ事業の助成を受ける傾向が強まったと考えられる。2011年度の事業費の内訳をみると,メッセージ事業補助金が全決算額の8割弱となっており,現在では各実行委員会への助成がメッセージ事業の主要な役割となっていることが分かる。

3.3 空間的展開

メッセージ事業は，先述したように芸術村構想の PR 事業として発足したため，当初芸術村の設置予定地であった名倉地区で集中的にイベントが開催され，「彫刻の道」(彫刻設置事業は 1988 年～ 91 年に実施) 周辺の神社や, 宿泊施設，旧校舎等の公共的な施設がイベント会場となっていた (図 11-3a) [9]。神奈川県，藤野町, 藤野町在住芸術家等からなる「藤野ふるさと芸術村メッセージ事業実行委員会 (以下メッセージ事業実行委員会)」が各イベントの主体となっていたことも事業開始当初の特徴であった。

その後, 1990 年に事業の主導権が県から町へ移行したことを契機に, 町民の文化芸術活動を促進し, 町民の幅広い参加, 体験を可能とする内容を盛り込んだイベントの開催が目指されるようになった [10]。1990 年度メッセージ事業の個別事業概要と参加者数をみると, オープニングセレモニーを中心に累計 40,000 人が参加したと推計される。1992 年のイベント開催場所をみると, 後に「芸術の家」(「芸術村構想」の中核施設) になる県立藤野青少年の家をはじめ, 南部へもメッセージ事業が拡大している (図 11-3b)。この時期は, 多くの芸術家が参加するような「藤野在住芸術家作品展」(会場：ホテルサンヒルズ) や「炎・舞・響・刻 / 太陽の市場」(会場：藤野町スポーツ広場) が, 藤野町メッセージ事業実行委員会主催で行われた他は, イベント毎に実行委員会が設立され, イベント運営が行われた。特に「復活村歌舞伎」(会場：牧野小学校) のように, 地域の伝統芸能を扱うイベントの開催を通して, より幅広い地域の参加が促進されるようになった点がこの時期の特徴といえる [11]。

1996 年頃からは, メッセージ事業が通年で行われ多くのイベントが開催された。2002 年のイベント開催場所をみると, 佐野川や篠原等より広範囲にイベントが広がっている (図 11-3c)。また, きつつき工房やシーゲル堂, 勝窯工房等個人のアトリエ・ギャラリーでの開催や, 芸術の径や篠原地区アトリエめぐり等, 地区内のアトリエやカフェが合同で行うイベントが多くなっている。

旧藤野町は, 2007 年には相模原市緑区の一部になったが, 相模原市ふるさと芸術村メッセージ事業推進委員会が設立され, メッセージ事業は継続する。2011 年度のイベント開催場所をみると, イベント数は 28 件から 8 件に減っているが, イベント開催場所の数は, 2000 年と大きく変わらない (図 11-3d)。推進事業委

第 11 章　パブリックアートの拡散と地域の受容　175

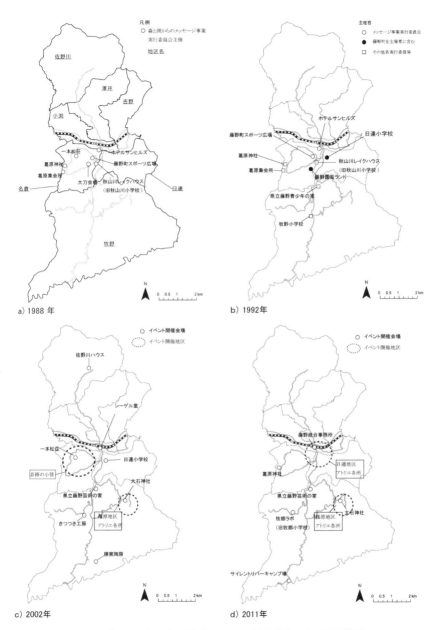

図 11-3　藤野町におけるふるさとメッセージ事業関連イベント開催場所
出典：各年度ふるさと芸術村メッセージ事業報告書，広報ふじのより三宅作成．

員会形式になり，各地で均等にイベントが行われたためと考えられる。また，スポーツ広場やキャンプ場を会場とする多くの芸術家が集まる大規模な野外イベントが，継続的に行われている点も，近年のメッセージ事業の特徴であるといえる。

3.4　メッセージ事業以外の芸術活動・地域活動

現在，藤野町には数多くのアトリエやギャラリーが存在し，芸術家や地域住民による芸術活動・地域活動の拠点が形成されている（図11-4）。上述のように，

図11-4　藤野町主要アトリエ，地域活動拠点図
出典：ぐるっと陶器市アトリエマップ，広報ふじの，ヒアリングより三宅作成。

2000年代には，メッセージ事業内で各芸術家のギャラリーでの活動が活発になるが，地域のギャラリー主催で2000年から合同オープンギャラリー「ぐるっと陶器市」が開催されるなど，メッセージ事業以外の活動もみられるようになる。

また2001年には，藤野駅前に薬局を改装した観光案内所兼ギャラリーであるシーゲル堂がオープンするなど，地域拠点が形成され始める時期とも重なる。在住作家が手掛けたという外観が目をひくシーゲル堂では，月ごとに作家の展覧会が開催される他，常設の物販もされており，在住芸術家の活動拠点となっている。薬局の経営者自身が秋田県で劇団を主宰していたこと，藤野町移住後も音楽活動を行っていたことから芸術家との交流も活発であったことが，ギャラリーへの改装のきっかけになったという[12]。

4 パブリックアートをめぐる主体間関係の変化

以上のように，藤野町では，芸術村構想の変遷やそれに伴うメッセージ事業の主体の変化の中で，パブリックアートの位置づけも変化してきたと考えられる。事業開始当初は，神奈川県が主導権を取り，外部のデベロッパー，専門家らとともに芸術村構想を立てながら，そのPR事業である"メッセージ事業"を推進していった（図11-5）。彫刻設置事業に関しては，担当部局や担当者が年次ごとに異なったため，作家と行政のコミュニケーション不足や，住民へのPR不足が指摘された。メッセージ事業開始当初は，個々の芸術家が，社会情勢の変化や自ら

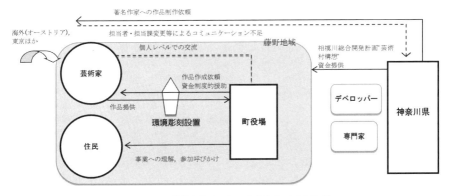

図11-5　芸術村構想開始当初の関係主体（三宅作成）

の芸術活動展開の中で藤野町に移住してきていた。環境彫刻の設置やメッセージ事業を通して互いの存在を把握するきっかけとはなったが，芸術家同士のネットワーク等はまだ強くはなく，個人的な交流が一部芸術家間や行政と芸術家の間でみられるに留まり，イベント等においてもオープニングセレモニー以外では，個展等が多くみられた時期であった。

その後，1990年にはメッセージ事業の主導権が町に移行し，県は芸術村構想の推進に専念するが，経済停滞など社会的背景や財政状況の変化から県の関与が小さくなる中で，芸術村構想自体が見直されていく。その間に海外作家の出品作品「Bamboo Nest」から，地域在住作家の作品「緑のラブレター」へと，地域の代表的なアートの転換もみられた。1996年頃には芸術村にかわる"センター施設構想"についても，町にその主導権が委ねられ，事業開始当初から芸術村構想には批判的であった在住芸術家らを含めた研究会や懇話会での協議が進む中で，行政主体の施設建設そのものが断念される。そうした経緯の中で，行政から「押し付けられた」事業への反発から，芸術家自らが住民を巻き込みながら，新たな活動を始動する。住民に対しては，1990年代を通して事業への参加・理解が呼び掛けられ，小学校単位での作品の制作等は行われてきたものの，環境彫刻が破壊されたこともあった他，社会基盤等への投資を優先すべきである，という意見も根強くみられた。一方では，観光客に対しては芸術村や環境彫刻といったイメージが定着していき，そうした「芸術のまち」というイメージを利用した活動も生まれてくる。事業発足当初から実行委員会組織に含まれていた商工会や観光協会も，1990年代半ば以降，「地域資源としての芸術」を積極的に活用しようという動きがみられるようになる。

こうした「芸術のまち」としてのイメージの形成が，域外へのアピールへとつながり，また，芸術家の活動が活発であることが，新しい取り組みを受容する地域の姿勢につながり，新たな移住者を呼び込んできたのではないかと考えられる。2000年代には，地域住民や芸術家らが協働しながら活動を行う拠点の形成も進み，複数の芸術家が合同で行うイベントが盛んになり，地域住民による学校跡地活用等，芸術家同士，住民同士の交流および各主体間の交流が活発になった。

メッセージ事業が定着する過程で，事業を押し進めるために大きな役割を果たした役場のメンバーや，事業開始当初から関わっていた早期移住者が，現在の地

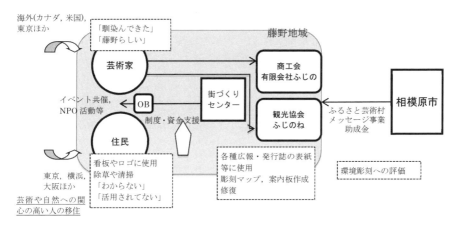

図 11-6　現在の関係主体（三宅作成）

域づくりでも中心になって活躍している（図11-6）。中でも，2000年代半ばまで町役場で活躍していたOBが，芸術家や地域住民が新たな活動をする際の相談役，まとめ役として，行政と芸術家や地域住民の乖離を埋めてきた意義は大きい。行政の芸術村構想に含まれていた"アートヴィレッジ"が，県の関与がない民間施設として実現したのも，行政の経験を持つOBが，農業生産法人などの芸術以外の地域活動を通して得た人脈の中で，アートヴィレッジの必要性を説き，資金や人材を集めてきた成果であるといえる。このように藤野町では，従来の既存研究でも指摘されている，単年度事業であるために芸術を取り入れたまちづくりが定着しないという日本特有の課題が，キーパーソンの存在によって解消されていると考えられる。観光協会や商工会議所など，地域の観光業や商業に関わる組織が，アートを取り入れながら拠点を新たに設置したり，商品を作成したりと目にみえる形で，芸術が地域に根付いてきているのである。

5　パブリックアートと地域の課題

　本章では，独自の発展を遂げてきたと言われる日本におけるパブリックアートの展開と受容過程を明らかにすることを目的として，アートプロジェクトなどの興隆という現在の潮流の中で，日本において1980年代に盛んに行われた野外彫刻設置事業の意義を問い直すことを試みた。

藤野町では，芸術村構想というハード事業に伴い，メッセージ事業というソフト事業が活用され，芸術家や地域住民の芸術イベント，その他環境活動等が定着してきた点から，芸術が地域活性化に貢献したという評価も可能であろう。事業の定着の過程では，活動の場として東京を選び，住居として藤野を選ぶ芸術家の存在，芸術家や地域住民と行政を結び付けるキーパーソンの存在が大きな役割を果たしたという点では，総務省が指摘する創造的人材をひきつける地域の要素とも合致している（総務省, 2012）。

ここから，きっかけは外発的なものであったとしても，芸術が地域資源となりうること，その一手段としてパブリックアートの設置を位置づけることも可能であるのではないかと考えられる。また，県からの提案に伴う「環境彫刻」としてのパブリックアートの設置の中で，自然環境という地域資源が再発見され，新たな資源としてパブリックアートが生じたと捉えれば，外発的な開発が地域活性化に繋がった例としても評価できる。神奈川県主導で設置された海外作家作品が撤去された一方で，現在も藤野町に在住している作家の作品が現在の藤野町のシンボルとして受け入れられている点からも，パブリックアートの存続には，地域の中での位置づけや地域らしさといったものが密接に関わっていると考えられる。一方で，キーパーソンの存在に頼った地域の発展を懸念する意見が内部からも聞かれるなど，実際に芸術に関連する動きが定着しているかどうかの評価は難しい。また，環境彫刻については，過去の事業という認識も強く，パブリックアートが現在も活用されている事例であるとは言いがたい。

この事例では，パブリックアートの設置は域外からの提案で，短期間に集中して設置された。一方，同時に行われた芸術活動支援事業は主体を域内に移行しながら継続し，パブリックアートの作家でもある地域の芸術家の定着を促した。その中でパブリックアートは域内芸術家の存在と結び付きながら地域に受け入れられ，「芸術のまち」として域外にアピールするシンボルとなり維持されてきた。パブリックアートは，その恒久性・常設性から地域内外で地域イメージを形成しやすい一方で，アートプロジェクト等と比較すると，一時的なものと捉えられがちである。しかし藤野町の事例では，事業主体の変遷等に伴い，事業の中でのパブリックアートの位置づけが変化しながら地域に受け入れられてきた。芸術活動支援等の継続的な事業が並行して行われることで，パブリックアートと結びつき

やすい地域活動が促進されてきたと考えられる。各地で既に設置されているパブリックアートについても，現在の地域の状況に合わせ，パブリックアートと結び付けやすい地域活動を促進することで，パブリックアートの維持およびさらなる地域イメージの向上につながるのではないだろうか。

(三宅さき)

注

1) Landry (2000) は,都市問題を解決するものとして「創造的風土」を挙げ,Florida (2002) は，創造階級をひきつける要素としての都市の環境の重要性を指摘している。Zukin (2011) も，創造地区のライフサイクルに着目した独自の議論の中で，パブリックアートが「都市に対する投資の可視的なサイン」として現れ，創造都市の成熟とともにパブリックアートが変化すると述べている。
2) Zebracki (2011) は，戦後のパブリックアートの役割の変化を3期に分けて説明している。すなわち，1960年代までが再構築の時代，1960-1980年頃が参加の時代，1980-2000年代にかけては都市マーケティングの時代であり，その要請に従ってパブリックアートも国家中心の政治的なものから地域の草の根レベルのものへ，そしてフラッグシップアートに変化していったという。
3) 1980年代末にLacyらによって提唱された概念。1980年代以降登場した，人種問題や高齢化，文化アイデンティティといった問題を扱う視覚芸術家らが芸術表現の1つとして市民参加を用いたことに注目したもので，市民参加を伴って制作された作品，もしくは活動自体のことを指す (Lacy eds, 1995)。
4) 各自治体のウェブサイトで作品の情報が公開されており，彫刻の設置状況が明確に確認できる48自治体2,195作品に関して分析した結果，1,025名の作家が確認できた。そのうち，全国で10作品以上かつ2つ以上の自治体で作品を設置している作家24名の作品の設置状況を調べた。24名中8名が10以上の自治体で採用されており，中でも，山本正道は16，佐藤忠良は15の自治体で作品が設置されていた。自治体別では札幌市，長野市，広島市などで多かった。
5) 1990年代半ばには，新宿アイランド，ファーレ立川といった都市再開発事業の中でパブリックアートを活用する事例が登場した。2000年代に入ると，越後妻有トリエンナーレ等の国際芸術祭の成功を受け，都市だけでなく農村集落などでもアートプロジェクト型の作品展示が地域振興の目的で活発に行われるようになった。
6) 「公共空間の魅力を高めることを意図して設置されるもの」という明確な定義の中で，景観行政と公共空間の質の向上を図った函館市，美術館主導のもとでさまざまな彫刻事業による彫刻の活用を模索する愛知県碧南市，都市再開発事業として実施された集中的な作品設置からその範囲の拡大を試みる立川市，作家に設置場所選定を委ねることでその自然景観の特徴を生かした作品の設置が実現した広島県旧瀬戸田町など，自治体によるパブリックアートへの取り組みもいくつかの類型に分けられる。
7) 2005年度の国勢調査により，文筆家・芸術家・芸能家人口の市区町村別特化係数を

みると，人口の少ない沖縄県の一部の村を除き，東京都渋谷区，目黒区，世田谷区，杉並区など，東京都区部が上位を占めていた。郊外では，神奈川県の鎌倉市と葉山町が上位 20 位に入っていた。より外縁部に拡げると，茨城県美浦村や栃木県旧藤原町，神奈川県二宮町や旧藤野町などが，特化係数 1.5 以上となっていた。

8) 2013 年時点で 8 件の環境彫刻が撤去されていた。このうち，国際的に活躍するドイツ出身の環境彫刻家ニルス・ウドの作品 Bamboo Nest は，設置当初は彫刻群の目玉ともいえる代表的な作品であったが，設置主体である県から町に作品が委譲された後，設置区域外まで竹が根を張り，維持管理が難しくなったという理由で，撤去されたという。

9) 『藤野ふるさと芸術村センター施設基本構想調査委託事業報告書』(藤野町,1996) による。

10) 「広報ふじの」1990 年 7 月号による。

11) 『藤野・アートスフィア'95　ふるさと芸術村キャンペーン報告書—シンポジウム芸術村構想の経緯と今後の課題』(ふるさと芸術村メッセージ事業実行委員会,1996) による。

12) シーゲル堂でのヒアリング (2013 年 11 月 22 日) による。

第 12 章

映画ロケ地の選定とフィルムコミッション

1 映画産業におけるロケ地の意義

　文化産業は一般的に特定の大都市に集積する傾向が強く，日本の映画産業の製作部門も東京付近への著しい集積がみられる[1]。製作工程[2]の中核を占める撮影工程は，製作拠点である撮影所に設けられた固定式のオープンセットなどを利用して行われることがかつては多かった。しかし 1960 年代以降に撮影所の統廃合が進んだ結果，現在は製作拠点の外部でロケーション撮影（以下，ロケ）の形で行われることが一般的になり，各地の景観が映画製作に利用されている。

　海外では，ロケ地として頻繁に利用されたことを契機に，映画関連の産業が発達して新たな集積となった地域が存在する[3]。そのためロケ地に求められる条件や，ロケが地域にもたらす効果などについての議論もなされてきた[4]。一方日本では 2000 年代以降，各地で自治体がフィルム・コミッション（以下，FC）という組織を設立し，ロケを支援する事業を始めたことから，ロケの実施がロケ地にもたらす効果が注目されるようになった。製作者によってロケ地として選定されなければ，FC のロケ支援業務や作品を利用した地域振興を行うことはできない。また，地域内の景観や製作拠点との距離などの地理的要素によって，製作者がロケ地や FC に求めるものは異なると考えられる。

　本章では，製作者がロケ地を選定する基準や FC に求めるサービスについて把握したうえで，FC の取り組みが製作工程にどのような影響を及ぼしているのかについて分析を行いたい。また FC が地域の地理的な条件を踏まえつつ，どのようにロケを誘致し，実現したロケを地域振興に活用しているのかについて，考察を行う。

2 日本映画におけるロケ地の選定 [5]

映画のロケ地は，助監督や制作部が集めた情報をもとに，カメラマンや美術などが撮影できる映像を吟味しつつ，プロデューサーや監督を含めたメインのスタッフによって決定される。とりわけ，ロケ地を選定する際の条件として，「画」「予算」「許可」という3つの大きな要素が挙げられる [6]。

(1) 画

ロケ地の景観はシーンの背景に利用され，作品の表現と強く結びついている。特に作品の冒頭・クライマックスのシーンやポスターに利用される画は「メインビジュアル」と呼ばれ，作品を完成させるためには不可欠となるため，慎重に選定する必要がある。予算や許可の条件を満たしやすい地域で他のシーンが撮られる中で，メインビジュアルのみは離れた地域に存在する，作品の主題と適合する景観が使用されることもある。

またロケ地は演技を行う場所であるため，カメラに映る範囲の景観だけでなく，場所全体の空気感が重視されることが多く，ロケ地の雰囲気に合わせて人物描写の表現などもアレンジする場合もある。屋外にオープンセットを組んで作品のための景観を作り出す場合であっても，周りの既存の建物や地形を背景として使用すれば，違和感のない画面を演出することができる。

特定の地域を舞台にしたシーンや，他のシーンと同じ場所設定のシーンであっても，その場所では撮影できない場合もある。その際には画角を工夫することにより，代わりとなるロケ地を「別の場所のようにみせて」対応する。地域固有の特徴に乏しい「どこにでもありそうな景観」は，他地域の代わりとして利用しやすいという。

(2) 予算

ロケの場所・期間や撮影隊の規模だけでなく，ロケ地選定に費やすことができる時間も，製作予算によって規定される。プリプロダクションに長い時間をかけると，その分スタッフの拘束期間も長くなり，人件費が高くなるためである。予算規模の大きい作品では全国的にロケ地を調査することもできるが，調査に時間がかけられない場合にはスタッフの過去の経験を活用し，昔の作品で使った場所

を候補とすることもある。また早い段階でロケを行う地域を大まかに決定してその範囲内で適地を探せば，選択肢こそ狭まるが予算の目安は付きやすくなる。

予算が限られている場合ロケの期間は短くなり，また東京からの日帰り圏でのロケが中心となる。京都で時代劇のロケを行う際には撮影所のスタッフを使うこともあるが，基本的にスタッフは東京からロケ地に向かうことになる。日帰りでロケができるのは，都心から高速道路を利用して 1.5 〜 2 時間程度の，静岡県・山梨県の東部や北関東各県の中央部までとなる。2 日間続けてロケを行う場合でも，宿泊費を節約するために日帰りを 2 回繰り返す場合が多い。

また日帰り・宿泊にかかわらず，複数のシーンのロケを 1 回の遠征で行うと費用が節約でき，スケジュールも組みやすくなる。なお海外ロケの際には，交通費や滞在費だけでなく，現地の制度も予算の条件に大きな影響を与える。海外ロケでは現地の制作会社やコーディネーターを雇って細かな作業・交渉を担当させることが多いが，人件費にかかる税を控除するなどのインセンティブを提供する地域も存在し，その制度を利用することで製作費を抑えることができる。日本でも撮影隊の宿泊費・交通費などを補助する地域は存在するが，金額が少ないため，製作者がロケ地を選定する動機にはなりにくいという。

(3) 許可

公共・民間施設やその敷地内で撮影を行う場合には，撮影条件などに関して管理者との交渉を行う。一方公道で交通規制を伴う撮影を行う場合には，自治体に加えて警察署から道路使用許可を得る必要がある。その際，自治体の許可を得たのに警察署に認められないことや，地域によって規則の運用が異なるなど，撮影ルールが不明瞭になっていることが多い[7]。そのため撮影実績が少ない地域などでは警察署に直接申請しても確実な許可を得ることは困難であり，事前に地元の住民や行政に対する根回しを行うことで，撮影に対する地域の理解を深めることも多い。特に大規模なアクションを伴うシーンなどは許可が得にくいため，同様の撮影を支援した実績がある FC などに問い合わせを行い，数カ月間かけて警察などとの交渉がなされる。

かつては無許可でのゲリラ的な撮影も多く行われており，現在でも低予算の作品などの撮影では住民や行政などからの苦情が発生することがある。しかし SNS などで撮影隊の悪評が広まりやすい時代となり，撮影時のトラブルに対す

る風当たりも強くなっているので,撮影許可を得た後も周辺住民への周知を行い,ロケへの理解を得ることが重要になっている。

3 日本におけるフィルム・コミッション

3.1 フィルムコミッションの組織とロケ誘致 [8]

2015年10月現在,1つの都道府県を管轄する34団体と,1つもしくは複数の市区町村を管轄する79団体の,合計113の団体がJFCに加盟している [9]（図12-1）。民間NPOが運営する4カ所を除いて自治体や観光協会により運営されており,中には自治体の部署や観光協会の名義でJFCに加盟している団体も存在する。

JFCはFCの3条件として「非営利公的機関であること」,「撮影相談に対しワンストップのサービスを行う」,「作品内容を選ばない」を定めている。JFCの正会員となるためには,それらを満たした上で,全国を10区分する地域ブロックに対して現況の確認・報告を行うことや,年会費10万円を支払うことが求められる。

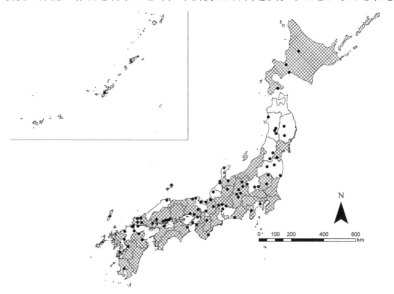

図12-1　JFCに加盟する地域FC（2015年10月現在）
注：市区町村・広域単位のFCは所在地を黒丸で示し,都道府県単位のFCは県域の交差斜線で示している。
出典：JFCウェブサイトをもとに虫明作成。

JFC は撮影隊にサービスを無償で提供する組織を FC と定義し，手続きの代行などを有償で行う組織については，「ロケーションサービス」「ロケーションコーディネーター」として，FC とは区別している。また FC はタイアップや製作資金提供など，金銭関連のサービスは提供しないとしている（特定非営利活動法人ジャパン・フィルムコミッション編, 2012, p.29）。

この他，国内には JFC に加盟していない FC や，FC とは名乗っていないものの，特定の部署をロケ受付窓口として案内している自治体（「非加盟非 FC」）も存在する。それらの中には地域イメージを向上させると認めた作品のみ支援する，一部のサービスを有償で提供するなど，JFC が定める 3 原則から外れるものも含まれる。他の FC のウェブサイトからのリンクやインターネット検索などを利用してそれらの把握を試みたところ，JFC に加盟していない 241 の FC が確認できた（図 12-2）。

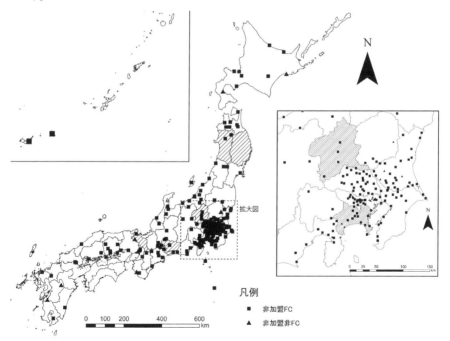

図 12-2　JFC に加盟していないロケ支援組織の設置状況（2015 年 10 月現在，虫明作成）
注：市区町村・広域単位の組織は黒の四角・三角で，都道府県単位の組織県域の斜線で示している。

3.2 フィルム・コミッションの運営実態
(1) 湘南藤沢フィルム・コミッション

　湘南藤沢FCは公益社団法人藤沢市観光協会が運営し，観光協会の3人のスタッフが専任で業務を担当している。異動が少ない観光協会のスタッフがFCを担当することにより，経験の蓄積により専門性を高められ，また制作スタッフとの親密度も高められる。人件費を除いた予算は通常100万円程度であるが，2014年度はロケ地マップの作成により印刷費139万円を含む255万円と，例年よりも多くなっている。

　神奈川県では2014年に県単位のFCとして「神奈川ロケーションサポートデスク」を設立し，県内12のFCやFCを持たない自治体との間で依頼の取り次ぎやロケ地情報の共有を行っている。しかし新しい組織であるため，いばらきFCなどと比べると県単位での結束は強くないという。また湘南藤沢FC独自でも綾瀬市や大和市など近隣のFCとの情報交換などは行っているが，鎌倉市・茅ヶ崎市などFCを設置していない近隣自治体との連携は少ない。

　FCの設立に合わせて「藤沢市ロケ支援協議会」「湘南藤沢FC委員会」という組織も設置されている。前者はFCの立ち上げに際して市役所内部での理解・協力を深め，各種取り次ぎを円滑化するために結成された組織で，撮影許可に関係する市の各部署が参加した。後者は民間施設も含むさまざまな場所でのロケを実現するための組織で，警察や神奈川県，鉄道会社や商店街，江の島水族館など，ロケに関係する組織や企業が参加している。現在は年に1回総会を開催する他に，大規模なロケが行われる際にプロデューサーなども交えた臨時会合を実施し，情報の共有や観光施策の調整などを行っている。

　ロケが地域にもたらす効果について，湘南藤沢FCは観光誘客を重要視し，付随して撮影隊の直接消費を見込んでいる。特に藤沢市を物語の舞台やメインのロケ地とする「舞台作品」では，地域の風景が「藤沢と分かる形で」発信され，撮影隊の消費も大きい[10]。

　2011年に策定された藤沢市観光振興計画においても，地域の情報発信を促進する取り組みの中にFCが位置付けられ，知名度向上や観光名所の創出などへの取り組みが記述されている（藤沢市, 2015）。その中で，地域振興や観光振興に結び付くと判断された作品については，そうでない作品よりも公園や公共施設の

使用料を安く設定する優遇措置を行っている[11]。

ただしFCとしては、作品の内容・種類・集客力にかかわらず、ロケをできる限り受け入れる方針を取っている[12]。制作スタッフからの要望に丁寧に応えて好印象を与えることで、次の作品でもロケ地として推薦されやすくなり、「舞台作品」の誘致にも結びつくという。また制作スタッフがFCを信頼していれば、映画の公開時に宣伝部と協力して観光施策を行う際にも、交渉が円滑に進みやすくなる。実際にFC利用のリピート率は高く、10人以上の制作スタッフがFCの担当者と定期的に連絡を取り合っているという。

湘南藤沢FCでは撮影隊の消費による直接経済効果と、テレビで「藤沢と分かる映像」が露出した時間を集計して放送時間帯のテレビCM広告料と積算した間接経済効果の2つの数値を算出している（図12-3）。東日本大震災の影響で海を映すロケが減少し直接経済効果の額も減少したが、後述の「舞台作品」の影響で2012年には額が大きくなった。

間接経済効果は、通常1分に満たない単位で販売されるCMの料金に番組の時間を掛け合わせているため、実際に市内で支払われた金額を示した直接経済

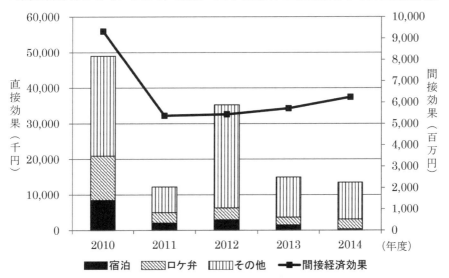

図12-3　ロケによる藤沢市への経済効果
注：「その他」は設備使用料・備品購入・市内業者による警備費・飲食など。
出典：湘南藤沢FCの資料をもとに虫明作成。

果と比べ，金額がはるかに大きくなっている。他の年と比べ 2010 年が大きくなっているのは，「舞台作品」のドラマが 2 作品放送されたためである。そのためロケ作品が市にもたらす効果の規模や，全てのメディアを含めた地域イメージの発信量などを，必ずしも正確に反映している訳ではない。

図 12-4 は湘南藤沢 FC のロケ支援数を示したもので，近年は年間概ね 150 本，そのうち半数程度がテレビの情報・バラエティ番組となっている。江の島などの観光地を有することから，テレビ番組のロケの需要がコンスタントに存在するという。

FC への問い合わせはロケ数の 3.5〜4 倍程度，ロケが行われる日数は年間延べ 220 日程度である。撮影申請の期限はロケの 1 週間前となっているが，テレビ番組の場合は制作スタッフ側でロケ地を指定した上で，期限直前に FC に問い合わせてくることが多い。一方映画やドラマでは，ロケの 1 カ月程度前に問い合わせが来ることが多い。また問い合わせの時点でロケ地が全て確定していることは少なく，FC から具体的な場所を提案することもある。劇作品・テレビ番組ともに日帰りもしくは 1 泊でのロケが多いが，「舞台作品」に関してはプロデューサーと FC が数カ月の打ち合わせを行ったうえで，1 カ月以上市内でロケを行うこともあるという。

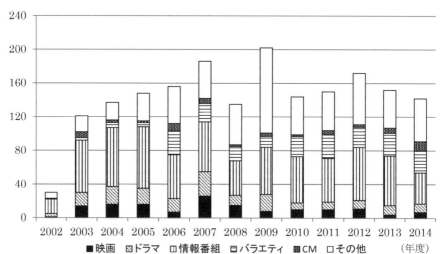

図 12-4　湘南藤沢 FC の各年度のロケ支援数
注：2002 年度は FC が設立された 10 月以降の数値。
出典：湘南藤沢 FC の資料とウェブサイトをもとに虫明作成。

撮影隊の人数は映画・ドラマ・CMともに平均30人程度であるが，大作の映画の場合は100人以上になることもある。情報・バラエティ番組はゴールデンタイム放送の場合は30人を超えるが，それ以外は20人以下が多い。

ところで，FCのウェブサイトに記載された支援実績をもとに，FC発足から2013年度までに藤沢で撮影された映画138作品のロケ地を集計し，図12-5と表12-1では使用回数の多い場所とロケ地の特性ごとの使用回数の合計を示した。江の島は全体の約1/4の作品で使用されるなど主要なロケ地となっており，他にも各地の海岸や新江ノ島水族館など，湘南海岸の観光地でのロケが多くなっている。

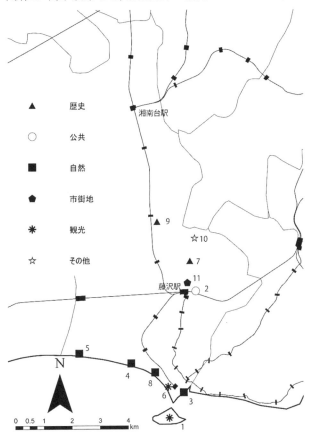

図12-5　藤沢市内の主な映画ロケ地
出典：湘南藤沢FCウェブサイトをもとに虫明作成。

表 12-1　藤沢市内の主な映画ロケ地の詳細

No.	ロケ地名	使用回数	No.	ロケ地名	使用回数
1	江の島	34	7	遊行寺	7
2	市役所	20	8	湘南海岸公園	7
3	片瀬海岸	20	9	県立体育センター第二合宿所	6
4	鵠沼海岸	11	10	湘南聖苑	5
5	辻堂海岸	9	11	藤沢地区の街路	5
6	新江ノ島水族館	8			

注：「No.」は図12-5の番号に対応している。
出典：湘南藤沢FCウェブサイトをもとに虫明作成。

　一方で藤沢市役所や藤沢聖苑[13]などの公共施設や，藤沢駅・湘南台駅周辺などの市街地でのロケも多い。東京都内では公園などでの撮影許可が得にくく，また湘南海岸でのロケと同じ日に別のシーンも撮影できれば効率が良いことから，市街地でのロケを求められることが多いという。

　なお，表12-1にある県立体育センター第二合宿所は，戦前にゴルフ場のクラブハウスとして建設されたレトロな建物であるため，「歴史」のカテゴリに分類している（藤沢市文書館, 2007）。市内の民間施設をロケに使用する場合の条件などについても，FCは情報を収集している。またFCを通して申し込めば「市の要望」となり許可を得やすくなるため，民間施設でのロケを希望する場合でも，まずはFCに問い合わせることが多いという。

　FCでは「舞台作品」を中心に，映画の宣伝部と協力して作品を利用した観光施策を行っている。『陽だまりの彼女』では公開前に市内の映画館で監督などを招いた試写会を行った他，公開後にはロケ地マップの配布や江の島限定グッズの販売，ロケ地への記念モニュメントの設置を行った。また『ホットロード』(2014) では，クイズラリー（1,390人が参加）や観光センターでの限定グッズ配布（2,541人がグッズを求めて来訪）が実施されている。藤沢市はこの2作品に関連した取り組みにより，2013・2014年に2年連続で「ロケーションジャパン大賞」[14]の準グランプリを獲得している。

　またFCが毎年開催している「湘南藤沢フィルム・コミッションフォーラム」では，市内ロケ作品の上映会や映画関係者を招いたパネルディスカッション，市内のロケ地巡りツアーなどが行われており，FCの活動内容やロケの実績を市民に周知する場となっている。

（2）北九州フィルム・コミッション

　北九州 FC は，北九州市市民文化スポーツ局文化部文化企画課が運営し，常勤職員5人・嘱託職員1人・アルバイト1人が担当となっている。職員の異動は定期的に存在し，新任時には OJT で業務を学ぶが，FC のノウハウや制作スタッフとの人脈などを前任者から引き継ぐのは難しい。そのためロケの支援や誘致の方法については，個々の職員の裁量に任せられる部分が多くなっている。

　なお，北九州 FC は市内のロケのうち映画・ドラマ・CM・ミュージックビデオのみに対応し，テレビの情報番組や旅番組については広報室報道課が担当している。両者の担当を分けることで，映画やドラマのロケハンやロケに対し，長い時間をかけて丁寧な支援を行うことが可能になっているという。

　2015年度には「映像製作誘致強化事業」として819万円が計上され，ロケ支援やロケ作品を用いた PR などに利用されている。また地域に寄与すると判断された作品に対し，ロケ費用を1件につき300万円まで補助する「映画・テレビドラマロケ地誘致支援助成金事業」も行われている。さらに2015年度からは，ロケに対する市民の理解や市外からの関心を深める「映画・テレビドラマ撮影環境整備事業」も実施されている他，2015年3月の補正予算では，国の「地方創生先行型」交付金も利用して，海外からのロケ誘致費用として800万円が計上されている。

　北九州 FC は全国組織の JFC や国際組織の AFCNet [15] に加盟する他，九州や山口県の FC とともに「FC Net 九州・山口」という組織に加わっている。FC どうしが連携することで，市内にはない景観を依頼された時も提案を行いやすくなり，また FC の運営に関する課題の共有も可能になるという。さらに遠方の地域も含めて，視察や講演会などでノウハウの共有や FC の立ち上げ支援を積極的に行っている。

　北九州 FC が設立されたのは2000年であるが，市によるロケ支援の歴史は1980年代末まで遡る。当時北九州市では，街の実像とイメージとのギャップが問題視され，1989年に広報室内にイメージアップ班が設置され，全国ネットのメディアでの露出により市の本来の姿を発信することが目指された。2000年までに535本のロケを受け入れてきたが，大半が情報番組・旅番組で，映画やドラマは年に1～2本程度であった（北九州 FC ウェブサイト）。

その後，国内で FC の設立機運が高まってきたことを受けて，市が行ってきた撮影支援も FC の同様のサービスであることから，前述のように映画・ドラマのみを担当する FC を 2000 年に設立した。そしてロケの間だけ支援を行うのではなく，撮影隊の打ち合わせなどに同席して各部と交流することにより，FC の職員は映像製作のノウハウや業界のルールを吸収していった（朝日新聞 2012 年 1 月 11 日）。なお 2015 年 4 月からは，FC の管轄が広報室から市民文化スポーツ局文化部へと変更になっている。

ところで，北九州 FC が撮影を支援した作品の中で，北九州が舞台となっているものやそれが明示されているものは少ない。そのため市内でロケが行われた作品を他地域の人が視聴したとしても，北九州市のイメージを発信することには結び付きにくい。その中で FC はまず，ロケの実施により「映画のまち」という地域アイデンティティを市民に広めることを重視している。数十人の撮影隊や有名人が集まって大規模な作業を行うロケは地方都市の住民にとって「非日常」であり，それが身近な場所で継続的に行われれば印象も残りやすい[16]。そして市民からの口コミを通して「映画のまち」というアイデンティティが他地域に伝われば，「鉄冷え」「公害」といった北九州市の悪いイメージを払拭できる可能性があるという。

北九州 FC の特徴としては，施設管理者や住民との交渉によって，早朝深夜の撮影・道路の封鎖・火薬の使用などの特殊なロケを実現する能力に長けていることが挙げられる。そのようなロケは許可を得るのが難しいだけでなく，周辺住民などからの苦情が発生すると続行が不可能になる。それを防ぐために，FC は制作スタッフと入念に打ち合わせをした上で周辺住民への周知や警察との交渉を行い，そこで決まった撮影条件を撮影隊に遵守させている。トラブルのないロケを繰り返し実現することで FC の活動に対する市民の理解が深まり，また警察も FC を信頼するようになる。そうすれば FC は依頼された撮影を引き受けるだけでなく，過去に経験したものよりもさらに困難な撮影方法についても，自信を持って提案することができるという。

図 12-6 はイメージアップ班時代からの映画・ドラマの支援実績を示したものである。イメージアップ班時代には来ない年もあったロケが，FC の設立以降はコンスタントに存在している。同じドラマの複数の話数が撮影された場合は 1 話

第 12 章　映画ロケ地の選定とフィルムコミッション　　195

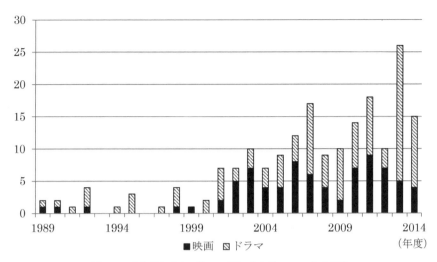

図 12-6　北九州市イメージアップ班・北九州 FC のロケ支援数
注：ドラマについては，同じシリーズでも話数ごとにカウントしている。
出典：北九州 FC の資料をもとに虫明作成。

ごとに加算されているため，連続ドラマが撮影された 2007・2011・2013 年はドラマの数が多くなっているが，それ以外の年は映画との合計でも 15 本以下となっている。

　最初の問い合わせからロケの実施までは数カ月かかることもある。FC の職員はシーンの内容を説明され，それを撮影できる場所を提案するが，制作スタッフとともにロケハンを行う中でロケ地やシーンの内容に変更が加わる場合も多い。制作スタッフは北九州 FC のロケ実現力を期待して依頼をすることが多いため，問い合わせを受けたもののロケが実現しない事例は少ないという。

　北九州市で撮影される映画・ドラマのロケは，アクションものなど予算規模の大きい作品が多く，ロケでは 40 ～ 80 人程度の撮影隊が長期間滞在している。そのため 2013 年には撮影隊の宿泊数が延べ 14,032 泊（1 作あたり延べ約 540 泊），消費額が 3.1 億円（1 作あたり約 1,190 万円）と，1 つのロケが地元にもたらす経済効果は大きいといえる。

　映像製作業などは市内に立地せず，ロケは基本的に東京から来たスタッフのみで行われるが，地元の専門学校生や大学の映画サークルなどがボランティアスタッフとして協力する場合もある。その中でボランティアの学生が制作スタッフ

196　第Ⅲ部　文化芸術産業の集積と地理的環境

図 12-7　北九州市内の主なロケ地
出典：北九州 FC の資料をもとに虫明作成。

との人脈を作り，その後上京して映像製作関連の職に就いた例も存在する。また自動車整備会社が撮影用パトカーのレンタルを始める，ケータリング業者が撮影隊への仕出し用にキッチンカーを導入する，警備会社が撮影警備のノウハウを高めて市外のロケの際にも依頼を受けるようになるなど，市内の業者が本業の傍らで撮影隊向けのビジネスを行っている例も存在する。

　図 12-7 では，北九州市内の主なロケ地を示している。小倉から自動車で 30 分以内の範囲に多様なロケーションが存在するため，複数のシーンを撮影する際にも 1 回の遠征で効率の良い作業ができる（朝日新聞 2009 年 9 月 15 日）。中心部には現代的なビル街や大規模公共施設が存在する一方で，郊外では田園風景や平尾台のカルスト台地など，人工物の少ないロケ地も存在する。門司港レトロ地区には大正時代の赤レンガの建物，旦過市場などには昭和の街並みも残り，さまざまな時代設定のロケにも対応している。

　前述のように特殊な撮影は，公共施設や中心部の道路など，都市的な景観を利用して行われることが多い。また撮影許可を得るだけでなく，エキストラの動員や周辺建物への協力依頼，大道具の設置などによって，作品内容に合わせた演出

第 12 章　映画ロケ地の選定とフィルムコミッション　　197

がなされている。

このように，北九州市でロケが行われる作品は，過去の日本や現代の東京を舞台とするものが中心で，「東京の代替」として市内の景観が利用されることが多い。またアクションシーンのみを北九州で撮影し，その他のシーンは東京近郊でロケを行う作品も存在する。

表 12-2　北九州市内の主なロケ地

No.	ロケ地名	No.	ロケ地名
1	北九州空港	8	小倉井筒屋前
2	平尾台	9	戸畑区役所前交差点
3	門司港レトロ地区	10	北九州市立美術館
4	富野台	11	九州共立大学
5	小文字通り	12	堀川界隈
6	旦過市場	13	萩原電停
7	小倉駅前		

注：「No.」は図 12-7 の番号に対応している。
出典：北九州 FC の資料をもとに虫明作成。

北九州 FC では，ロケ作品を利用したイベントも多く行われている。作品を観て北九州市を訪れた観光客に対しては，ロケ地マップの配布の他，ロケ地ツアーやロケ地修学旅行のプログラムを用意している。また，市内での公開宣伝イベントなども行われており，「映画のまち」という地域ブランドの形成（対外的）と，シビックプライドの醸成（対市民）の双方がめざされている（朝日新聞 2013 年 9 月 22 日，読売新聞 2014 年 6 月 5 日，ロケツーリズム連絡会, 2014, p.7）。

FC はイベントをまちづくりの一環として行っている一方で，製作委員会は作品の宣伝の手段としてそれに協力している。そのためイベントを企画する際には，製作委員会に参加するテレビ局のプロデューサーなどと利害調整を行っていく必要があるという。

北九州市でロケが行われる作品は，基本的に予算規模が大きく，東京からの遠征費用が捻出可能で，かつ「北九州以外では撮影許可が得られないシーン」を含むものに限られ，絶対数が少ない[17]。現在でこそコンスタントにロケが行われているが，近年は他地域の FC のロケ対応能力も向上しているため，今後はロケ地としての需要が減少する可能性もある。そのような危機感から，北九州 FC は新たなロケ需要を求めて，海外の映像製作関係者への宣伝を 2014 年 12 月から本格的に開始した。

海外作品については国内とは異なり，ロケの実施による観光振興を主な目標としている。北九州 FC はまず，近年の日本ブームやビザの緩和，福岡空港への直行便など好条件の多いタイに狙いを定め，ロケ地としての宣伝を行った。それに

より，タイのドラマ 2 作品のロケ誘致を実現し，タイの日本大使公邸では大使や北九州市長が参加する上映会も開催されている[18]（朝日新聞 2015 年 9 月 18 日）。また 2015 年 11 月には，アジアのテレビドラマプロデューサーなどが集まる「アジアドラマカンファレンス」が市内で開催され，ロケ地の紹介などを行っている（毎日新聞 2015 年 11 月 6 日）。

4　ロケ地選定とフィルムコミッション

　本章では，製作者がロケ地を選定する際の条件や FC に求めるサービスを明らかにするとともに，各地に設置された FC が，地域内のロケ地やロケ作品の特徴に応じて，多様な施策を行っていることについて述べてきた。
　FC がロケ地の情報を収集し，さまざまなロケ地を提案することが可能になれば，その地域は「画」の条件を満たしやすくなる（図 12-8）。予算については，撮影隊の規模・ロケ地と東京との距離などによって決まる部分が多いため，FC の施策によって条件を有利にするのは難しい。しかしながら，ボランティアのエキストラによる費用節約に加え，FC のサービスによって製作スケジュールを短縮でき，それが結果的に予算の節約に結び付く可能性は考えられる。許可の面では，FC の熟練度による影響が最も大きい。さまざまなロケを支援し，また撮影隊を適切に管理してトラブルを防止できた FC は，自治体の他部署や警察，民間施設の管理者から信頼され，ロケへの不信感を払拭することができる。

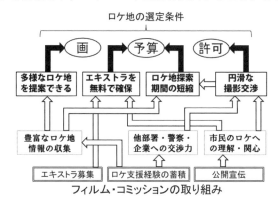

図 12-8　ロケ地選定に関わるフィルム・コミッションの取り組み（虫明作成）

このように，ロケを継続的に支援する中で，地域の「ロケ地」としての利用方法を学び，また各部署に対する交渉力を高めることができれば，作品の創造性や製作の経済性に寄与し，地域がロケ地として選定される可能性も上昇する。多くのロケを経験する中でFCのロケ支援能力が高まれば，職員と製作者との間で人脈が形成され，また「利便性の高いFC」という評判がスタッフの間で広まることにより，「ロケ実績が新たなロケを呼ぶ」好循環が実現するのである。

ところで，映画の配給段階においても製作委員会と協力し，公開宣伝を行うFCが増えている。作品や出演者の知名度を利用したイベントを行えば，住民にロケ支援の意義を認知させ，撮影に対する地域の理解も深められる。この他，アマチュアの映画製作者を支援するFCの存在も注目される。自主製作映画の場合はスタッフも少ないので，FCによるロケ地情報の提供や撮影交渉の仲介が果たす役割が大きいと考えられる。またアマチュアの製作者は，地元でロケを行うことや，地域性を題材とした作品を製作することも多い。これまでFCは映像製作者と地域との間を仲介する組織として設立・運営されてきたが，今後は映画産業さらには映画文化全体と地域を結び付ける役割も重要になってくるのではないだろうか。

（虫明英太郎）

注
1) 1950年代，日本映画は娯楽の中心となり，大手映画会社は自社作品のみを放映する映画館を確保し，映画の製作・配給・興行を垂直的に統合していた。製作部門では，松竹・大映・東映が東京と京都に，東宝・日活が東京にそれぞれ撮影所を持ち，撮影所所属のスタッフと会社専属の俳優が，主に撮影所のセットを利用して映画を量産した。1960年代以降，テレビの普及によって映画産業が衰退期に入ると，製作部門の合理化や分離，撮影所の閉鎖や縮小が進められ，映画製作における京都の地位は低下し，東京一極集中が進行した。その原因として，庄林二三雄（1983）はテレビの仕事に合わせて東京に居住する俳優が増加したことを，松村　茂（2005, p.62）は出資者・制作スタッフ・流通機能が東京に集中していることを指摘している。なお半澤誠司（2014）によると，映画ビデオ制作業は東京圏に半数以上の企業，65%以上の従業者が集まっていた。
2) 映画の一般的な製作工程は，ディベロップメント（企画，脚本），プリプロダクション（メインスタッフ編成，ロケ・セット割り，ロケーション・ハンティング，キャスティング，技術パート準備），プロダクション（撮影），ポストプロダクション（映像編集・CG，音声ミックス・ダビング），納品となっている。

3) ロケ地として頻繁に使用される中で，撮影関連サービスに加えてポストプロダクションなどを含めた関連産業が発達し，「サテライト生産拠点」へと成長した地域も存在する。Barnes and Coe（2011）やCoe（2000）は，「北のハリウッド」とも称されるカナダのバンクーバーにおいて，熟練した労働力のプールが存在し，現地の制作会社がアメリカのメディア大手との間に人脈を形成していることなどを指摘している。
4) Lukinbeal（2004）は，景観を没場所的な空間として利用する作品ではスタジオでの撮影，地理的なリアリズムを持った作品では物語が規定する場所でのロケが行われ，両者の中間として，低予算の作品における「一般的な空間」でのロケを位置づけている。代替性の低い「マーケットのニッチ」は創造的な理由でロケ地に選定されるのに対し，近隣に多様な「見た目」のロケ地が揃う地域，他の場所にみせかけて撮影できる「見た目」の景観などは，費用を節約できる点で利便性が高いことを指摘している。
5) 2004年〜13年の各年の興行成績上位10邦画作品のうち，アニメーション作品を除いた62本を対象として，ロケ地の分析を行った。なお62中2本は全て海外で撮影され，6本は国内ロケと海外ロケを併用していた。国内のロケ地を市区町村別に集計したところ，関東地方以外のみでロケが行われたのは6本のみで，とりわけ東京都心部でのロケが多かった。
6) 2015年8〜9月に行った製作会社調査のうち，以下での記述はオフィス北野での聞き取り調査結果による。
7) ハリウッド作品など海外の大型映画のロケを呼び込む際にも，この点が障壁になっているという。アメリカの場合は道路使用に関する規則や，警察官による道路封鎖への協力の料金が明確に示され，その通りに運用されている。
8) 安保有希子（2015）は各FCの資料をもとに，過去5年間に各FCが撮影を支援した映画の作品数を集計し，支援本数が20位までの団体を紹介している。いばらきFCが264本と最も多く，以下沖縄フィルムオフィス（54本），滋賀ロケーションオフィス（37本），富士の国やまなしFC（34本）の順であった。北九州FCは23本で7位，湘南藤沢FCは17本で11位だった。
9) 日本では2000年に大阪で日本初となるFCが誕生し，同年にはJFCの前身となる全国組織も設立され，その後全国各地でFCの立ち上げが相次いだ。永橋爲介ほか（2011）は，FCの設立やロケの誘致により期待される効果について，地域への効果として経済効果（観光誘客や撮影隊による消費など），宣伝効果，社会効果（地域が協働する機会の提供や郷土愛の醸成など），映画産業への効果（作品の質の向上など）を挙げている。
10) たとえば藤沢市内で1カ月強のロケが行われた『陽だまりの彼女』では，撮影隊の消費額の合計が160万円となっている。
11) 地域振興や観光振興に寄与する作品は1日2万円均一だが，そうでない作品は4時間を超えると1時間あたり5,000円が加算される（藤沢市条例，日本経済新聞2010年7月17日）。

12）大学の映画サークルや専門学校の卒業製作など，学生による映画の撮影を支援している。学生時代に FC の支援を受けた人材が映像製作業界に入ることも多いという。
13）実際は火葬場であるが，建物前の広場や待合ロビーなどは，ホールやオフィスのエントランスの代替として使用することもできる。
14）ロケ地観光を取り上げた雑誌「ロケーションジャパン」が，地域によるロケ支援体制や，公開後の観光振興，またそれによる経済効果などを基準に毎年選定している。
15）アジア 18 か国の 59 の FC が加盟する組織。
16）北九州市が 2012 年に 10 〜 30 代の男女 909 人に実施したアンケートの「北九州市の自慢できるもの」（14 の選択肢・自由回答欄・「特になし」から 3 つ選ぶ方式）という質問では，全体の 30% が「映画・ドラマの撮影」を選択しており，これは「自然災害の少なさ」に次いで多い（北九州市総務企画局企画課 , 2012）。
17）近年の大作は主役級の俳優が複数出演することが多く，スケジュール調整の都合上遠隔地での撮影が難しくなっているという。
18）タイのドラマ『Devil Lover』では FC の提案により，主人公が若松区出身となり，若戸大橋がみえる場所がメインのロケ地となった。FC は制作スタッフに対して観光地でのロケを強く薦めることはないが，ロケを観光誘客に結び付けたいという意向は伝えているため，結果的に観光地をロケ地としてくれることが多くなるという。

第Ⅳ部　文化の多様性と地方創生

第13章

地方経済の変化と都市祝祭の存立基盤

1 地方都市の変化と都市祝祭

　1990年代以降，地方都市中心部の衰退が著しい。都市の衰退は，人口や商業の流出などだけではなく，地縁・血縁といった旧来の共同体の崩壊，人同士の触れ合いの希薄化とあいまっている。そうした都市中心部の崩壊に危機感を持った公的団体は，コンパクトシティなど再び都市中心部を活性化し，人が交流できる街づくりを模索し始めている。他方で，都市中心部では祭りやイベントが数多く行われており，近隣の居住者だけでなく周辺部からも沢山の人が訪れ，都市に活気を与えてきた。都市中心部が衰退している今，祭りを始めとしたイベントは，都市に活気を呼び込む1つの重要な装置として捉えられる。

　とはいえ，急激な観光化やそれに伴う商業主義的な発想は，しばしば住民と祭りとの乖離を招くこととなり，「誰のための祭りか」という議論を引き起こしていることも事実である。さらに近年では都市内部においても，中心部の空洞化に伴う商店街の崩壊や雇用事情の変化により，旧来の地縁や社縁といった，これまで祭りを支えてきた基盤が崩壊しつつあり，祭りの参加単位が個人へと変化してきている。このような状況の中で，かつてからの都市で行われていた祭りが担い手不足や資金不足によって消える一方，祭りだけで結びついた集団を中心的担い手とした全く新しい祭りが都市で相次いで誕生している[1]。

　こうした日本の祭りを取り巻く近年の変化を踏まえ，本章では，公的団体，企業，住民といった都市祝祭に関わる主体の役割および都市祝祭の存立基盤を明らかにし，都市祝祭と地域との関係ならびに都市祝祭の運営システムの特徴や課題を検討することを目的とする。対象事例として，青森のねぶた祭と秋田の竿燈まつりを取り上げる[2]。青森市と秋田市は，それぞれ人口30万人を越える県庁所在

地として類似した機能を持ち，祭りの都市的基盤が似通っている。2つの祭りは，東北地方で古くから行われていた年中行事としての眠り流しを共通の源流としながらも，ほとんど宗教性が介在せずに，全く別の形に進化していき，現在では公的団体が主催者となり，企業などの積極的参加が見込める祭りへと変貌した。さらに戦後から東北4大祭り[3]として全国的にも知名度があり，同じ域内で周遊観光ができる素材として100万人以上の観客を集める集客力の強い祭りでもある。

2　全国的な都市祝祭の動向

　第二次世界大戦の敗戦により，人々の価値観は大きく転換し，既存の権威は否定される傾向にあったが，伝統的な祭りは社会復興のシンボルとして多くの人々の支えとなった（森田三郎, 2000）。しかしながら，1950年代後半には地方の人口流出が顕著になり，村落共同体が崩壊し，それに伴い祭りの担い手が減少し，村落の祭り自体が消失した事例も珍しくない。一方，都市は変容し，他地域からの人口の流入も激増し，戦前から行われていた祭りも，儀礼など伝統的な部分を継承しつつも，特に担い手を旧来からの共同体に限定しない方向へ変容していった。

　また，公的団体が中心となり，都市復興・住民の意識高揚を目的とした祭りを都市で行うことが全国的にみられるようになった。そこでは，「神が介在しない祭り＝祝祭」の概念が生まれ，担い手として住民，公的団体，企業，商店街などさまざまな主体が関係し，役割を分担しあうことで，祭りが成立するようになった。加えて，担い手がより多くの観客にミラレルことを意識したり，都市間や担い手同士の対抗心によって祭りが華麗に変化したことで，多くの住民が居住する都市の祭りは，観客を呼び寄せる装置にもなっていった。

　図13-1は，阿波踊り，長崎くんち，京都の時代祭，盛岡のさんさ踊り，札幌の雪祭り，YOSAKOIソーラン祭りなど，日本の祭りを，主に祭りが始められた時期と祭りの実施形態から6つに分け，それぞれを宗教性と担い手の自由度をもとに位置づけたものである。この図での着目点は，祭りの開始時期が後年になるほど，宗教性が薄くなっていくこと，主な担い手は町内など地縁に頼ったものから，社縁などを経て，特にFのイベント的な祭りでは地縁などにとらわれない自由な

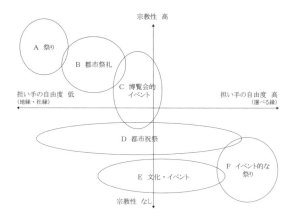

図 13-1　日本における祭りの分類と位置づけ（府中作成）

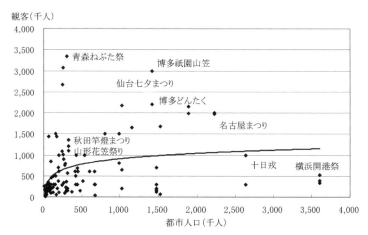

図 13-2　祭りにおける開催都市の人口と観客数
出典：各種資料より府中作成。

縁，つまり祭りだけで結ばれている縁が参加者の大多数を担っている点である。

　一方，1970年代以降，祭りは地域の観光資源として注目されはじめ，主催者や旅行業者が積極的なPRをすることにより，域外からどれほど観光客を集客できるかという指標が重視され，観光産業をはじめ多方面への祭りの経済的効果が期待されることになった。図13-2は，祭りの開催都市の人口と祭りの観客数との相関関係をみたものである。大まかに開催都市の人口と観客数は，比例する傾向がみられ，観客が100万人以上の祭りは30ほど存在する。その中で，3大都市圏，

政令指定都市で行われている祭りは21あり，人口が多い都市では祭りの観客を集めやすいことが分かる．これに対し，100万人以上の観客を集めている地方の祭りは9つあり，そのうちの7つを東北地方が占め，残りの2つは四国地方の祭りであった．青森ねぶた祭，秋田竿燈まつり，仙台七夕まつりの東北4大祭りを構成するこの3つの祭りは，いずれも観客数が開催都市の人口を大きく上回る日本を代表する祭りといえるのである．

3　青森ねぶた祭の運営システムと存立基盤

3.1　青森ねぶた祭の概要

青森ねぶた祭は，青森ねぶた実行委員会の主催により，毎年8月1日の前夜祭から始まり，8月2日〜7日の6日間，青森市内中心部で行われる[4]．巨大なねぶた人形と1つのねぶたに約1,000人から3,000人が参加するハネトとが一体となり乱舞する祭りである．8月2日〜6日の5日間は，夜間に市内中心部の約3kmの

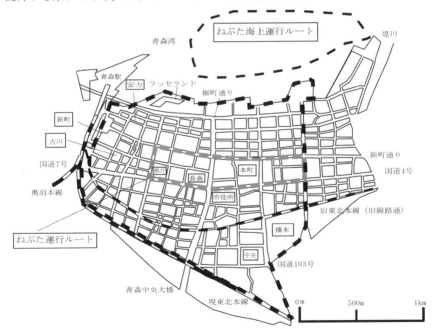

図13-3　青森市中心部と青森ねぶた祭の運行ルート　（府中作成）
注：黒色点線で囲まれた地域が「中心部」．

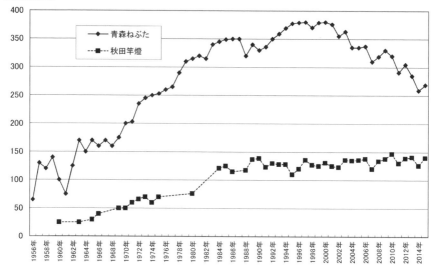

図 13-4　青森ねぶた祭りと秋田竿燈まつりの観光客の推移
出典：宮田・小松編 (2000) および『青森県観光統計』,『秋田県観光統計』各年版より府中作成。

運行コースを 2 時間かけて練り歩く合同運行が行われ, 7 日は昼間の合同運行と共に, 夜はねぶたをはしけに乗せた海上運行などが行われる（図 13-3）。6 日間の観客は約 300 万人と国内有数の観客数を誇る, 東北 4 大祭りの 1 つである（図 13-4）。

青森ねぶた祭は, 青森市観光課, 青森商工会議所, 青森観光コンベンション協会が主催 3 団体となり, 青森ねぶた祭実行委員会（以下実行委員会）が運営を行う。それぞれの役割は, 観光行政, 経済界への働きかけ, 事務局であり, 近年はカラスハネト対策[5]により青森警察署を加えた 4 団体により運営されている。

運営形態は, 実行委員会に 5 つの下部組織が設置されており, また, 実行委員会と並列に, 大型ねぶた運行 23 団体の連合組織である青森ねぶた運行団体協議会が 1980 年より設置されている[6]。実行委員会の収支は, 約 2 億円の収入のうち青森市負担金と参加団体負担金の合計が 1/5 ずつ, 観覧席収入など事業収入が 3/4 を占める。支出は事業費が 3/4 を占め, 特に金額の大きい項目はラッセランド関係, 奨励費, ガードマンなどハネト対策, 観覧席関係である。

現在のねぶた人形は, 幅 9 m, 奥行き 7 m, 高さ 5 m, 重さ 4 t の巨大な人形灯籠であり, トラック用のタイヤを取り付けた台車に乗せられ, 照明のためにバッ

テリーが積まれ，運行の際はねぶたを先導する扇子持ちの指示により，30人ほどの引き手によって動かされる。ねぶた人形は間違いなく青森ねぶた祭の主役であり，このねぶた人形を制作しているのが「ねぶた師」と呼ばれる制作者である[7]。

3.2 ねぶたをめぐる主体間関係の変化

戦前までのねぶたは，町方の人たちによって行われていた年中行事としての七夕行事で，明確な主催者が存在せず，各団体が自ら運行すべき期間・ルートを決め，ねぶたを運行していた。町衆が支えた祭りであり，住民とねぶたとの関係は非常に深い関係があった（青森観光協会, 2001）。

戦後1960年代に，大型ねぶたの運行主体が町内中心から企業，公的団体中心へと移った。その理由は，1962年からの観光キャンペーンが功を奏し[8]，ねぶた祭に県外からの多数の観光客が来ることで，ねぶた人形が華やかに大型化し，それに伴う資金面での負担増などが主な理由であった。一方で，1970年代を中心に極度の観光化への疑問が投げかけられ，住民とねぶたの乖離が問題になった。

しかし，現在は住民と祭りが乖離しているという問題は，運営団体，運行団体，マスメディアなどで大きな議論にはなっていない。その理由は祭りの形態にある。青森ねぶたは巨大なねぶた人形と多くのハネトがいて成り立つ祭りである。1970年代に運行団体に所属しない人のハネト参加を認めたことがきっかけとなり，一般住民の参加が大幅に増加した。ハネトはその場で自由にねぶたを選べ，祭りに参加する。つまり，観客が簡単に参加者となれる祭りとなり，町内など住民主体でねぶたが出せなくても，ハネトとして住民はねぶたに参加し，満足し，ねぶたは地域文化という意識を持ち，ハネトにおける「マンパワー」を担っている。

また，現在もねぶたを運行している企業には，多数の人員が調達できる現業機関や，青森において多数のグループ会社を形成している企業が目立つ。これは住民とねぶたの関わりと似通っているところも多く，ねぶたに参加している社員は自分が在籍している会社でねぶたに参加することで，社員同士の交流を深めつつ，限られたねぶた運行団体の一員であることを確認し，ねぶたを出すことによって自分たちの誇りを培っている。企業のねぶた関係者は自社のねぶたに愛着を持ち，制作段階から進行状況を確認したり，祭り本番で自社のマークがはいったねぶた人形とハネトが一体となり迫ってくる姿をみて感動するという。

3.3 ねぶたの存立基盤

　青森ねぶた祭には，莫大な「資金」と「マンパワー」が必要である。その理由は，祭りが巨大に観光化する中で，「資本集約型」かつ「装置型」のねぶた人形と「多大なマンパワー」を必要とするハネトが主役のイベントへと変容したためである。他の祭りでは資金は住民を中心とした参加者負担や自治体の補助がメインであり，企業の協賛はあくまでも二次的なものである。しかし，ねぶたの場合は運行団体の中心が企業であるために，特に「資金」に関しては企業に依存している。企業のねぶた費用は1社当たり1,000〜2,000万円であり，住民団体は1団体あたり500万円程度かかり，それぞれに参加団体数を掛け算すると，企業と市民団体の総計が3億円程度，主催者分が2億円となる。このうち，重複分を差し引くと全体で4億円程度と見込まれる。

　また，ねぶたを運行するには，企業の「組織・管理力」も必要である。運行に必要なマンパワーは，ねぶた人形について歩くだけでも1団体最低180人は必要であり，裏方などを含めれば1日あたり500人ほどがねぶたに関わる作業を行っている。全ての団体を考慮すれば，ハネトを除いても約1万人のマンパワーが必要である。青森という地方都市において，運行管理においてこれだけの人員を出しつつ，さらにハネトを中心とした参加者を組織的に管理するためには，多くの人員が在籍する企業の協力を仰ぐ必要がある。ハネトがまだ自由参加ではなく企業の人員のみで構成されていた時代の名残であるが，一団体あたり，2千人とも3千人ともいわれるハネトを管理するには，実行委員会やボランティアの力が追いつかない現状がある。そこで管理面の「マンパワー」でも，企業は持てる力をいかんなく発揮することが期待される。一方，ねぶた人形と共にねぶたの雄大さをかもし出すハネトの「マンパワー」については，住民，観光客などが中心である。これは正装さえしていれば，自由に参加できるねぶたの特徴が現れている。

　最後に，青森ねぶた祭の場合はもう1つ重要な存立基盤が存在する。それは300万人という巨大な「観客」である。沢山の観客が存在することは担い手のやる気や誇りを助長させ，そのことが祭りを華やかにする。また，企業にとっては多くの観客が存在することで宣伝価値が高まる。だからこそ，企業は負担が大きくても，ねぶたに積極的に関わる。このように，「資金」，「マンパワー」，「観客」の3つが複合的にからみ，青森ねぶた祭は成り立っているといえる。

4 秋田竿燈まつりの運営システムと存立基盤

4.1 秋田竿燈まつりの概要

　秋田竿燈まつりは，秋田市竿燈まつり実行委員会が主催する，毎年8月3～6日に秋田市中心部で行われる祭りである[9]。竿燈期間中のスケジュールは，まず8月3日の早朝にすべての竿燈会が出席する御幣渡しが八幡秋田神社で行われ，4～6日の日中は竿燈の技を競う妙技会，3～6日の夜は夜竿燈が行われる。竿燈は稲穂に見立てた竿燈を腰や額にのせる技が中心であり，1日当たり3千人が参加し，ローソクをともした約240本の竿燈が夜空に浮かぶ祭りである[10]。開催4日間で約120万人の観客を記録し，東北4大祭りのひとつとなっている（図13-4）。

　秋田竿燈まつりは，秋田市商業観光課と秋田市商工会議所からなる，秋田竿燈まつり実行委員会（以下実行委員会）と秋田市竿燈会[11]により運営されている。両者の役割は，秋田市竿燈会が竿燈にかかわる技術的側面をすべて担い，実行委員会が資金面，警察や観光施策に関する関係団体との協議などを引き受ける。実行委員会の支出は，主に，観覧席・トイレ設置など祭りのハード部分で占められている。収入は1億2,000万円の予算の内，秋田市からの負担金，企業からの補助，観覧席収入など事業収入の3つが大きな柱となっている[12]。

　竿燈は竿1本に対し大若であれば差し手が7～8人ついており，それに太鼓，笛を奏でる囃子方，手をたたく手囃しがつく形態が一般的であり，トラックを使用した，太鼓や水のバケツをつんだ屋台がつく。2007年の竿燈まつりでは，町内竿燈119本，職場竿燈[13] 72本，スポンサー竿燈[14] 57本，計248本が出竿した。町内竿燈とは竿燈まつりで最大本数を誇る，町内会を基盤とする組織である。その中でも竿燈まつりの起源にあるとおり，江戸時代から出竿している外町の竿燈会が多い[15]。明治に入り外町以外からも出竿する町内が現れ，現在では12の町内竿燈が外町外からの出竿である。（図13-5）また，町内竿燈は1955年頃からスポンサー竿燈を請け負っており，現在ではほとんどの町内竿燈が人口減少による会費の減少を補うためにスポンサー竿燈を持っている。

212　第Ⅳ部　文化の多様性と地方創生

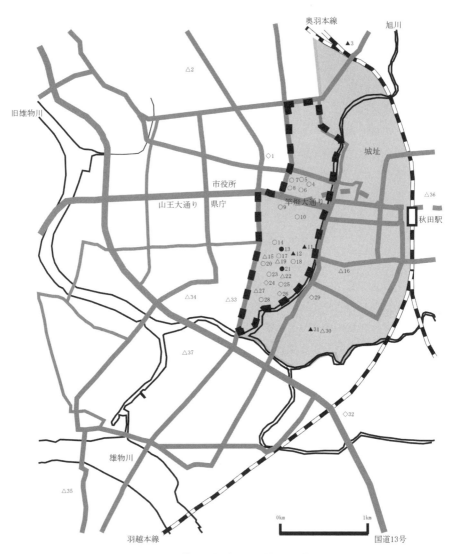

図 13-5　秋田市中心部と町内竿燈の分布
注 1 : 点線で囲んだ部分が外町，灰色で示した地域が「中心部」。
注 2 : 各数字は 28 番までは城に近い順，29 からは新規竿燈会で参加年度の古い順とした。
注 3 : ○は江戸時代から，◇は明治～戦前から，△は戦後からの参加を示す。
注 4 : ○はスポンサー竿燈あり，●はなしを示す。
出典 : 聞き取りより府中作成。

4.2 竿燈をめぐる主体間関係の変化

　そもそも竿燈は，商人が多く集まる外町の住民の行事として始まった。それが明治に入り外町以外にも広がったが，いわゆる「閉ざされた祭り」であり，女よりも男，企業よりも町内，新興の町内よりも外町など古くからの伝統が生きており，人間関係においても上下関係が強い祭りである。また，町内対抗の意識が強く，ライバル心から練習にも身が入り，技の向上が行われた。そのため，町内での結びつきは強く，竿燈を行う町内で生まれた子どもは，小若，中若，大若と体と技術の向上にあわせ，竿を持ち替えていくのが自然であった。つまり，竿燈は生活の一部であり，6月になれば，あちらこちらから自然と囃子の音が聞こえ，自ら練習をし，そこで竿燈におけるしきたりを学んだ。

　1970年代以降，特に外町の空洞化が顕著になり，町内竿燈は担い手不足に陥った。結果，歴史のある町内でも，物理的な後継者不足と技術の伝承がうまく進められず，休止に陥った町内竿燈も多々ある。現在出竿している町内竿燈でもその傾向は顕著で，外町の町内竿燈において現在でもその地域に住んでいる人は希有であり，元住んでいた人や竿燈を差したい人が伝手によって町内と結びついている状況である。しかし，その状況でも町内竿燈においては町内での付き合いなど「伝統」と竿燈の要である「技術」を受け継ぎ，伝承させている。町内竿燈の担い手たちは，特に観光化が進んだ青森とは一線を引き，地域の文化（伝統芸能）としての誇りを持ち，竿燈の「技術」を現在でも持ちえていることで竿燈まつりにおける中心的役割を担っているのである。

　ところで，1970年代を中心に，企業はねぶたと同じく主に広告，社員の福利厚生を目的に竿燈への参加を目指した。しかし，竿燈は差すこと自体が特殊な技術を必要とする祭りであり，そういったノウハウの蓄積，人材が存在しない企業はなかなか自前で竿燈を出竿できなかった。つまり祭りに参加する際の参入障壁が高かったのである。しかし，町内竿燈の竿の不足や資金不足と企業側の広告効果などが一致しスポンサー竿燈という形態が誕生した。これにより企業は自前で出竿できなくても自社マークが入った竿自体はあげられるようになった。そこから熱心な社員が多いところは技術を習得し，職場竿燈として参加するようになった。

4.3 竿燈の存立基盤

　竿燈において特に重要な存立基盤は,「技術」と「伝統」である。もちろんねぶたと同じく「資金」も必要であるが,参加が町内竿燈主体であったこと,秋田市竿燈会の統制によって観光化や華美な宣伝については避けられてきたため,相対的に一竿燈会当たりの「資金」は少ない金額で収まっている。竿燈まつり全体で動く金額は一竿燈会あたりの費用が300〜500万円,スポンサー竿燈にかかる費用は100万円前後であり,それぞれの参加数を掛け算すると,出竿竿燈会が3億円強,主催者分が1億円であり,重複分を差し引くと全体で約3億円と見込まれる。

　しかし,竿燈は差すこと自体が特殊技術であり,差す「技術」を習得しなければ竿燈には参加できない。この「技術」を習得するために町内,職場いとわず差し手は鍛錬に練習を行い,練習することで「技術」を次の担い手に伝承することができる。また,竿燈に出竿するためには秋田市竿燈会が継承している古くからの竿燈まつりの「伝統」に則って行動することが原則である。「伝統」とは年長者をたてるなど,戦前までの祭りでは当たり前のように行われていた,祭りにおけるルールである。この「伝統」は竿燈に関わった時点で取得するように周囲の人間から求められ,それができないものは排除されることもある。

　また,ねぶたと同じく100万人を超える観客が毎年存在することも存立基盤となる。竿燈は動的に動くものが少なく,かつ担い手が少数であり,観客の視線は自然と差し手の演技に集中する。この時,演技者は観客にみられていることをはっきりと認識し,少しでも美しい演技を観客にみせようと張り切り,かつ自分が竿燈をあげていることを誇りに思う。特に竿燈の場合,はっきりとしたミル‐ミラレル関係が存在するために,ミラレルことによる演技者の効用はねぶたよりも大きい。担い手が時間をかけて取得した「技術」と「伝統」,その「技術」に魅せられる「観客」が存在することで竿燈は存続しているのである。

5　都市祝祭の形態

　以上,青森のねぶたと秋田の竿燈について,主体間関係の変化と存立基盤をみてきたが,最後に2つの祭りと地方都市の変化との関係を整理しておく。
　まず第1に,中心部の人口減少と郊外化といった地方都市の内部構造変化と祭

りとの関係が重要な論点となろう。青森の場合は，都市中心部の空洞化は起こったが，既にねぶたの中心的担い手が企業に移行している時期であり，ねぶたの存立には大きくは関わらなかった。むしろ都市の拡大により人口が増加し，青森ねぶた祭にハネトとして広域から人が参加するになった。この影響はハネトの参加者を増加させ，ねぶたがさらに観光化するのに役立った。もう1つの影響は地域ねぶたや子どもねぶたの広がりであり，郊外の新興団地などにおいて，ねぶたが新たに行われるようになった[16]。

これに対し秋田の場合，町内竿燈の担い手は外町を中心とした中心部の住民であり，都市中心部の空洞化は町内竿燈の担い手を流出させ，さらに子どもという将来の竿燈の担い手が少なくなったため，技の伝承が難しくなり，竿燈の存立にも大きく関わった。こうした状況に対応するために，町内竿燈は居住地を外町に限定しない方向で，周辺部からの参加者を受け入れるようになり，後年，新興町内の竿燈への参加もみられるようになった。竿燈は中心部の空洞化により，それまでこだわっていた町内居住という，担い手の限定を緩め，担い手の分布がより広域に広がったのである。

第2に，地方都市における支店経済の変化と祭りとの関係があげられる。青森市，秋田市とも県内最大の都市であり，企業の支店が集積している。これら支店の集積，衰退は少なからず，祭りと関連している。まず，1960年代に支店が集積した時代，青森は町内から企業へ参加主体が変遷する時期と重なり，秋田でも職場竿燈の参加が徐々にみられた時期であった。つまり，企業が支店を進出した際，地域にコミットする方法として，祭り参加を考えた企業が存在したのである。そのため，両祭りとも企業のある程度まとまった参加が現在でも行われているのである。これに対し支店経済の縮小局面になると，参加主体の減少や資金援助の減少が祭りに影響を与えるように思われるが，実際は広域的な集客力を増している祭り自体の活況により，企業の参加や資金援助は維持されているといえる。

第3に，地方都市の都市計画や都市政策と祭りとの関係も重要な論点といえる。青森市では，「コンパクトシティ」構想を1999年から実行に移している。2012年度に出された「第2期青森市中心市街地活性化基本計画」では，青森駅前再開発事業により2001年にオープンした「アウガ」を中心市街地活性化のシンボルとし，新しい商店街「パサージュ広場」を整備し，街なか居住を進めるために，

2006年には駅前の市街地再開発事業としてシニア対応型マンション「ミッドライフタワー」を完成させた[17]。また，ウォーターフロント地区の魅力を高めるために，ねぶたの展示による誘客機能と後継者育成など市民の交流機能を兼ね備えた「ねぶたの家ワ・ラッセ」を2011年に開設した。また，「ねぶたのある商店街づくり推進事業」が計画されている。また，中心部の道路整備など都市交通政策を考える上でも，ねぶたの運行ルートへの配慮がなされている。

これに対し秋田市では，秋田中央道路建設の西側入口が竿燈大通りに設置された際に問題があった以外は，都市政策などで竿燈に触れられたものは少ない。しかし，竿燈は町内竿燈が主体であり，今では失われがちな，旧来の共同体を維持している。それは一方で，外町内で積極的な再開発が行われない遠因になっているともいえなくもない。

ねぶたは企業が主体となり雄大なねぶた人形と管理された空間をハネトに提供することによって，ハネトという担い手が祭りに参加する。多くの観客が集まることにより，企業は投資価値があると判断し，積極的に祭りに参加するという循環が存在する。一方，竿燈では，もちろん祭りを行う上で，「資金」も必要であるが，担い手が繰り出す「技術」が重要な存立基盤であり，その妙技が観客を呼び寄せている。担い手の技を中心に観客と企業が繋がっているのが竿燈の特徴なのである。このように，東北を代表する2つの祭りは，祭り自体の存立基盤が異なるとともに，都市空間との関わりにおいても対照性が認められるのである。

（府中裕紀）

注
1) 元来，祭り，祭礼に対する研究は民俗学や文化人類学の分野で注目されてきた。松平　誠（1990）では日本の都市祝祭を伝統型と合衆型にわけ，「町内」における神社祭礼が歴史的前提として設定された上で，その対極として現代都市生活の表象として，祭りのために集まった「衆」「合衆」の概念が示された。人文地理学においては，内田忠賢（1992）を皮切りに主に都市と祭りを絡め都市構造の解明を目的として研究がされてきた。遠城明雄（1992）は，1930年代までの都市空間における「共同性」を博多祇園山笠に関わる社会的諸関係から明らかにすることを問題意識とした。
2) 青森ねぶた祭りの総合的研究成果として宮田　登・小松和彦編（2000），「カラスハネト」を取り上げた阿南　透（2000, 2005），弘前ねぷたまつりと対比した松平誠（1994）の研究などがある。秋田の竿燈については，堀田正治（1995, 2001），秋田市教育委員会（1983），秋田市民俗芸能伝承館（2003）などがある。
3)「東北3大祭り」とは，青森ねぶた祭，秋田竿燈まつり，仙台七夕まつりを指す。「東

北 4 大祭り」の場合は，上記 3 つに山形花笠まつりが入る。
4) 1625 年の青森開港以降にこの地に移り住んだ人々によって始まったといわれている。当時，七夕祭りに登場する練り物の中心が「ねぶた」と呼ばれる燈籠であり，「ねぶた」は最終日に川などに流され，眠り流しと呼んだ。眠り流しは町内単位で行われ，宗教性は介在せず，青森ではねぶた人形が自由に大型化する傾向があり，またバケト（踊り手の一種）が許されたり，独自の進化をとげ，町の発展と共に祭りの規模も大きくなっていったとされる。戦後のねぶたは，運行の主体の変化により 4 つの時期に区分できる。第 1 期は，町内会や住民の自衛組織である消防団がねぶたを運行していた時期であり，戦前から 1960 年頃までである。第 2 期は，祭りが観光化し，ねぶたの大型化が進み，町内会に代わり企業が運行の主体になった時期である。第 3 期は 1980 年代からの主に宣伝効果を狙って，再び全国企業の新規参入が目立った時期である。第 4 期は 2000 年前後からの全国企業でも撤退が出始め，空いた運行枠に新しい団体が参加してくる時期である。
5) 2007 年の大型ねぶた運行団体 22 団体の内訳は，県庁や市役所などの公的団体や青森市ＰＴＡ連合会，あおもり市民ねぶた実行委員会といった住民団体もみられるものの，日本通運，NTT，JR，東北電力といった運輸・通信・交通・電力関係の企業，東芝，パナソニック，日立などの電気機械企業などの大手企業が多くを占めていた。
6) 1980 年代後半から顕著になっていた若者の逸脱行為は，特に黒装束に身を包んだカラスハネトとして全国にも知られる大問題になり，1996 年には傷害事件が発生した。
7) ねぶた人形が大型化するにつれ，ねぶた師という職が確立された。ねぶた師は企業から制作を請け負い，主に三国志や水滸伝など軍記物の一場面や仏の顕現などを題材にする。ねぶた人形はねぶた師の下絵を元に，骨格には角材，輪郭には針金を使用し，上から奉書紙をはり，その上から墨，ロウ，顔料，染料で色づけされる。
8) 1962 年，青森観光協会は，ねぶた祭を全国に紹介するための観光宣伝キャラバン（青森観光キャラバン）を青森市，青森商工会議所と共催し，全国各地に派遣し，青森ねぶた祭の PR につとめた。同年「東北三大祭観光連絡協議会」が結成され，1963 年には「東北 3 大祭り」という名称も使われはじめ，観光客が 3 つの祭りを周遊できるよう，各祭りの日程変更も行われ，国鉄とタイアップして観光客誘致に積極的に乗り出していった。1965 年からは NHK が全国にねぶたの様子を放映したのを皮切りに，これ以降テレビでの祭り紹介が活発化し，全国でのねぶたの知名度をさらに上げるきっかけとなった。
9) 1604 年以降の久保田城下町形成により，川尻村や土崎にあった子ども用の眠り流し行事を久保田に移住した住民が大人用の眠り流しの余興として手を加え，現在の竿燈の体型になった。戦後の竿燈は出竿の主体の変化により 4 つの区分ができる。祭りが復興し，町内竿燈のみの参加だった第 1 期，1960 年代からのスポンサー竿燈が増加していった第 2 期，1970 年頃からのスポンサーとしてではなく企業が主体性を持って職場竿燈として竿燈に参加してきた第 3 期，景気の波により職場竿燈，スポンサー竿燈数が上下した第 4 期である。

10) 竿燈は竹を組み合わせ，親竹の先端に御幣，横竹の下に中にローソクをいれた提灯をぶら下げる形態である。竿燈のサイズは体に会わせた厳格な規定が存在する。竹は親竹，横竹，親竹に横竹を組み合わせたものに，演技中に継竹を継ぎ足していく。竿燈は竿1本に対し大若であれば差し手が7～8人ついており，太鼓，笛を奏でる囃子方，手をたたく手囃しがつく形態が一般的である．
11) 秋田市竿燈会は，1931年に各町内竿燈の代表者が集まり成立した組織である。竿燈に参加するすべての竿燈会が属するが，町内竿燈は会員，職場竿燈は準会員と明確に区別されている。平均年令60歳で外町の竿燈会の関係者が大多数を占める。役員は3年に1回の立候補（有権者は37町内竿燈のみ）により選出され，竿燈に関しては絶大な力を持つ。
12) 秋田市竿燈会では，収入の大部分を秋田市からの補助金と職場竿燈，スポンサー竿燈からの大若負担金（1本15,000円）に依存している。また，町内竿燈を含むすべての竿燈会からの参加費が収入源である。支出は，町内竿燈に対し育成費（大若50,000円，中若25,000円，小若20,000円，幼若15,000円）を竿の大きさ別に分配し，スポンサー竿燈をもたない町内竿燈に対し，さらに出竿補助を行っている。
13) 職場竿燈とは，各職場単位で出竿している竿燈会で，2007年は33団体が参加したが，秋田県庁や秋田市役所，地元の小中学校や大学，JA全農あきた，秋田銀行，北都銀行，秋田魁新報社など，地元企業の割合が高く，日産ディーゼル，NECやNTTなどの全国企業の割合は2割を切っていた。
14) スポンサー竿燈とは，技術不足などで職場竿燈が構成できない企業が，町内竿燈に委託して，自社のマークの入った竿燈をあげてもらうものである。2007年時点でスポンサー企業は53社を数え，地元企業と全国企業の割合は1:1である。景気動向を反映して，毎年5社ほどが参入・撤退を繰り返しているが，全体の数は増加傾向にある。
15) 秋田は1608年に佐竹義宣が水戸国から秋田に国替えされ，久保田城を築いたことから都市形成がはじまる。築城時に旭川の東側を士族の内町，西側を商人の外町と区分し，防御のために城下の入り口には大きな屈折を設けた。外町の町割りは城に近接している部分に大町・茶町・肴町といった商人町を，その外縁に鍛冶町・鉄砲町などの職人町を，さらにその外側には寺町を配置し，町の入口には鉄砲町を配した保戸野鉄砲町などが作られた。
16) 地域ねぶたは，合同運行には参加せず，該当町内などでの自由運行を行うねぶたであり，2007年は55団体である。子どもねぶたは，8月2,3日のねぶた祭において，大型ねぶたと同じく合同運行をするねぶたで，幼稚園など地区にある諸団体のねぶたと，町内を主体とした集団との2種類があり，15台の子どもねぶたが合同運行された。
17) 2016年に「アウガ」の経営破綻が問題となるなど，青森市のコンパクトシティ政策については疑問が呈されている。

第 14 章
企業文化と近代化産業遺産の保存・活用

1 近代化産業遺産と企業文化

　近年の日本においては 2014 年に「富岡製糸場と絹産業遺産群」が，2015 年には「明治日本の産業革命遺産 製鉄・製鋼，造船，石炭産業」がそれぞれ世界遺産に登録されるなど，近代化産業遺産への関心が高まっている。もちろんそれ以前から，一部の企業は企業博物館展示などの形で，後に「産業遺産」に分類されるような動産・不動産の保存を進めてきた。特に企業博物館は 1980 年代に急増した（青木栄一, 2009）。こうした保存活動は，企業の本来的な生産活動とは異なるものであり，「企業メセナ」への社会的関心を背景に，企業の「文化戦略」に分類される活動である。実際にこれらの近代化産業遺産は企業博物館や工場見学ルートにおける展示といった形で，企業がその内外から「尊敬」を勝ち得るための媒介として用いられてきた[1]。

　こうした産業遺産の中でも，特に土木建築物は土地に固着的であるため，その価値は，特定の場所と結びつくことによって，さらに強調されることも多い。企業と特定地域の関係については，経済地理学や地域社会学における企業城下町研究の蓄積がある。ただし，その中で近代化産業遺産を媒介とした特定の地域を対象とする文化戦略については，中野茂夫（2009）などいくつかの文献で示唆されているにとどまる。そこで本章では，近代化産業遺産の保存と活用を，企業による文化戦略の重要な一手段と捉え，それが企業と地域の歴史や文化の中でどのような位置づけにあるかを考察する。

　その中でも本章では企業文化に注目する。企業組織は，既存の活動を安定的に維持・拡大するために集合行為を標準化し，組織文化を醸成している（Schein, 1985）。こうした企業における組織文化である企業文化は，企業行動において，

短期的な経済合理性や，社会制度などの外部要因と並び，企業行動を説明する重要な一変数になると本稿では考える。さらに，企業文化の定着とプロセスにおいては，象徴やカリスマ性が媒体として必要であるともいわれる（松石泰彦，2010）。近代化産業遺産は，こうした企業文化の象徴となり，媒体としてその定着維持に一定の役割を果たしてきたと考えられる。

2 日本の近代化産業遺産の概要と事例地域の析出

　日本全国の産業遺産を対象とした網羅的な調査は，1980年代以降，複数の学会や公的機関が行っている。公的調査としては，1990年以降文化庁が各都道府県教育委員会に行わせている「近代化遺産総合調査」が最大のものであるが，2014年時点で未調査の都道府県が残されており，全国データベースとしては未完成である。一方，経済産業省は2007年と2008年に「近代化産業遺産群」を認定している。前者は文化財としての近代化遺産の悉皆調査を目的としたものであるのに対し，後者は地域活性化など経済的価値づけを視野に入れた制度である。国際的な産業遺産の定義の多くは時代や経済的価値には特に触れておらず[2]，これらの追加的な定義内容は日本独自の歴史的・社会的背景を反映したものであると考えられる。以下では，企業の文化戦略の媒体としての産業遺産という視点から，経済産業省による「認定近代化産業遺産群」をデータベース化し，分布や保存活用様態を分析する。

　この事業において，近代化産業遺産は66の「群」で捉えられており，本稿においてはこれらの群を構成する物件を分析対象とした。対象となる近代化産業遺産1,378件のうち，産業中分類別件数1位は鉱業で258件あり，2位鉄道の196件，3位繊維工業の110件が続く（表14-1）。その地理的分布をみると，近代期の産業の分布と認定近代化産業遺産の分布の重なりが読み取れる（図14-1）[3]。すなわち，鉱業関連の近代化産業遺産はかつて数多くの炭鉱が分布した北海道と常磐地域，北部九州，そして金属鉱山の多かった東北地方を中心に残り，繊維関連の近代化産業遺産は養蚕業と絹糸業，そして絹織物工業の盛んであった中央日本や，綿栽培と綿織物工業の盛んであった瀬戸内地方に多い。

　次に，市町村別に産業遺産の認定件数をみてみると，鉱業に関連する近代化産

第14章　企業文化と近代化産業遺産の保存・活用　221

図14-1　認定近代化産業遺産群物件の地域別産業別分布
（森嶋作成）

表14-1　産業別認定近代化産業遺産件数

産業	件数
第一次産業	31
鉱業	258
軽工業計	334
うち繊維	110
うち食料品・飲料	145
重化学工業計	135
第三次産業計	620
うち社会基盤	104
うち交通	326
総計	1378

資料：経済産業省資料「認定近代化産業遺産群33」,「続・認定近代化産業遺産群33」より森嶋作成。

業遺産は，愛媛県新居浜市に33件，新潟県佐渡市に27件，岩手県釜石市と栃木県日光市にそれぞれ23件と特定地域に集中的に分布している。ただし，日本の鉱業が全盛期に比して大きく規模を縮小させている状況下，かつての中核企業が現代に至るまでその地域での事業を継続している場合，その事業は鉱業以外の産業との組み合わせで行われてきたことが多いと考えられる。それらの産業の組み合わせとして代表的に挙げられるものは，近代化産業遺産群一覧からみる限り，炭鉱においては石炭化学工業，金属鉱山においては非鉄金属工業と機械工業である。そこで本章では，それらの中でも，第二次大戦後の日本の産業構造変遷と照らし合わせ，現代に至るまで，企業が地域に対し，生産活動面を含めて多大なる影響を

及ぼし続けていると考えられる事例として，金属鉱山を母体として機械工業が発展した事例に着目する。この代表的事例として，認定近代化産業遺産が3件分布する日立地域の事例が挙げられる。日立地域においては，後述するように鉱業所内機械製造部門が独立して機械企業となっており，産業間の歴史的連関が認められる。

繊維産業に関連する近代化産業遺産は，長野県岡谷市に16件，上田市に11件，須坂市と群馬県桐生市にそれぞれ8件認められる。ただし，これらの地域は中小企業による産業集積地域であり，特定の中核企業を持つ企業城下町としては，岡山県倉敷市（4件）が代表的な地域となる。こうした理由により，本研究においては，対象事例地域として，岡山県倉敷地域と茨城県日立地域を選定した。

3　倉敷地域における繊維工業関連の近代化産業遺産の保存と活用

3.1　地域の綿工業発展と中核企業の活動

都市としての倉敷は，江戸時代の天領内御蔵米積出港，また近隣埋め立て地において生産された綿の集散地という起源をもち，域内ではこれらを扱う多数の豪商や大地主が成長した。近代に入り地域名望家となったこれら豪商や大地主は地域における近代産業発展を意図し，1888年，倉敷紡績所（以下倉紡）を，現在の倉敷美観地区内に設立した[4]。以降，都市としての倉敷は倉紡の事業拡大に沿って拡大し，特に1914年の万寿工場建設以降，倉紡の生産活動に対応する形で，企業城下町としての当該地域の近代的な都市構造が成立し，都市の経済も倉紡の業績に連動することとなった。ただし，倉敷工場の立地が旧代官所の跡地という，江戸時代からの市街地に隣接した立地であったため，当該地域の市街地は，江戸時代の都市構造に対し，近代の，工業化に方向づけられた都市構造が，いわば上塗りされたような形となり，両時代の建造物が同じ地区，すなわち現在の倉敷美観地区に混在するという特異な都市景観が生み出された。

倉紡の経営と倉敷の都市形成に大きな影響を持ち続けたのが，主要な創業家であった大原家である。特に大原孫三郎は，独自の「労働理想主義」[5]という経営家族主義的な経営理念を唱え，「社会貢献的な事業が，回り回って倉紡の利益につながる」（中野茂夫, 2009）という発想から多くの独特の社会事業を行った（大原孫三郎傳刊行会編, 1983）。また，大原家同様当該地域の大地主であり，倉敷

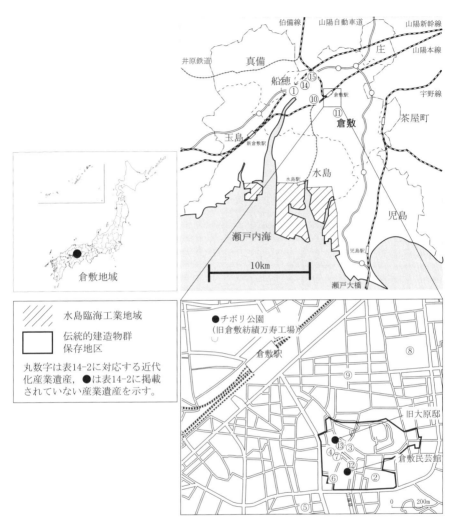

図 14-2　倉敷地域の近代化産業遺産分布
資料：岡山県教育委員会（2005）より森嶋作成。

町長や倉紡の専務も務めていた原澄治による倉敷図書館や倉敷天文台の創設等，中核企業創業家，地域名望家による文化福利厚生事業が数多く行われてきた。

　このように，当該地域において中核企業が生産活動のための対地域・社会投資を行ったことに加え，創業家が独自の経営理念の下，多くの社会事業を直接的，

間接的に行ったことを歴史的背景とし，中核企業は当該地域を「創業地」とみなし，特別な対地域施策を行うようになり，結果，現在この地域で多くの近代化産業遺産が保存・運営されるようになった（図14-2, 表14-2）。

表14-2　倉敷地域の近代化産業遺産一覧

No.	物件名	建設年	分類	美観地区	a	b	活用にあたる所有者変更	現在の建物所有者	文化財	現状用途
①	高梁川東西用水組合事務所棟	1926	農業		○		なし			
②-1	旧倉敷紡績倉敷工場　原綿倉庫	1889	繊維業	○	○	○	なし	倉敷紡績	国登録	倉敷紡績記念館
②-2	旧倉敷紡績倉敷工場　製品倉庫	1889	繊維業	○	○		なし	倉敷紡績	国登録	児島虎次郎記念館
②-3	旧倉敷紡績倉敷工場事務所	1889	繊維業	○	○		なし	倉敷紡績		オルゴール館
②-4	旧倉敷紡績倉敷工場混棉質・綛丸室	1889	繊維業	○	○		なし	倉敷紡績		アイビー学館
②-5	旧倉敷紡績倉敷工場旧集塵室・旧受電室	1889	繊維業	○	○		なし	倉敷紡績		アイビースクエア
②-6	旧倉敷紡績所	1889	繊維業	○	○	○	なし	倉敷紡績		アイビースクエア
③	旧第一合同銀行倉敷支店	1922	商業	○	○		なし	中国銀行	国登録	中国銀行倉敷本町出張所
④	旧愛農土地㈱本社事務所	1926	商業		○		なし	大原家資産管理会社		喫茶エル・グレコ
⑤-1	旧倉敷天文台スライディングルーフ観測室	1926	宗教・教育		○		なし	倉敷天文台	国登録	倉敷天文台観測室
⑥	財団法人若竹の園園舎	1925	宗教・教育		○		なし	若竹の園		若竹の園
⑦	大原美術館本館	1930	宗教・教育	○	○		なし	大原美術館		大原美術館
⑤-2	旧倉敷労働科学研究所農業更正館	1921	宗教・教育		○		なし	倉敷天文台		倉敷天文台事務棟
⑧-1	旧倉紡中央病院医学研究所棟	1926	宗教・教育		○		なし	倉敷中央病院		倉敷中央病院看護専門学校
⑧-2	旧倉紡中央病院管理等	1926	宗教・教育		○		なし	倉敷中央病院		倉敷中央病院保育園
⑧-3	旧倉紡中央病院外来棟	1926	宗教・教育		○		なし	倉敷中央病院		倉敷中央病院保育園
⑨	日本基督教団倉敷教会教会堂	1923	宗教・教育		○		なし	日本基督教団		日本基督教団倉敷教会
⑩	旧倉敷実業学校校舎	1937	宗教・教育		○		なし	倉敷市		倉敷市立西中学校校舎
⑪	旧倉幼稚園園舎	1915	宗教・教育		○		なし	倉敷市	国登録	倉敷市歴史民俗史料館
⑫	旧倉敷町役場	1917	行政	○	○		なし	倉敷市	国登録	観光案内所倉敷館
⑬	有隣荘	1928	生活	○	○		なし	大原美術館		大原美術館特別展示空間
⑭	無為堂	1926	生活		○		なし	大原家資産管理会社		企画による公開
⑮	祐安地区洋館群	1923	生活		○		なし	各居住者		住居

分類は，岡山県教育委員会(2005)による。a＝岡山県教育委員会(2005)記載近代化遺産，b＝経済産業省認定近代化産業遺産を示す。文化財項目で，国登録＝国登録有形文化財を示す。
出典：岡山県教育委員会(2005)，経済産業省資料「認定近代化産業遺産群33」「続・認定近代化産業遺産群33」より森嶋作成。

3.2 地域の観光化と近代化産業遺産の保存活用

　1940年代,太平洋戦争の激化に伴い紡績工場が航空機工場に転用された後,終戦で倉敷本社工場は休止され,財閥解体により大原家は倉紡経営から撤退した(クラレ,2006)。高度成長期の1967年,水島臨海工業地帯の開発を背景に,大規模市町村合併が行われ,倉敷地域は経済・社会の歴史的背景が異なる複数の地域が含まれる新倉敷市の一部となるとともに,繊維工業地域から重化学工業地域へ変化し(布施鉄治,1992),工業中心地も倉敷地域から水島地域へと移った。

　重化学工業化に並行し,当該地域は急速に観光化した。ここで観光対象となったのは,江戸時代に建設され,この時代まで残存していた倉敷河畔の土蔵群と,大原美術館などの近代建築群からなる,現在の倉敷美観地区の建物群である。中でも直接的に観光化の契機となったのは,前者の蔵の町並みを対象とする保存運動である。この運動の背景として,公式の市史である倉敷市史研究会編(2005)では,大原總一郎倉紡社長が1939年に「倉敷ブルグ構想」という,倉敷の街並み保存を含む構想を唱えていたこと,また大原孫三郎が支援を行っていた岡山県民芸協会による1948年の「民家の保存」の提案など多くの団体が倉敷の町並みに注目していたことなど,大原家の地域に対する考え方との関連が述べられている。

　こうした運動を受け,1968年には市が「倉敷市伝統美観保存条例」を制定して,町並み保存の公的制度の整備がはじめられた。その中で,大原美術館などの美観地区内近代建築物は地区の核となる施設とみなされるようになった[6]。1972年には山陽新幹線,1988年には瀬戸大橋が開通するなど,広域交通網の整備も観光客数の増大を後押しした。美観地区の観光客数は1980年代の500万人超を頂点として以降減少傾向にはあるものの,2000年以降も年間約300万人前後を保っている。

　この中で,倉敷地域においては中核企業の都市構造・経済構造への影響力が低下した。1930年前後から,他地域での生産拠点増加や,昭和大恐慌を受けた経営の立て直しの必要性を背景として,倉紡の本社機能や大原家の活動拠点は段階的に大阪に移転していたのに加え,域内の従業員総数は,第二次大戦から,1992年の万寿工場閉鎖までおおむね漸減傾向にあり,倉紡の従業員のうち倉敷所在事業所の所属者の比率も1950年代に急落し,1980年代に至るまで10%台前半と低いままである。これら紡績工場の従業員数急減と市の総人口,市域の急拡大,産

業の多様化によって，域内における中核企業の経済的重要性は低下したといえる。

ただし，中核企業グループは，その歴史的経緯により当該地域に多くの不動産を所有し続けている。これらの不動産は，本来の取得目的であった生産活動にはあまり用いられず，多くは用途が転換されている[7]。さらに，第二次大戦直後の財閥解体に伴い倉紡の経営に関わらなくなった大原家も，美観地区を中心とし，域内に未だ多くの土地を所有し続け，さらに1990年代，大原總一郎の子である大原謙一郎の代に至り，活動拠点を再び倉敷に戻し，地域諸団体の重職を歴任するとともに[8]，倉敷に関する多くの発言を行っている（大原謙一郎, 2002, 2006など）。

こうした状況のもと，倉紡グループは1972年から倉敷美観地区内において，複合施設「倉敷アイビースクエア」の運営を続けている。この施設は，休止していた倉紡本社工場の建物と土地の一部を，宿泊・飲食・娯楽施設，そして企業博物館である倉紡記念館を総合した複合施設へとリニューアルさせたものである。2010年前後の時点で，この施設の従業員規模は約150人，宿泊客数は年あたり約9万人であり，美観地区内でも最大規模の施設となっている。

この施設の運営が計画されたのは1960年代後半である。この時代，繊維業界では1964年のいわゆる繊維新法の制定，1965年の深刻な繊維不況を背景とし，過剰紡機の処理による生産性向上が企図され，非繊維事業の拡大が試みられていた（布施鉄治, 1992）。倉紡もこの業界全体の動向に沿い，総従業員数を微減させつつ，化成品事業の業績向上などにより「業績が飛躍的に向上」した（倉敷紡績株式会社編, 1988）。倉敷アイビースクエアの運営計画は，この多角化戦略の流れの中に位置づけられると考えられる。

アイビースクエア建設時，倉紡内では再開発について社内議論が行われ，結果，当時の社長判断で旧工場の外観と基本構造をそのまま残しながら生まれ変わらせる保存再生案が採用されている。アイビースクエア開業前の1969年，会社創立80周年を記念して建設された倉紡記念館は，当初は社内向け博物館であったが，1971年からは一般に公開されている。展示内容には，現在の事業に関する展示も含まれるが，大原孫三郎ら先人の顕彰を含めた歴史展示の割合の方が大きい。さらに登記上の倉紡本社は実質的な本社機能の大阪移転後も倉敷アイビースクエアに位置し続けている。

3.3 中核企業以外の主体による保存と活用

　倉敷地域の近代化産業遺産には，倉敷美観地区内に位置し，観光の一翼を担っているものも多い．現中国銀行倉敷支店本町出張所建物は，1922 年，大原孫三郎が依頼薬師寺主計[9]に設計を依頼し建設され，現在に至るまで銀行として機能しつつ[10]多くの観光パンフレットやガイドブックに掲載され，倉敷美観地区観光の一翼を担っている．建物敷地は建設時より現在に至るまで大原家，または大原家関連資産管理会社の所有である．

　大原美術館本館も，1930 年に大原孫三郎の依頼により薬師寺主計が設計した建物であり，最も古い本館建物は現在に至るまで美術館の展示スペースとして用いられている他，複数の建築物が現在に至るまで美術品の展示保管に活用されている（上田恭嗣, 2003）．美術館の運営は，大原謙一郎氏を理事長とする財団法人大原美術館による．美観地区外の近代化産業遺産のうち，当該地域の都市名望家の活動に深く関わる施設として，倉敷天文台が挙げられる．倉敷展望台は1926 年，「大原孫三郎の右腕」であった原澄治が創設した日本初の民間天文台で，第二次大戦後は財団法人倉敷天文台に運営が移管されつつも現在の理事長は原澄治の孫が勤めているという施設である．古い天文ドームは 1993 年，原澄治・本田實[11]記念館となっている．天文台の土地は大原家資産管理会社が所有し，無償貸与されている．

　倉敷市は，当該地域において文化財の保護及び歴史的町並みを活用した観光による地域振興に力を入れて取り組んでいる．ただし，2007 年度に策定された倉敷市総合計画基本計画では「産業遺産」「近代化産業遺産」という用語は登場せず，これらに特化した政策をうかがうことができない．関連施策としては，2006年の倉敷アイビースクエアの倉敷ブランド認定などが挙げられるが，こうした施策は総合計画には挙げられていない[12]．なお，産業観光という観点からは，倉敷市の外郭団体である社団法人倉敷コンベンションビューロ及び倉敷商工会議所が共同で「倉敷の産業観光」というパンフレットを発行している．

　このように，倉敷地域においては，中核企業が「創業地」を重視し，産業遺産を含め地域内に残る多くの不動産を積極的に活用した事業を展開している．それが影響してかどうかは定かではないが，自治体や市民による産業遺産の保存活用の運動は，当地域では小さなものになっているといえる．

4 日立地域における鉱業・機械工業関連の近代化産業遺産の保存と活用

4.1 地域における近代鉱業・機械工業の発展と中核企業の変化

　日立地域の近代化産業遺産は，かつて地域の産業の中核であった山間部の日立鉱山から，機械工場の多数立地する海岸部にかけての宮田川流域に数多く分布する（図14-3，表14-3）。日立鉱山は1873年に開発がはじまり，1897年の常磐線の開通と1905年の久原房之助による買収以降，本格的に近代化や大規模化が実行され，1908年には精錬所の操業が開始された。

　後述する企業博物館での展示で強調されるのが，久原房之助の，「一山一家」[13]と表現されるような経営家族主義的経営理念である。さらにこれに並び大きく取り上げられているのが，この時期の鉱山に関連する地域社会最大の問題とされる煙害問題と，その対策としての「大煙突」建設に至る「克服」の過程である。

　当該地域のもう1つの中核企業である日立製作所は，この日立鉱山内に，鉱山の電気機械の修理の必要性から設けられた工作課を母体に設立された。1910年，

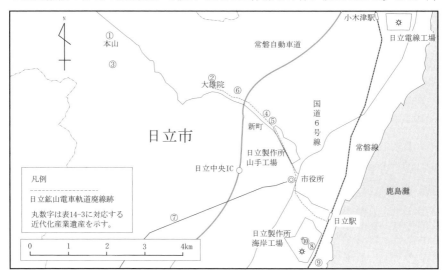

図14-3　日立地域の近代化産業遺産分布
出典：茨城県教育庁文化課編（2009）より森嶋作成。

課長であった小平浪平を中心に,はじめて自力設計による機械製造がおこなわれ,現在の日立製作所はこの年を自社の創業年としている.

かくして,当該地域の都市構造は日立鉱山と日立製作所両方の生産施設の立地に規定されたものとなった.鉱山や精錬所の周辺には社宅をはじめ,従業員向けの日用品の販売を行う供給所,病院,そして劇場などの娯楽施設が多数立地した.第一次大戦後,日立鉱山が一転して大規模な人員削減を数度にわたり行った一方,日立製作所は昭和大恐慌後の1930年に当該地域最大の事業所である海岸工場(現日立事業所)を建設するなど,生産規模と従業員規模を増加させた.そ

表14-3 日立地域の近代化産業遺産一覧

No.	図14-3対応番号	名称	建築年	用途	所有・管理者	文化財
192	①	旧久原本部と山神社	1905	鉱業	日鉱記念館	県史跡
193	①	旧日立鉱山コンプレッサー室(現日鉱記念館鉱山資料館)	1944	鉱業	日鉱記念館	
194	①	旧日立鉱山第一竪坑	1906	鉱業	日鉱記念館	
195	②	旧日立鉱山大煙突・第三煙突・煙道	1914	鉱業	日鉱金属㈱	
196	②	旧日立鉱山第3煙突	1913	鉱業	日鉱金属㈱	
197	③	旧日立鉱山大雄矢社宅跡(現本山キャンプ場)	明治期	鉱業	日立市	
198		旧日立鉱山水道		鉱業	新日鉱ホールディングス	
199		旧日立鉱山貯水池		鉱業	新日鉱ホールディングス	
200	③	旧日立鉱山第二変電所	1916	鉱業	日鉱金属㈱	
201	③	旧日立鉱山電錬工場電解室(現日鉱金属作業所)	1911-1916	鉱業	日鉱金属㈱	
202	④	旧共楽館	1917	鉱業	日立市	国登録市指定
203	⑤	斯道館	1934	鉱業	日鉱金属㈱	
204	③	旧日立鉱山消防小屋		鉱業	日鉱金属㈱	
205	⑥	旧日立鉱山電車軌道跡		鉱業		
206		日立鉱山煙害対策植樹		鉱業	複数	
211	⑦	日立セメント太平田鉱山索道	1937	鉱業	日立セメント㈱	
212	⑧	日立製作所日立工場本館	1936	工業	日立製作所	
213	⑨	常磐線引き込み線用トンネル		工業	日立製作所	
214		日立製作所久慈川工業用水	1940	工業	日立製作所	
215		日立製作所工業用水路		工業	日立製作所	
216		大甕クラブ	1936	工業	日立製作所	
217		大甕ゴルフ倶楽部	1936	工業	日立製作所	
218		大甕陶苑	1937	工業	日立製作所	
219		会瀬社宅		工業	日立製作所	
220		東暁館世外庵		工業	日立製作所	
221		要害クラブ	1945	工業	日立製作所	
222		熊野神社		工業	日立製作所	
223	⑩	1噸爆弾弾痕		工業	日立製作所	
227		昭和活版所		工業		

出典:茨城県教育庁文化課編(2009)より,日立市内に位置する鉱業,工業用途の土木,建造物,工作物,被災物件を抜粋して,森嶋作成.No.も茨城県教育庁文化課編(2009)に対応する.

れに伴い海岸沿いの平野部では，工場に付随する市街地が急速に拡大した（岩間英夫, 1993；中野茂夫, 2009）。

　日立鉱山は1950年前後，第二次大戦後最多の従業員数，1960年に戦後最多の採鉱粗鉱量を記録した後，1970年代には急激な合理化により従業員数を激減させ，1981年にはついに閉山に至る。一方で，日立製作所は第二次大戦直後の従業員数急減の後，1980年代まで，景気や企業業績により増減しつつも長期的には域内の従業員数を増やし続けた。結果，第二次大戦後，当該地域は日立製作所の企業城下町としての性格をさらに強めた。

　1980年代後半以降，海外生産が強化される中で，域内の総就業人口，日立製作所就業人口とも減少傾向に入るが，現在でも，日立市内に立地する日立製作所各事業所は，日立製作所の主力事業所として機能している（岩間英夫, 1993）のに加え，日立事業所長経験が日立製作所社長要件であるともいわれていること（柴田むつみ, 2009），全新入社員が日立事業所において研修を受けることなどから，日立事業所は日立製作所内において特別な場所として認識されていることがうかがえる。一方，日立鉱山閉山時の経営主体であった日本鉱業は企業グループ統合を繰り返し，2010新日本石油と経営統合しJXグループとなった。

4.2　中核企業による企業博物館での近代化産業遺産の保存と活用
(1) JXグループによる日鉱記念館運営

　日鉱記念館は，1986年，日本鉱業創業80周年を記念し，「日鉱マンの心のふるさと，そして創業者精神の振起涵養の場として活用するとともに，当社事業の足跡と今後の展開について広く社会の理解と協力を得ることを主な目的」として開設された（新日鉱ホールディングス, 2006）。この施設は本館等複数の建物と周囲の土木構造物，屋外展示品により構成され，第二次大戦以前の建造物がそのまま活用されている。小平記念館と同じく入館料は無料であることから，運営は直接的な経済的利益よりは文化的な価値づけに基づいていると考えられる。また記念館は鉱山の採鉱の中心地であった本山地区に開設され，記念館への価値認識が企業の「創業地」認識と強く関連付けられていることも類推できる。

　なおこの記念館には，日立製作所の新入社員全員が毎年研修として見学に訪れる。このことから，日立製作所もまた，この記念館の近代化産業遺産に対し，企

業文化という文脈からの価値づけをしていることをうかがえる。
(2) 日立製作所による小平記念館の運営

1956年，日立製作所は「初代社長である小平浪平の偉業と創業の志を長く終生に伝えるため」，日立事業所のほぼ中心部に位置する「小平台」と名付けられた丘の上に，企業博物館である小平記念館と「日立鉱山内本山にあった工作課の建物を復元した」建物である「創業小屋」を建設した（日立製作所臨時五十周年事業部社史編纂部，1961）。展示は主に，創業者小平浪平の遺品や再現された書斎を通じた個人顕彰と日立製作所の地域貢献，製品・技術発達の歴史からなる。

日立製作所によるこの場所での記念館の運営目的は，対外的には企業の歴史と活動の広報，対内的には社員に対する企業への忠誠心向上といった，企業文脈での文化的価値づけに基づいたものが第一であると考えられる。内部見学者の中で最大の層は日立製作所の新入社員で，新人研修においてすべての新入社員が見学を行う。外部からの見学者として，個人客以外には，後述する商工会議所主催のバスツアーや，2007年以降の日立市の小学校教育における郷土学習の受け入れが挙げられる。

以上にみたように，対象事例地域では，JXグループと日立製作所グループという2つの歴史的な中核企業グループが企業博物館を自ら運営している。これらの運営は企業による文化戦略の一環であり，企業の歴史を展示することで企業の経営理念を企業内外に示すことを目的とする。前者の事例では企業博物館が企業により「創業の場所」として認識される場所に建設され，後者においても歴史的な工場の中で「創業小屋」の復元がなされるなど，企業の創業の場所と経営理念を結びつけることを両企業が重視しているのが読み取れる。

4.3 中核企業以外の主体による保存と活用
(1) 市民団体による共楽館復元運動

共楽館は1917年，日立鉱山により建設された芝居小屋であり，鉱山を代表する娯楽施設であったが，鉱山の規模縮小につれて利用頻度は低下し，1965年に劇場としては使用が中止された。この時，建物を残すこと自体は希望していた日本鉱業と日立市が協議した結果，この建物は日立市に無償譲渡された後日立武道館に転用され，現在国登録有形文化財・市指定文化財となっている（茨城県教育

庁文化課編, 2007)。この共楽館の, 芝居小屋としての復元活用を目指し活動を行っているのが, NPO 法人「共楽館を考える集い」(以下, 考える集い) である。

考える集いに対する聞き取り調査によれば, 芝居小屋としての共楽館の復元を希望する声は, 武道館へ転用後, 間もなく挙がりはじめ, その中心は, 劇場, 映画館としての共楽館をかつて体験した日立鉱山 OB であった。これが 1993 年に組織化されたのが, 考える集いである。実際の活動内容としては, 他地域の市民団体と連携した全国的な芝居小屋復元活用運動の推進, 広報紙発行, 復元活用署名運動, 講演会の開催, 市の開催, ガイド養成講座などが挙げられる。

このように, 元々考える集いの活動は芝居小屋としての共楽館復元運動であったが, 2000 年代に入り, その運動の目的に「産業遺産保存活用によるまちおこし」を含むようになる。これは, 日立市の財政難によって, 素朴なノスタルジーのみに基づいた共楽館復元活用が現実的でなくなり, 新たな復元活用目的を訴える必要が生まれたことによるとされる。この「まちづくり」に基づいた活動の一環として, 2005 年には NPO 法人化し, また市のコミュニティビジネス補助事業によって 283 万円を補助され, 共楽館の近くの古民家を借り, アンテナショップの運営を 2010 年まで行っていた。一方, 運動方針変更と高齢化によって, 日鉱 OB の運動離れがもたらされ, 2003 年には最多の 975 人を擁した会員数も, 2010 年現在, 約 400 人に減少している。ただし, 近代化産業遺産に関する市民の認識は, 講演会やパネル展, ガイド養成講座などの活動を通じて高まっている, と会は考えている[14]。

(2) 商工会議所による産業観光振興策

日立市商工会議所は, 交流人口拡大による地域経済振興のために, 地域資源の価値を域外に発信し, 住民に地域資源を知ってもらうことが必要であると認識しており, 近代化産業遺産を含む産業観光資源はこうした地域資源の 1 つとして位置づけられている。

産業観光施策として最も初期のものは, 1998 年より行われているバスツアーである。これは上記の目的より地域住民を念頭において始められたもので, 2011 年現在に至るまで毎年開催されている。見学場所には小平記念館と日鉱記念館が必ず含まれる他, 市内の日立製作所関連工場の中で 1 つか 2 つ, 行程やテーマの観点から適当な施設が選ばれ見学コースに含められている。

近年の施策としては,「ふるさと日立検定」が挙げられる。また検定のテキストとして発行した日立商工会議所編(2008)は初版2000部を完売し,「地域検定テキストとしては異例の」増刷を1000部行い,これも完売した。商工会議所はこれらのことにより,地域住民に対し産業観光資源を含む地域資源についての認識を深めてもらうことができたとしている。

以上のように,日立地域においては,2000年以降の製造業就業人口の減少などを背景に,いくつかの地域主体が「まちづくり」や地域アイデンティティ強化の観点から,中核企業所有の近代化産業遺産に対し,地域文脈での価値づけをおこなうようになりつつある。

4.4 自治体による近代化産業遺産施策

日立市において産業観光資源の活用がはじめて論点となったのは,1990年代の共楽館保存運動である。この時,日立市は1997年の基本計画において共楽館の文化的活用に言及したが[15],財政悪化により結局見送られている。その後共楽館は2006年,耐震強度の問題が発覚し使用休止となったのち,2009年度に国の「地域活性化・経済危機対策臨時交付金」での財源確保[16]によってスポーツ振興施策の一環として改修がなされた。ただし,日立市は,観光振興のツールとして近代化産業遺産を活用しようという施策について,近年まで消極的であった。2007年には経済産業省によって「近代化産業遺産群」が認定され,これには日立地区の近代化産業遺産も含まれたが,この時日立市は建物が老朽化し,その修理費が多額であることを理由に共楽館の認定を辞退している[17]。

教育面においては,郷土学習のための産業観光資源の活用が活発化したのが2000年代以降である。2006年には「郷土学習のための校外学習バス」が事業化され,その中で日立市内25小学校の全6年生は,日鉱記念館,小平記念館,日立市郷土博物館の3つの博物館のうち,2つを必ず見学することとなっており,企業博物館の近代化産業遺産を地域文脈で改めて価値づけようという意図が確認できる。

5 企業文化と近代化産業遺産

本稿では，企業に創業地と認識される企業城下町において，近代化産業遺産の保存と活用がどのようになされてきたか，倉敷地域と日立地域の2つの事例を比較してきた（図14-4）。

両地域において中核企業はそれぞれ独自の企業文化に基づいて，近代化産業遺産の保存と活用を行ってきた。倉敷地域においては，創業家の思想と資産管理の方針が近代化産業遺産の保存と活用の様態を大きく規定してきた。繊維工場は閉鎖された後，跡地再開発の形で企業博物館や観光施設として活用されている。その他の近代化産業遺産も，企業本体でなく，創業家と関連のある法人によって積極的に保存活用されている。その一方で，市民や自治体による保存活用の動きは，他の地域と比べると目立っていない。

これに対し日立地域では，現在も生産活動を行う工場内に近代化産業遺産が保存されていることもあり，観光資源としての活用よりも，退職者を含めた中核企業の社員にとっての，企業へのアイデンティティを醸成する場所としての活用の

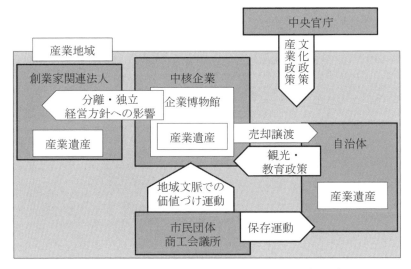

図14-4 近代化産業遺産の保存と活用を巡る主体間関係（森嶋作成）
灰色四角は関連主体，細線囲み矢印は所有の移転，太線囲み矢印は近年の保存活用運動を示す。

方が中心的である。一方で，1990年代の中核企業によるリストラクチャリングや，全国的な近代化産業遺産に対する価値づけの変化を背景に，市民や自治体による保存活用の運動が活発となっている。

　このように，本章では企業創業地における近代化産業遺産の保存と活用の比較分析を通じて，企業文化と地域の主体間関係の差異が保存と活用のあり方に大きくかかわっていることを明らかにしてきた。もっとも，企業文化の捉え方については，なお議論の余地を残すものであるとは考える。本研究で取り上げた創業家の思想は，現代においてなお企業経営理念の研究において重要な意味を持つものであるといえる。今後，近代化産業遺産の保存と活用を通じた企業の社会的責任や社会貢献がクローズアップされるにつれ，これらの事例が持つ，企業の社会戦略への含意はより重要性を持つようになると考えられる。

（森嶋俊行）

注
1) 中牧弘充（2003）では企業博物館を「企業の神殿」と例え，企業博物館を通じて企業理念や企業文化を神聖化することで，企業は社会からの尊敬や，従業員の企業への忠誠心を勝ち得ようとしてきたとする。
2) 代表的な定義として，国際産業遺産保存委員会は産業遺産を「歴史的，技術的，社会的，建築学的，あるいは科学的価値がある産業文化の遺跡・遺物から成る。これらの遺跡・遺物は，建物や機械類，作業場，水車場や工場，鉱山および加工処理場や精錬場，倉庫や貯蔵庫，エネルギーが発生され，移送され，使用できる場所，輸送やそれのすべての基幹施設だけでなく，住宅，宗教礼拝や教育のような産業に関係した社会的活動のために用いた建物から成る。」としている（The International Committee For the Conservation of the Industrial Heritage, 2003, 並河訳, 2006）。
3) 三大都市圏には圏外より数多くの近代化産業遺産が分布しているが，その内訳はオフィスや住宅，公共施設といった，特定の産業というより都市化全体に関連するものが中心であるので，本研究の対象事例とはしない。
4) この工場は1945年の閉鎖まで倉敷本社工場と呼ばれ，その閉鎖後は同じ倉敷地域内の万寿工場が倉敷工場と改称された。本稿においては，前者を倉敷本社工場，後者を万寿工場と統一して呼称する。
5) 「労働理想主義」のスローガンは以下のようなものである（倉敷紡績株式会社，1988）。「第一　我社は人道主義を以て一貫す。第二　我社は労力非商品主義を確守す。第三　我社は資本と労力の調和を天下に実証せんとす。」
6) ただし，江戸時代の蔵の町並み保存運動と近代建築の関係について，倉敷市の見解に対し，倉敷都市美協会（1990）では，地域内に数多く建設された西洋式の建物はむしろ，江戸時代の建物からなる景観を阻害するものであるという主張が市民の中に

あったことを描いており，実際の関連各主体の認識の仕方はなお検討を要する．
7) たとえば，1963年から1992年まで，倉敷駅北口の遊休地ではクラボウドライビングスクールが運営されていた．このドライビングスクールと万寿工場の跡地に建設されたのが，倉敷チボリ公園である．倉敷チボリ公園は，県主体で設立した第三セクター企業が経営していたテーマパークで，1997年に開園した．2008年には経営不振により閉園したが，その後も土地は倉紡が所有し，倉敷チボリ公園時代にも倉敷チボリ公園より倉紡に対し地代が支払われていた．
8) 大原謙一郎氏は1995年に中国銀行副社長を退任した後，倉敷商工会議所会頭，倉敷中央病院理事長，大原美術館理事長などを歴任している．
9) 大原孫三郎の設計依頼を数多く受け持った建築家として知られる（上田恭嗣, 2003）．
10) 中国銀行倉敷本町出張所に対する聞き取り調査によれば，1979年，美観地区の外に新たに中国銀行倉敷支店が開設された時，この建物を用いていた旧倉敷支店の廃止も検討されたが，歴史的建造物を保存し倉敷美観地区の景観を守ることによる地域貢献面での意義や美観地区を中心とする本町地区に長期的な取引関係を持つ重要な顧客が多かったことが考慮され，営業が継続されたということである．
11) 本田實は，1941年から1990年の死去まで倉敷天文台の実主事として活躍した人物であり，生涯に新彗星12個，新星11個を発見した新天体捜索家として知られる天文家である．
12) 近代化産業遺産に関連する総合計画上の施策として，「文化財の保存と活用」「町並み保存地区の保存と活用」「歴史・文化の観光資源化」「伝統工芸・産業の観光資源化」といった方針が挙げられているが，これらの施策は市全体，もしくは美観地区といった枠組みのもとで設定されている．
13) 日鉱記念館によれば「久原が赤沢開発に乗り込んだ時，彼には大きな夢があった．自分の開くこの鉱山とその付近一帯の地に，浮世の荒波から忘れられた1つの桃源郷を造り出そう．そこには労資の相克とか，事業と地方の対立とか云ったものの全くみられない，全てが混然一体となった楽天地を想像しようというものである．ほほえましい夢とみる人もあろう．愚の類と考えるものもあろう．崇高な心構えと嘆ずる人もあろうが，果たして如何にこの夢は具現化したのか．（嘉屋　実編, 1952）という夢が一山一家という考え方に結び付いたとされる．
14) その根拠として，聞き取り調査ではこれらの企画に対する参加者の声，さらに，本来会員向けに始められたガイド養成講座に対し，会員外からの応募の方が圧倒的に多かった，といった事実が挙げられている．
15) この背景として，「考える会」に対する聞き取り調査では，当時の市長が，父が日立鉱山出身かつ本人も東京の日立鉱山学寮出身で市教育長から市長となった人物であり，共楽館への理解度は強かったことが挙げられた．
16) 財源の内訳は国庫支出金約2億4182万円，合併特例事業債による市債が約1億5210万円と，国庫補助が財源の中心となる事業である．
17) 「考える集い」の広報誌「共楽館」第48号（2008年2月19日発行）による．

第 15 章

市町村合併と修景まちづくり事業の継承

1 市町村合併とまちづくり

　現代の農村農山村は，過疎化・少子高齢化の進行，グローバル化に伴う地域経済の衰退，地域社会の衰退といった地域をめぐる複合的な課題に直面している。こうした課題を解決し，地域再生を進める上で，1970年代以降各地でまちづくりが取り組まれており，事例を中心とした研究成果が多く蓄積されてきた。

　見解の違いがあるにせよ，農山村では行政が資金やリーダーシップ，運営のノウハウといった面でまちづくりの中心的なアクターであったのは確かであろう。しかし，1990年代末以降，国が進めた地方制度改革に呼応して，自治体では行財政改革に取り組まなければならなくなってきた。特に，1990年代末以降農山村の小規模自治体では地方交付税制度改革や「三位一体の改革」に伴う歳入急減，地方債残高増加等の要因から，財政運営を再編せざるを得ない状況に置かれてきた。中でも，国による「平成の大合併」と称される市町村合併の推進は，領域の再編に加えて，行政組織の再編も行われるため地方自治体の関与するさまざまな側面に影響が及ぶことが指摘されてきた。

　合併市町村において，従来取り組まれてきた事業が縮小・統合が進み，まちづくりの中心的な担い手であった自治体の機能が大きく後退している。こうした中で，政府では対応が難しい地域問題や社会的ニーズに，柔軟で素早く，細やかに対応できる点からまちづくりの新たな担い手として非営利組織[1]が期待されている。非営利組織は，「新しい公共」[2]の担い手として，特定非営利活動法人法の制定（1998年）や，地方自治法改正による指定管理者制度の施行（2003年）により公共施設管理運営が可能になる等，活動範囲の拡大が進められている。実際に市町村合併後の非営利組織の活動についても，協働条例の制定を通じ

て新自治体の意思決定プロセスへ参加を図る自治体も増加している(牛山久仁彦, 2011)。その一方で,「ボランタリの失敗」[3]の議論や人材や資金面に関する課題(柏木　宏, 2007)も指摘される。また,地理的にも非営利組織が都市部で集中する反面,農山村では非営利組織が少ない点も指摘される(埴淵知哉, 2007)。

以上の背景や課題を踏まえて,本章では,鳥取県旧鹿野町(現鳥取市鹿野地区)を対象地域として,従来行政が主導して運営してきたまちづくりが,平成の大合併に伴う自治体の消滅により非営利組織の運営に移ったことで,活動内容や運営体制にどのような変化が生じたかを明らかにするとともに,編入合併後のまちづくりに非営利組織が果たす役割と課題を考えたい。

2　旧鹿野町におけるまちづくり事業と編入合併の展開

2.1　旧鹿野町の概要とまちづくりの展開

鳥取県旧鹿野町は,鳥取市の南西部の中国山地北端に位置し,2000年の国勢調査人口が4,594人の比較的小規模な自治体であり,振興山村指定を受けている。旧鹿野町は,1955年の6,055人をピークに人口が急減し,過疎対策緊急措置法の指定を受けた時期もあった。1970年代以降,人口は漸減傾向になり,第2・3次産業の就業者比率が高まっている。産業構造の転換の中で旧鹿野町では鳥取市への通勤者が増加しており,都市近隣の居住地としての役割も持ちつつある[4]。

町は城下町を発祥としていたこともあり,城下町地区を中心に住民による地縁組織が結成されていた。第2次大戦後には,町内会のみならず1945年に青年団,地域婦人会が設立されている。以後も老人クラブ連合会(1964年),鹿野祭や町内の市(いち)を運営する町内の商工業者110人程度の協力による商工会(1962年),婦人会部会,婦人会部会間の連絡会(あじさいの会)(1989年)等の地縁や活動内容に応じたさまざまな住民組織や産業団体が結成され,活動を始めている。しかし,当初これらの組織は個別に活動しており共同事業の実施までは至っていなかった。

町では,人口減少への対応から1970年代以降行財政運営において定住と観光開発を目的とする基盤整備を中心に据えてきた(鹿野町誌編集委員会,1995)。こうした中で,町北部に湧出する温泉を中心とした宿泊施設整備や温泉掘削といった観光事業,農山村近代化を目的とした圃場や農道整備が1990年代初頭ま

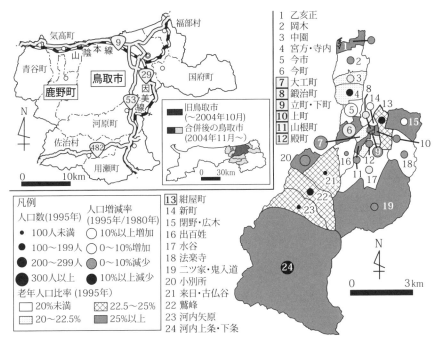

図 15-1　鹿野町の位置と街なみ環境整備事業開始時における人口数・高齢化率の動向
注：図中鹿野町内の四角番号の地区は城下町地区・街なみ環境整備事業対象地域。
出典：各年国勢調査により佐藤作成。

で重点事業とされてきた[5]。一方，町の中心部にあたる城下町地区では，1980年代後半以降人口減少と高齢化の進行，空家増加が地域の問題として認識され始めた（澤田廉路, 2004）が，対策はほとんど取られてこなかった。まちづくりが開始される直前の1995年における町内の各地区の高齢化および人口増減の状況（図15-1）をみると，1980年から人口増加がみられたのが城下町7地区中鍛治町地区のみであり，5地区で高齢者率が25％を超えていた。

　こうした状況の中，1991年4月の新町長就任を契機に町の行政指針は大きく変更された。新町長は，「町民生活の向上や町民福祉の充実を図る上での地域活性化を図る必要性」（基本整備構想, p.2）から，「鹿野町基本整備構想」を1994年に策定した。基本整備構想では重点施策として，城下町地区における祭りが似合う風景をテーマした景観・街路整備（以下修景）事業を掲げた。修景事業は,「町全体を巻き込んだ組織づくりを行い，企画から管理運営までの体制を構築する」

（基本整備構想, p.34）として，城下町地区 8 町内会で統一基準を決定する建築協定の策定を通じた住民参加を採択した。1996 〜 97 年にかけて各町内会では建築物の意匠や景観を定めた建築計画書「まちなみ整備協定書」を，住民総意により定めている。

　街なみ整備事業推進の財源として，町では 1995 年度から事業費の半分を県や国から補助を受ける「街なみ環境整備事業」を利用してきた。事業にあたって，町が道路舗装や電柱の着色化や街路整備等を，住民は個人所有の住宅の改築を進めた。また，個人所有の建築物修景には，1996 年より町が 1 軒あたり最大 100 万円の補助金を交付する他，街なみ景観大賞を主催して，住民同士の競争を促し，個人家屋の修景促進を図った。

　家屋や道路の修景が進むにつれ，城下町地区の住民を中心に自発的に修景に取り組む動きがみられ始める。1996 年に町内会有志が木製行灯やホース収納箱を製作したのを機に，イベント運営やボランティアを行う住民主導型非営利組織が相次いで形成された。これらの非営利組織は当初個別に活動していたが，町内会住民の一部が結成した任意団体による修景活動や 1997 年の盆踊り復活運動を展開する中で，組織間の交流が進んだ。2000 年 8 月には町内の非営利組織の 1 つが策定した空家整備と伝統技術活動や特産品開発を中心にしたまちづくり計画が，2000 年 8 月に鳥取県「街なみ整備コンテスト」で最優秀賞に選定されたことを受け，住民や各団体の間で，まちづくりを統一して担う団体の設置を図る動きが強まった。2001 年 10 月には，「街なみ整備コンテスト」で表彰を受けた任意団体を中心に，町内の各住民組織，町内会役員，商工会会員や建設業組合員，鳥取県や鹿野町職員，議員が参加して，任意団体いんしゅう鹿野まちづくり協議会を設立した。なお，鳥取県の認証を受けて，まちづくり協議会は 2003 年 2 月に NPO 法人化しており，法人化時の会員は 44 名であった（以下 NPO 法人まちづくり協議会と表記）。

　NPO 法人まちづくり協議会は「地域住民に対して伝統文化，芸術等の振興を図る活動に取り組むとともに，新しいまちづくりを積極的に推進」（協議会定款）し，「地域の発展と活性化に寄与すること」（同）を目的としている。NPO 法人まちづくり協議会は活動分野として，まちづくり（特定非営利活動促進法の定めによる第 3 号），文化芸術（同第 6 号），環境保全（同第 7 号），こどもの健全育

成（同第13号）をあげ，伝統工芸品の技術継承と並んで，「町並み整備に関する検討に取り組み，それに基づきPlan, Do, Checkを行い新しいまちづくりの推進」（協議会定款・特定非営利活動として実施する事業）を図ることを中心的な活動に据えている。この中で，NPO法人化当初には，修景やその後の建物の継続的な利活用が中心に据えられていた。

2.2 編入合併前後におけるまちづくりの転換

　行政と住民の共同化によるまちづくりが進められる一方で，財政状況の悪化や将来的な財政負担への懸念から，旧鹿野町では町長や議会が主導となって鳥取市への合併の方針を打ち出した。鹿野町では，財政力が脆弱で人口も少ないため，地方交付税削減の影響を受けやすく行財政改革に取り組んできた。こうした中で旧鹿野町は，周辺町村の中で最も早い2002年10月9日に，町長が鳥取市との合併を表明したことを受け，鳥取市および近隣町村との間で合併協議会を設立し，2004年10月1日に鳥取市に合併した。

　合併を進める一方，合併後の街なみ環境整備事業存続のため，町は城下町地区を中心とするまちづくりの運営体制を整えた。まず，まちづくりを中心的に担うアクターとして，2004年10月に観光など収益性ある事業およびまちづくりなど公益性の高い事業を通じた地域の拠点活動を担うことを目的とし，住民から出資を募った第3セクター「ふるさと鹿野」を町は設立した。ふるさと鹿野の設立時，町は出資による信頼確保の点から行政の出資比率を高める方針であったが，住民の株式購入が増加したため，最終的に出資金3500万円の構成は行政（鹿野町）50.1%，住民45.5%，銀行等が4.3%の比率となっている。ふるさと鹿野は設立直後指定管理者制度（5年契約）を通じて，町営国民宿舎・日帰り温泉入浴施設・農産物直売所・町内産そば打ち体験施設といった，従来町が出資してきた観光施設の管理運営を手がけている。これらの施設運営による収益で，出資者や町内への経済的な還元を図ることが期待されていた。また，まちづくりの継続を目的としていたため，ふるさと鹿野は公募によらない形で指定管理者として選定されている。

　施設運営以外のまちづくりにおいて，町はまちづくりに関して住民主体の活動へと転換を図り，2つの施策を打ち出した。第1に，住民中心によるイベントの開催である。2000年以降町が城下町地区において町民向けの祭（わったいな

祭）やイベント（町民音楽祭）を開催してきた。しかし，合併の方針が決定した2003年より存続を図るため，町ではイベントをNPO法人まちづくり協議会をはじめとした住民との共催に移行した。

　第2に，住民主導による修景事業への転換である。1995年の街並み環境整備事業開始時には行政が計画を策定していたが，合併決定後に町は城下町地区の住民による意思決定と事業運営を中心にする方針を打ち立てた。町の意向を受けて，町内会を中心とした住民団体は町内会連合会を結成すると共に，街なみ整備に関する協定「鹿野まち普請の作法」を総合支所や鳥取市内の建設業者とともに策定し，活動の指針とした。このように，編入後のまちづくり事業の継承を図るため，鹿野町は事業の財源確保とともに住民主導の運営に切り替える準備を進めていたのである。

3　市町村合併後のまちづくり事業変化と非営利組織による継承

3.1　市町村合併後の行政によるまちづくり指針

　市町村合併前に旧鹿野町では，まちづくりを継承する上で第3セクターふるさと鹿野と，町内の非営利組織を中心的なアクターとして展開する方針を打ち出した。この方針が，合併後のまちづくりにどのように継承されているのか，まず事業にかかる旧町村に対する行政の施策と財政支出に着目しながらみていく。

　合併後のまちづくりに対して鳥取市は，第8次総合計画（2006年）で旧町村の活動を継続する方向性を示した一方，合併により財源に乏しい旧町村を多く抱えたことや，財政状況が逼迫していたことを受け，2005年3月に第4次行財政改革大綱を策定し，歳出削減を進めた。

　行財政改革の下で鳥取市が重視したのが各種補助金の削減である。鳥取市は合併直後に要綱を策定し，自治会補助金をはじめ各種の補助金削減を開始した。補助金削減要綱では2005年度から3年間で，市内で活動する団体への補助金を15%，イベント運営名目補助金を30%削減する方針を示した。

　この要綱の施行に伴い，合併後の鹿野地区のまちづくり事業への補助・助成額は削減された。街なみ環境整備事業費が削減されたことに伴い，修景を行った個人住宅数も減少している。城下町地区における修景事業は，1998年から2001年にかけて最も修景が進んだが，合併後に修景された住宅軒数は2005年度から，各

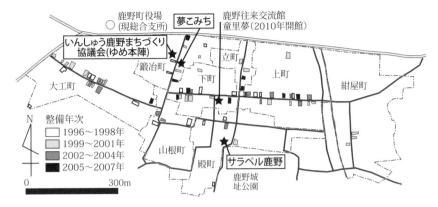

図 15-2 鹿野城下町地区における住宅修景事業の進捗状況
出典：鳥取市鹿野町総合支所資料より佐藤作成。

年度 5 軒，4 軒，1 軒と減少している（図 15-2）。また，街なみ環境整備事業と並行して，鹿野地区に対するイベント事業も，予算配分・補助金額は合併後に削減されている。

鳥取市への合併後，第 3 セクターふるさと鹿野のまちづくりにおける役割は大きく変化した。ふるさと鹿野はまちづくりにおいて，観光施設管理運営と，観光事業の展開を期待されるとともに，合併後の地域活動の中核的なアクターとなることが期待されていた。しかしふるさと鹿野は，5 年間の指定管理者により観光施設の管理運営を継続しているものの，合併後観光事業を NPO 法人まちづくり協議会へ委託し，直接の運営から手を引いている。

観光事業の委託と合わせて，合併後ふるさと鹿野から鳥取市に対して，旧鹿野町時代にはなかった施設利用料の支払いが発生するようになった。ふるさと鹿野の単年度経常収支は 2005 年度から黒字へと転換しているが，施設利用料の支払いの結果，経常利益は減少しており，まちづくりを通じた鹿野地区への利益の還元という役割は果たせなくなっていた。

しかし，2010 年代に入り，ふるさと鹿野は観光を含めたまちづくりにも再度加わるようになった。合併時から城下町地区の住民活動や交流の拠点として期待されていた往来交流館が 2010 年に開館したのを契機に，ふるさと鹿野は指定管理者制度を通じて管理運営を担っている。往来交流館では，鹿野地区を中心に，鳥取市西部の旧 3 町の地区内産品の販売や飲食店運営，地区内のイベントや情報

の提供を進めており，観光の側面を中心に鹿野地区を他地域と結びつける役割を担っている[6]。

3.2 非営利組織におけるまちづくり活動の展開

以上のようなまちづくりをめぐる動向の中で，NPO法人まちづくり協議会の活動の変化を，収入・支出面からみると，合併前後で活動が大幅に変化している（図15-3）。合併前にNPO法人まちづくり協議会は鳥取県・鹿野町の中山間地域活性化交付金により家屋修復を進めていたが，合併後に交付金事業期間が終了し，鳥取市が事業引継ぎを行わなかったため，2003年度から2004年度にかけて収入・支出ともに大幅に減少した。中山間地域活性化事業は，合併前のNPO法人まちづくり協議会の収入の大半を占めていたため，事業終了と共に，NPO法人まちづくり協議会の収入は急減した。

収入額の減少を受けて，NPO法人まちづくり協議会は改修した空家を用いて，新たに観光を対象にした事業運営に取り組んだ。NPO法人まちづくり協議会では2003年に本部, 物販や体験施設, 特産物開発施設の入った住宅（ゆめ本陣）を，2004年には飲食店（夢こみち）を開業した。ゆめ本陣と夢こみちからの事業収入は以後，NPO法人まちづくり協議会の収入源として大きな役割を果たすこと

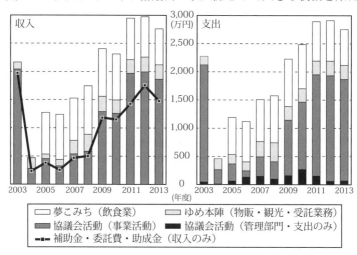

図15-3 いんしゅう鹿野まちづくり協議会の事業別収入と支出の推移
出典：各年度いんしゅう鹿野まちづくり協議会事業報告書より佐藤作成。

になる[7]。

　安定した収入源が確保できたことで，NPO法人まちづくり協議会は2009年以降，設立当初目的としていた修景事業や空家対策事業に加えて，定住支援やアートによるまちづくりといった事業も新規に取り組み始めた。新事業は，自主財源を充当した家屋の改修とともに，公募による助成金・補助金の獲得による定住支援や地域おこし協力隊の招聘，改修した家屋の店舗利用といった人的支援を対象とする活動を拡大している。以上の経過を踏まえれば，NPO法人まちづくり協議会では，財源確保の安定化を契機に，当初目的としていた事業の運営が可能になると同時に，従来の事業を活かした多様な活動へ展開を進めていると言える。

4　市町村合併後のまちづくり事業におけるアクター間関係の変化

4.1　鹿野地区内のアクターとNPO法人まちづくり協議会の事業関係

　まず，まちづくりにおける鹿野地区内の各アクター間の関係を取り上げよう。域内アクター間の関係の変化として第1に挙げられるのが，NPO法人まちづくり協議会と演劇NPO法人との共同事業の開始と活動助成金の獲得である。域内のNPO法人間で共同事業が開始された背景には，両NPO法人とも活動を継続する上で課題を抱えていたことが挙げられる。演劇NPO法人は文化活動の振興を主な目的に，鹿野地区内で2006年に活動を開始したが，当初自主財源に乏しく活動の持続性に問題を抱えており，外部資金を獲得する必要があった。また，NPO法人まちづくり協議会も，鹿野地区内での景観整備と観光事業以外で新たな活動を展開する必要性に迫られていた。両NPO法人が助成金に共同出願したのは，演劇NPO法人にはまちづくり活動を対象にすることで資金獲得の間口を広げる方法として，NPO法人まちづくり協議会には文化事業への取り組みや町内における活動の一体化といった，双方にとって活動を拡大できるメリットがあったためである。

　NPO法人まちづくり協議会と演劇NPO法人ではその後も継続して共同事業を進めている。NPO法人まちづくり協議会を中心に2010年から開始したレジデンス・サポート・プロジェクトでは，1カ月の定住体験プログラムで舞台芸術や現代アートを活かしてまちづくりに取り組む移住者を重点的な対象者とした。これ

は，文化芸術作品の制作・発表機会が少ない若年層支援と共に，演劇 NPO 法人が培ってきた芸術を，まちづくりの柱の 1 つに繋げることを企図したためである。

　第 2 に，NPO 法人まちづくり協議会を中心に，地域住民が出資による修景と新事業の創出を進めた点に着目したい。NPO 法人まちづくり協議会の活動拡大，および合併後に策定されたまち普請を契機にして，鹿野地区ではまちづくり活動に参加する住民が増加する。一方で，合併後の鳥取市の財政配分の減少から，城下町地区の住民や NPO 法人まちづくり協議会のメンバーを中心に，鹿野地区内での自主的な活動拡大を図る必要性が共通の認識として広まった。

　こうした認識の広まりを受けて，2007 年 7 月に NPO 法人まちづくり協議会役員をはじめ，鹿野地区住民，出身者により，建造物の修景を目的とする株式会社サラベル鹿野が設立される。サラベル鹿野は，地区内に所在する空家の改修・保存・活用を主な活動としている。サラベル鹿野は，2007 年度に殿町にあった工場建物の改修を進め，改修後の建物を喫茶店の運営や鹿野地区住民や各団体の集会場，イベントの会場などの多目的利用を進め，鹿野地区内の交流拠点として使用している。

　第 3 に，域外からの移住者に対する支援の強化とまちづくりへの参加の促進が挙げられる。第 1 に挙げた定住支援を進める中で，移住者のまちづくりへの参加は NPO 法人まちづくり協議会では活動の柱の 1 つとなった。移住者のまちづくりへの参加は，先述した芸術分野の定住体験プログラム以外にも，地域おこし協力隊や地域マネージャーの採用，改修した空家での飲食店開業支援など 2010 年以降に継続して取り組まれている。こうした事業では，NPO 法人まちづくり協議会が中心となって実施しているが，空家の貸出や飲食店への食材提供などで，鹿野地区住民も支援に加わっている。

　このように，NPO 法人まちづくり協議会は合併前のように単独で事業を行うのではなく，地域内の主体の性格に応じた共同事業や支援を進めている。結果として現在，NPO 法人まちづくり協議会のみならず鹿野地区のまちづくり事業の多角化につながっていると言える。

4.2　鹿野町総合支所と非営利組織の相互関係

　市町村合併後，鳥取市は行財政改革を進める指針の下，住民組織に対する助成金を削減してきた。一方で，市は合併地域の振興を図るため，総合支所が独自に

事業を計画・推進する費目（地域活性化推進事業費）を設け，個別に事業を行う裁量を与えている。新市の事業として鹿野地区では，鳥取市（2006）で計画された農山村定住を図るため新たな補助金制度（定住制度補助金）を設けた。定住制度補助金は，域外からの事業者の居住を促すために，対象となる地域で取り組みを行う団体の支援を目的としたものである。

　NPO法人まちづくり協議会では先述の活動と併せ定住制度補助金を利用の上，2007年度より，修繕を行った空家を用いて域外からIターン・Jターン希望者を招き，数ヵ月単位で生活体験を行う定住化モデル事業を開始している。定住化モデル事業は，後述するようにNPO法人まちづくり協議会を中心とした地区内の非営利組織の中心的な活動になっており，総合支所が支援の役割を担うようになった。

　定住化事業と併せて，合併後の鹿野地区単独でのまちづくりを進めるため，鹿野町総合支所では旧町内での連携体制の構築を図っている。合併直後の2004年度には，総合支所が中心となり，町内会連合会やNPO法人まちづくり協議会，商工会，建設業組合といった組織が参加する，まちづくりの活動・協力・審議を行う機関として「心のふるさとづくり委員会」が創設された。心のふるさとづくり委員会は，鹿野地区独自の活動に関する企画運営を行うとともに，計画立案や予算編成をして，鳥取市本庁へ鹿野地区の取り組みや要望を汲み上げる機能を持っている。

　このように，合併後の総合支所は，まちづくりの中心的な担い手ではなくなった。しかし，非営利組織を中心としたまちづくりの支援や市と旧町村を結びつける中間組織として，依然として重要な役割を果たしている。

4.3　旧鹿野町外のアクターとの関係構築とその意義

　NPO法人まちづくり協議会では，活動の拡大と併せて域外アクターとの連携事業も増やしている。域外アクターとの連携として，まず鳥取大学の地域貢献支援事業を通じた共同事業の開始と助成金の獲得があげられる。また，鳥取県職員および鳥取県職員を介在とした国土交通省・総務省職員との間で，まちづくりに関する情報交換を継続的に進めている。こうした交流は，まちづくりに関する域外からの助言を非営利組織の新規事業創出につなげるとともに，補助金や公募事業といった資金獲得のための情報を得る上で重要な役割を果たしている。また活

動への補助金や助成金の獲得は，設立当初 NPO 法人まちづくり協議会が当初の目的としていた修景を再度進める上で重要な役割を果たしている。

　加えて，県や省庁との関わりは，NPO 法人まちづくり協議会の活動幅拡大にも結実している。2010 年以降の活動拡大期において，NPO 法人まちづくり協議会が新たに開始した空家を利用した定住支援事業では，先駆的に取り組んできた広島県尾道市や徳島県神山町との連携プロジェクトを通じて，地域間交流と各地域で抱える課題解決に向けた共同事業を進めている。尾道市・神山町との連携プロジェクトでは，NPO 法人まちづくり協議会のみならず，アート利用や若年層の移住などにおいて鹿野地区内の他の非営利組織の参加も進んでいる。同時に，地域間連携事業は公益財団の助成金の継続的な獲得といった財政基盤確保にも繋がっている。

4.4　旧鹿野町におけるまちづくり事業存続の地域的・組織的要因

　市町村合併前後でのまちづくりにおける各アクター間の関係の変化を示すと図 15-4 の通りになる。鹿野地区では，運営における財政などの課題を抱えつつも，NPO 法人まちづくり協議会を中心に，地区内のアクターがその性格や特徴を生かして相補的な関係を構築してまちづくりを進めている。また，まちづくりの活動では，鹿野地区内にとどまらず他県に所在するまちづくり団体との交流や共同事業を通じて，各アクターの長所を生かした役割分担や多角化を可能にしている。

　旧鹿野町で，住民団体を中心としたまちづくりが拡大できた理由として市町村合併以前から住民を中心に従来からさまざまな活動が取り組まれてきた点があげられる。特に，近世発祥の祭りを現在まで継承するなど，町内会を中心に住民同士の継続的な相互関係が構築されていた点や，さまざまな組織による活動が第 2 次大戦後町内で展開されてきた点は，合併前の行政と非営利組織によるまちづくり共同化の推進や，地区内の各主体の特徴を活かした連携の素地となっている。すなわち，町内会を基盤とした非営利組織の活動の存在という地域的・組織的側面が，鹿野地区での住民の自発的なまちづくりを生む背景となっていたと考えられる。

　一方で，合併はまちづくりに対して活動内容の変更を迫ることになる。まちづくりの内容が変化したのは，合併前後での農山村における担い手の運営能力や財政規模が大きく変わったことが理由である。合併前は行政がまちづくりの重要な

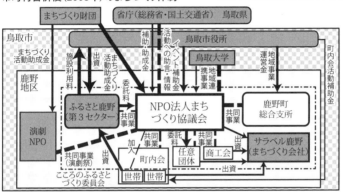

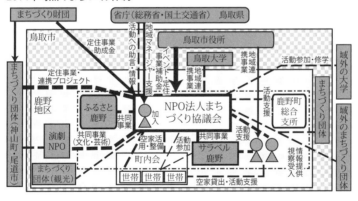

図15-4 合併前後でのアクター間関係の変化と事業展開

注:2014年は2008年から変更のあった点を記載。
出典:鳥取市,鹿野町総合支所,いんしゅう鹿野まちづくり協議会資料および聞き取り調査より佐藤作成。

担い手となっていたが,合併により総合支所に一部の機能は残しつつも,ほとんどの事業で運営権限を持たなくなった。一方旧鹿野町内での行政以外のアクターは,まちづくりを中心に担う団体が2000年代に入ってから設立されたこともあり,

その規模や人員数，財政面，運営ノウハウの蓄積などの問題から，行政が開始したまちづくりを継承して担える組織は存在しなかった。

　こうした状況下で，編入合併により事業の存続に対する課題が顕在化したことで，まちづくりに携わる組織のみならず，鹿野地区全体として事業の存続に向けた対応を取ることになる。まず，活動に関わる組織の対応として，NPO法人まちづくり協議会では，事業の存続に向けた財源確保や町内の各アクターの経済的波及を図る手段として，物販や飲食店等の活動を拡大させる方針をとった。一方，NPO法人まちづくり協議会の中心的な活動として想定された修景事業は，当初鹿野地区内で不足していた資金と運営ノウハウの獲得が不可欠だったため，域外のアクターや大学との活動の共同事業化を採択したと判断できる。このような当初の目的と実際の運営の乖離や，域外への依存は，合併直後の鹿野地区のまちづくりにおいて運営基盤の安定化と活動の継承を図る上で不可欠であったと判断できる。

　しかしまちづくりが成果を挙げ始めた時期に市町村合併が進み，総合支所や住民にまちづくりに必要な資金や運営の権限が十分付与されないことが明らかになる中で，住民側にもまちづくり存続への危機意識が醸成された。こうした中で，NPO法人まちづくり協議会とともに住民はまちづくりへ積極的に参加をするようになった。第3セクターふるさと鹿野設立時における住民出資比率の高さは，住民が活動を継承し，まちづくり事業の意思決定に加わるための対応であったとみなせる。合併後に第3セクターが当初の目的を十分に果たせない中で，まちづくり会社サラベル鹿野を住民中心で出資設立したのも，地域住民主導でのまちづくり活動の存続を目指した対応として，位置づけられる。

　加えて，合併後に事業の存続への意識が鹿野地区内で共有されたことは，各アクターの参加や支援，組織の長所を活かした共同事業の展開だけでなく，域内でのまちづくりのノウハウ蓄積に結びついている。NPO法人まちづくり協議会も，観光や物販などを通じて活動の資金を安定して確保できるようになったことで，域内外のまちづくり組織との共同事業の拡大だけでなく，当初の目的であった修景や空家対策事業への回帰，定住支援といった新事業の展開など，行政からのまちづくり事業の継承のみならず，多様な活動への展開が可能になったと考えられる。また，蓄積されたノウハウは，域内外に所在し性格が異なる組織との共同事業を進める上で有効に利用されている。

5　合併地域におけるまちづくりの展開と課題

　本章の事例から，合併前に行政が中心となってきた事業の継承における農山村非営利組織の機能を考察すると，合併前の活動を維持拡大する上で，地域住民主導で結成された非営利組織が中心的な役割を果たしていることが示された。現在非営利組織が担う役割とは，まちづくりの担い手としての役割にとどまらず，域外の主体との交渉や活動の公表，意見表明といった役割，住民や任意団体等の域内アクターの活動を取りまとめる役割，物販や飲食店を通じた地区内への経済循環や雇用の役割など，多面に及んでいる。これらの役割は，合併前に自治体が果たしてきた，まちづくりを含めた多様な行政機能の一部を代替するものとみなせる。合併後の鹿野地区においてNPO法人まちづくり協議会は，従来行政が中心に担ってきた事業の継承と併せて，合併後のまちづくり方針を決定し，他地域との外交を行う「代表者」としての機能を果たしていると言えよう。こうした事業が展開できたのは，中心となった非営利組織独自の運営方針と事業展開に加えて，設立の背景にある町内会が長らく行ってきた祭りを中心とした活動の存在，および城下町地区を中心に合併後のまちづくり維持に対する危機感の共有化といった，鹿野地区の地域的基盤が存在していたためだと考えられる。

　一方で農山村の編入合併地域における非営利組織は，活動の持続に必要な資金やノウハウの確保が難しいという問題も同時に抱えている。非営利組織が活動を持続させるには，十分な資金や運営に必要な情報の獲得と蓄積が必要になる。しかし，合併による行政機能の喪失や，地域に配分される補助金や助成金が減額される中で，非営利組織が単独でこれらの資源を確保することが難しい状況にあることも判明した。

　本章の事例にみられるような非営利組織が，合併地域内で持続的な活動につなげ，行政に代わる地域の代表者としての機能を持つには，域内に所在する多様なアクターが出資し，合併後の多様な活動を取りまとめる組織の存在が重要になると考えられる。まちづくりでは域内で資金を調達し，活動に関わる多元的なアクター間での情報交換と共有を図ることで，地域での自律した活動につながると考えられる。合併が進んだ現在の農山村において，地方自治全般にかかわるまちづ

くりのような施策を持続的なものにするには,非営利組織自身による担い手育成・成長の促進に加えて,総合支所など合併地域に密着した行政機関が,資金補助や運営のための情報や知識,人材等必要な資源の移転を長期的に継続して進めていく必要があると思われる。

（佐藤正志）

注
1) 非営利組織と類似した用語として「NPO」「ボランタリ組織」「住民組織」等があるが,本稿では特定非営利活動法人法の認定を受けない団体は全て「非営利組織」,認定を受けた団体は「NPO 法人」として表記する。
2) 本稿では,2010 年 6 月 4 日の「『新しい公共』円卓会議」の宣言に基づき,支え合いと活気のある社会を作るために国民,市民団体や地域組織,企業,政府等が,一定のルールとそれぞれの役割をもって当事者として参加し,協働により意思決定を行うことを「新しい公共」とみなす。
3) ボランタリの失敗とは,Salamon（1995）が提唱した概念であり,ボランタリ部門も政府や市場と同様に,活動には固有に失敗を抱えているとするものである。ボランタリの失敗で Salamon は,①フィランソロピー（資金）の不足,②フィランソロピーの専門主義,③フィランソロピーの父権主義,④フィランソロピーのアマチュアリズムを問題としている（Salamon, 1995, 江上監訳, 2007, pp.51-56）。
4) 鹿野町の 2000 年国勢調査常住地人口に占める鳥取市への通勤通学者は 36.2%（901 人）であった。また,同年の就業者構成では,サービス業比率が 32.7%（558 人）と最も高い。
5) 町の近代化事業として,1961 年には農地整備を目的とした「鹿野町建設計画」の実施,1970 〜 74 年度には,小鷲河地区を対象とした「鹿野町過疎地域振興計画」,1980 〜 84 年には,農道や消防施設,集落集会施設などを軸にした「辺地に係る総合整備計画」の実施,1982 年には農業の近代化を目的とした「農山村総合整備計画」が挙げられる。観光事業では,町営国民宿舎建設（1972 年）,温泉開発策定調査の実施（1981 年）等が挙げられる。
6) ふるさと鹿野では,合併後の 2005 年度まで旧鹿野町長が取締役を務めていた。しかし,2006 年度より,外郭団体や出資法人の効率化を進めるため,鳥取市本庁から派遣された銀行役員を務めた取締役が就任した。しかし,2010 年以降は NPO 法人まちづくり協議会の代表を務めた地区内出身者が取締役を務めている。
7) 両事業からの収入は合併前の 2003 年度には約 126 万円であったが,合併後の 2008 年度には約 1161 万円と増加した。以後も,2009 年度には約 1082.5 万円,2010 年度には約 1051.9 万円と安定した収入源として機能している（各年度 NPO 法人まちづくり協議会事業報告書による）。

第 16 章

オタク商業空間と中心市街地の活性化

1 オタク市場の拡大と商業集積の形成

　オタク文化は，今や現代日本の若者文化を語る上で，無視することのできない存在となっている。本来オタクとは，広く「趣味に没頭する人々」を指すような言葉であり，かつ「根暗」「社会性がない」などネガティブなイメージを伴うものだった。しかし現在，オタクという存在は若者を中心に広く許容されており，その現状は「オタク・ノーマライゼーション」とも表現されている（辻　泉・岡部大介，2014）。

　オタク人口はオタク文化の発展とともに持続的に拡大を続けてきたが，特に2000 年代以降の増加が著しく，オタク市場の急拡大をもたらした。この 2000 年代以降の拡大は，オタク市場への一般層の参入，すなわちオタクの「ライト化」という動きに特徴づけられる。オタクに対するイメージが向上し，ある種の「市民権」を獲得したということには，多くのオタク研究が触れており，インターネットの普及，「電車男」に端を発するオタクブーム，政府のクールジャパン戦略などが，その代表的な要因として挙げられている（榎本　秋, 2009；野村総合研究所, 2005；濱野智史, 2012 など）。

　『2008 オタク産業白書』では，DVD・CD，出版コンテンツ，ゲーム，フィギュア／グッズ，同人の 5 分野をオタク市場の範囲としており，オタク関連商業集積が取扱う商品は概ねこれらのジャンルに含まれる。またオタク関連商品のジャンルは，1 つのコンテンツをアニメ・コミック・キャラクターグッズなど，多様な媒体に展開させるメディアミックスが盛んに行われている商品群でもある。そのためオタク市場の消費者は他の市場と比べて購買対象となる商品ジャンルが多くなる傾向にあり，店側も同一店舗内で複数の商品ジャンルを取扱う場合が多い。

ところで，商店街やショッピングセンターといった既存の商業集積とは異なり，ファッションストリートのような，特定の業種に特化した新たな商業集積の存在が注目されてきている。「オタク」文化に関連する商品を取扱う店舗の集積地，すなわち「オタク関連商業集積」もその1つといえる。オタク市場の拡大とともに，オタク系商品を取扱う店舗の集積形成の動きは，まず東京都の秋葉原地区，次いで大阪の日本橋地区で顕在化し[1]，2000年代に入ると，比較的規模の大きい地方都市にまで及んできている。

2 オタク系ショップの全国チェーン展開

2.1 全国チェーン店の出店動向

オタク系ショップの中でも全国チェーン店は，オタク系商品の主要な流通チャネルとなっているのに加え，オタク関連商業集積の形成に大きな役割を果たしていると考えられる[2]。表16-1は，オタク系ショップの都市型全国チェーン店8社のプロフィールを示している。8社合計の店舗数推移をみてみると，1990年代

表16-1　オタク系ショップ都市型全国チェーン店8社のプロフィール

店名	店舗数 (出店地区数)	初出店年とその立地	主力商品	その他主な取扱商品
アニメイト	114	1983 池袋（東京）	グッズ	コミック・雑誌・CD／DVD・ゲーム・画材
らしんばん	38	2000 池袋（東京）	グッズ・同人作品	コミック・CD／DVD・PCゲーム（中古商品）
メロンブックス	24	1998 札幌	同人作品	コミック・CD／DVD・PCゲーム・グッズ
ソフマップ	23	1983 秋葉原（東京）	ゲーム	DVD・フィギュア
コミックとらのあな	22	1994 秋葉原（東京）	同人作品	コミック・CD／DVD・PCゲーム・グッズ
まんだらけ	11	1980 中野（東京）	グッズ	コミック・同人作品（中古商品）
ボークス	10	1972 京都	フィギュア・ドール	グッズ・模型
軸中心派	5	2012 名古屋	グッズ	同人作品

注：店舗数は2015年12月現在の，同一地区への複数店の出店を1店とみなす出店地区数ベースで集計した値。
出典：各社公式ウェブサイトより阿賀作成。

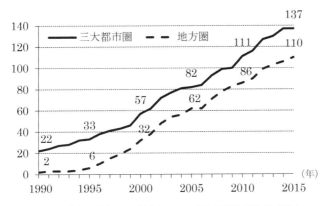

図 16-1　オタク系ショップ全国チェーン店の店舗数推移（8 社計）
出典：各社公式ウェブサイトおよびゼンリン住宅地図より阿賀作成。

前半まで全国チェーン店は地方圏にほとんど存在しなかったが，90 年代後半から 2000 年代初めにかけて一気にその数を増やしてきた（図 16-1）。2000 年代半ばに三大都市圏・地方圏ともに店舗拡大の動きはいったん落ち着くが，2007 年頃より再び増加基調となり，2010 年代に入ってもその傾向が続いている。

　中でもアニメイトは，地方への進出に最も積極的である。同社は，中高生以上のアニメファンを対象とした日本初のアニメ・キャラクターグッズ専門店として 1983 年に創業，2015 年 12 月現在全国に 114 店舗（出店地区ベース）を有する業界最大手の全国チェーン店である[3]。1990 年以前は三大都市圏の店舗が 15 店に対し，地方店はわずか 2 店であった。1990 年代後半になって地方圏への出店が本格化し，2008 年頃までに主要な地方都市が概ね網羅され，2015 年イオン松江店のオープンによって，47 都道府県全てへの出店が達成された。こうした地方を重視するアニメイトの出店戦略には，「地方の子どもたちにとって身近な本屋でありたい」という経営者の意思が，大きく関わっているものと考えられる（井上伸一郎ほか，2011）。

2.2　地方都市のオタク関連商業集積

　上述の全国チェーン 8 社の店舗が 2 店舗以上みられる都市を挙げると，札幌，福岡が 7 店，広島，仙台が 6 店，北九州，新潟，宇都宮が 5 店，静岡，岡山，豊橋が 4 店，熊本，松山，高崎，水戸が 3 店，浜松，鹿児島，金沢，郡山，甲府が

2店となっていた（2015年12月時点）。また，これら19都市への各社の出店・移転場所（新規出店が81件，移転が50件，計131件）の特徴を分析してみたところ，ビックカメラへのインショップ展開が多いソフマップ以外の7社では，「近接立地」および「同一ビルへの立地」の割合が高くなる，「相互依存立地」の傾向がみられた。なお，19都市のうち広島を除く18都市で，アニメイトが全国チェーン店の第一号店となった。

　ところで，札幌・仙台・広島・福岡といった広域中心都市では，2000年前後に全国チェーン店が相次いで出店した。その立地場所は，福岡では若者の集う北天神地区，札幌では繁華街の狸小路周辺，仙台では仙台駅周辺とさまざまで，初期に出店した全国チェーン店の立地が重要な意味を持っていたと考えられる[4]。この段階の集積形成は，オタク系ショップの自由な立地選択に委ねられる部分が大きかったといえる。

　2000年代後半になると，新たな集積の形態として，オタク系ショップが1つのビルに集まった「オタクビル」が登場する。ビル経営者によって，1つの商業施設の内部にオタク系ショップが誘導される傾向が強くなってくるのである[4]。さらに2010年代に入ると，比較的規模の大きい一般商業施設にオタク系ショップが進出するケース[5]，地域活性化の観点から行政が積極的に関与するケース[6]もみられるようになってきている。

　このように地方都市では，商業施設の空きテナントを埋める存在として，そして中心市街地活性化の起爆剤として，オタク関連商業集積が捉えられるようになってきた。以下では，栃木県宇都宮市を事例に，そうした集積の形成過程，消費者の特性，今後の課題をみていくことにする。

3　宇都宮市におけるオタク関連商業集積

3.1　宇都宮市の商業の現状
（1）宇都宮市における中心市街地の概要

　宇都宮市は，人口約52万人（2015年国勢調査）を数える北関東最大の都市である。二荒山神社の門前町をその起源とし，戦後その二荒山神社前の馬場町周辺に商業や業務の中心地が形成された（図16-2）。同時に東武線沿線の宅地化に伴い，

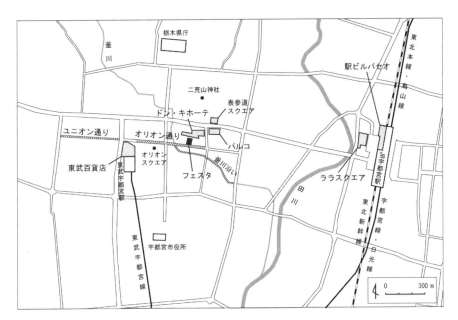

図 16-2 宇都宮市中心市街地の地図

東武宇都宮駅と馬場町の間を結ぶ「オリオン通り」が商店街として急速に発展した。そして1956年の東武百貨店開店によって，東側の二荒山神社周辺の大型店と西側の東武百貨店をオリオン通り商店街が繋ぐという，中心市街地の「2核1モール構造」が成立する。

　馬場町には1945年地元資本の上野百貨店が開店して以降大型小売店が林立し，二荒山神社前の大通りに面する地区が宇都宮の中心商業地となった。現在は1997年に開店したパルコと，西武百貨店跡地に2005年に開店したラパークMEGAドン・キホーテ（以下，ドン・キホーテ）がこの地区の核店舗となっている。一方で，1990年にロビンソン百貨店がJR宇都宮駅西口に出店し，駅周辺に新たな商業核が成立した。こちらは現在，ロビンソン百貨店に代わって2005年にオープンしたララスクエアと，駅ビルのパセオ（1979年開店）が核店舗となっている。2002年に策定された「宇都宮市都心部グランドデザイン」（以下，グランドデザイン）では，従来の中心市街地「センターコア」に対して，JR宇都宮駅周辺が「JRコア」と位置づけられ，これら2つの都心核を前提として，まちづくりや都市交通政策が企画されている。

(2) 郊外商業開発と中心市街地の衰退

　宇都宮では，1970年代後半からモータリゼーションの進展とともに，郊外へのロードサイド型店舗の立地が進んだ。特に宇都宮環状道路が開通した1990年代半ば以降その流れが加速し，それに伴い中心市街地では大型店の閉店が相次いだ。表16-2では，1990年以降における大型店の出店・閉店の動きを，中心市街地と郊外に分けて示している。とりわけ，インターパークやベルモールといった大規模なショッピングモールの影響は大きく，2000年代前半に馬場町の上野百貨店と西武百貨店，JR宇都宮駅前のロビンソン百貨店の3店が相次いで閉店した。

　こうした中心市街地の商業核となってきた大型店の相次ぐ撤退は，周辺の商店街に大きな打撃を与え，特に空き店舗の増加が深刻な問題となった。宇都宮市

表16-2　宇都宮市における大型店の出店動向（1990年以降）

年	中心市街地			郊外		
		店名	売場面積		店名	売場面積
1990	○	ロビンソン百貨店	25,252 ㎡			
1991	○	西武ロフト館	5,307 ㎡			
1994	×	福田屋百貨店	10,497 ㎡	○	福田屋ショッピングタウン	39,180 ㎡
1996	×	十字屋	3,603 ㎡			
1997	○	パルコ	14,996 ㎡			
1999	×	西武ロフト館	5,307 ㎡			
2000	×	上野百貨店	13,944 ㎡	○	アピタ	27,089 ㎡
				○	スーパーモール	11,800 ㎡
2001	×	アムス	7,044 ㎡			
	○	フェスタ	5,307 ㎡			
	○	109	7,044 ㎡			
2002	×	西武百貨店	19,689 ㎡			
2003	×	ロビンソン百貨店	25,252 ㎡	○	FKDショッピングモール（インターパーク）	41,500 ㎡
	○	ラパーク長崎屋	19,689 ㎡			
2004				○	ベルモール	42,000 ㎡
2005	○	ララスクエア	25,898 ㎡	○	カトレアガーデンインターパーク	12,622 ㎡
	×	109	7,044 ㎡	○	ビレッジ	13,408 ㎡
2007	○	表参道スクエア	2,240 ㎡			
2008				○	インターパークスタジアム	10,772 ㎡
				○	テクノポリスSC	10,544 ㎡
				○	東京インテリア家具	10,539 ㎡

　　○：出店　×：閉店
注：郊外は売場面積10,000㎡以上の店舗のみ記載。
出典：宇都宮オリオン通り商店街振興組合の資料より阿賀作成。

商工会議所によると，2000年時点で50件程度だった中心市街地の空き店舗は，2003年時点で180件程度にまで急増した。再開発事業などによって大型店撤退後の空きビルには新たな商業施設が入居したものの，2000年代後半まで大勢に変化はなく，商業機能の郊外化と中心市街地の衰退が続いた。

(3) 中心市街地活性化の動向

これに対し，宇都宮市では中心市街地活性化に向けた取り組みを本格化させるが，まず2003年に「空き店舗への出店に関する補助金制度」が新設された。当制度は一定の成果を挙げており，2015年4月時点の空き店舗は57件にまで減少した。また，都心居住を推進すべく，2005年には中心市街地に転居した若年世帯に対する家賃補助制度が新設された。2010年前後には再開発事業によって100前後の戸数を有するタワーマンションが相次いで建設された。ただし，中心市街地の人口は一時的には増加したものの，2012年以降再び減少に転じている。なお，まちづくり3法の改正に伴い2010年には「宇都宮市中心市街地活性化基本計画」が策定され，2015年4月にその2期目がスタートした。

ところで，2000年代に大幅な減少を続けてきた中心市街地の歩行者通行量は，2010年代に入ってやや改善傾向にある。ここ数年のにぎわい回復に大きく寄与したと考えられているのが，街中で開催されるイベントの増加である。宇都宮のイベントとしては，1999年から始まった「宇都宮餃子祭り」がよく知られているが，2000年代後半から同じく地域ブランドとしてPRされているジャズやカクテルをはじめとして，さまざまな自主的なイベントが開催されるようになった。

こうしたイベント増加を支えているものが，グランドデザインに基づいてなされた「拠点広場」の整備である。2006年には109跡地に「オリオンスクエア」が，2010年には上野百貨店跡地に複合商業施設「表参道スクエア」とともに「バンバひろば」が，それぞれ再開発事業によって開設された。特にオリオンスクエアは，オリオン通りに面するという立地の良さと利用料金の安さが，イベント主催者にとって大きな魅力となっている（管理事務所へのヒアリングによる）。

(4) 若者向け商業の発達

中心市街地活性化の取り組みが本格化したこの時期，中心市街地では10〜20代の若者を主要な顧客に想定した商業施設が台頭し，若者向けの店舗の集まる地区が出現し始めた。特にファッションビルのパルコは，若い女性から安定した支

持を得ている。ただし，若者向け商業施設は郊外にも形成されていることに注意が必要である。2005年には，若者をターゲットとした専門店街「インターパークビレッジ」がオープンしたが，こうした大型商業施設の郊外でのオープンは，ファッションビル「109」の撤退（2005年）の1要因になったとされている。

　「若年層化」が進むのは，都心あるいは郊外の大型商業施設だけではない。東武宇都宮駅から西へ伸びるユニオン通り商店街は，県外からも若者が訪れる「ファッションの街」に変わった（図16-2）。元々は小さな近隣型の商店街だったが，市街地西部に集積する高校の通学路に当たるという立地条件から，1990年頃より若手経営者がメンズ系ファッションの店を出店し始めた。2000年前後から若者向けの雑貨やアクセサリーの店も集まるようになり，個性的なファッションストリートへと発展していった。

　また最近では，オリオン通りから南東の釜川沿いの地区が，若者文化の発信拠点として注目されている。この地区はかつて飲み屋中心の歓楽街だったが，1989年の釜川改修によって景観が改善して以降，若者向けの雑貨店などが立ち並び始めた。2012年からは宇都宮大学の学生有志が，「カマガワポケット」という団体を組織，ファッションショーやジャズのライブなどのイベントを企画し，釜川沿いをファッションストリートに変えることを目標に活動を続けている。このように，宇都宮市では既存の中心商業地に隣接する地区において，行政主導の中心市街地活性化とは独立して，若者向けの商業集積地が形成されてきたといえる。

3.2　オタク関連商業集積の形成と来店者の属性
(1)　商業ビル「フェスタ」の「オタクビル化」

　表16-3は，宇都宮市におけるオタク・ホビー系ショップの一覧を示しているが，全国チェーン店の多くが，フェスタに入居していることが分かる。フェスタ開業以前には，宇都宮の中心市街地に出店するオタク系ショップはアニメイトただ1店であった。アニメイトは，1990年頃にJR宇都宮駅から北西に700mほど離れた雑居ビルに初出店した。1997年に二荒山神社前の上野百貨店マルチメディア館（現在の表参道スクエア）に移転，その後2001年にフェスタ開業と同時に2度目の移転を行った。フェスタ開業時，ホビー系全国チェーン店「イエローサブマリン」もアニメイトと同時に入居するが，オタク・ホビー系のテナントは，

表 16-3 宇都宮のオタク関連商業集積の構成店舗（2015 年 11 月現在）

店名	出店年	主な取扱商品	チェーン展開状況
フェスタ館内			
アニメイト	2001	グッズ・コミック・CD/DVD	全国
イエローサブマリン	2001	トレカ・模型	全国
遊基カード館	2002	トレカ・PC ゲーム	中小
メロンブックス	2002	同人作品・コミック・PC ゲーム	全国
ボークス	2003	フィギュア・ドール	全国
まんだらけ	2005	グッズ・コミック・同人作品	全国
カードラボ	2012	トレカ	全国
らしんばん	2012	グッズ・同人作品	全国
ウィッグショップ	2014	コスプレ用品	ローカル
フェスタ周辺			
一刻館	2004	トレカ	全国
喜久屋書店漫画館	2005	コミック・フィギュア・CD/DVD	全国
MagicalDoll	2006	コスプレ系カフェ	ローカル
にんじんやさん	2012	コスプレ系カフェ	ローカル
買取王 HERO	2014	トレカ・金券	中小

注：チェーン展開状況の中小は全国チェーン，首都圏・近畿圏のみの出店に当てはまらず，出店地区数が 2 以上のもの，ローカル店は宇都宮市の中心市街地にのみ出店する店舗。
出典：各社公式ウェブサイトおよび現地調査により阿賀作成。

全22店中この2店のみであった。

その後2000年代後半まで，メロンブックスやまんだらけなどのオタク系ショップの出店が続き，2012年頃その数が全テナント数の半分を超えた。しかしその一方で，当初の中心であったファッションや雑貨を取扱うテナントは減少を続け，2015年についにその姿を消した。オタク・ホビー系についても2012年以降頭打ちとなっており，フェスタの全テナント数は開業当初よりも少なくなっている。

この他，「フェスタ」に近い雑居ビルにトレカ系の全国チェーン店である一刻館が2004年に出店するなど，周辺にもオタク・ホビー系店舗の進出がみられる。地元のオタクやコスプレ愛好家が集まるカフェのような拠点も近隣に形成され，オタク関連商業集積は拡がりをみせてきている（表16-3）。

(2)「フェスタ」来店者の属性と消費行動[7]
①来店者の属性
　まず，フェスタ来店者の男女構成・年齢構成をみると，男女構成では男性の来

店者の方がやや多い。年齢構成では16〜18歳の「高校生世代」が約4分の1を占め、「中学生世代」(13〜15歳)、「大学生世代」(19〜22歳)、20代の「社会人世代」(23〜30歳)がそれぞれ約20%を占める。性別を問わず高校生を中心とした10〜20代の若者層がフェスタの中心顧客層となっていることが分かる。

次に、フェスタ来店者の居住地、すなわちフェスタの商圏について分析する。居住地を市内(宇都宮市内)・市外(栃木県内宇都宮市外)・県外(栃木県外)に3区分すると、市内と市外でほぼ半々となった。市外・県外からの来店者について、その内訳をみると、壬生町・下野市・真岡市といった近隣の自治体だけでなく、日光市・那須塩原市・大田原市といった県北の自治体の回答者の多さが目立つ(図16-3)。対して小山市や佐野市といった県南・両毛地域からは、人口規模

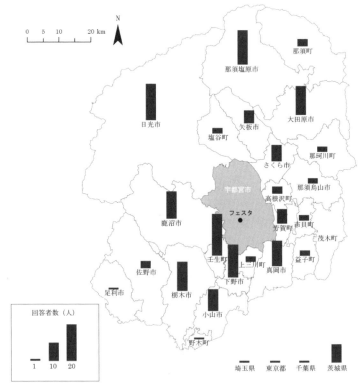

図16-3　宇都宮市外からのフェスタ来店者の居住地内訳
出典：アンケート調査より阿賀作成。

の割には比較的来店者数が少ない。県外については，茨城県北部からの来店者が大半を占める一方で，群馬県からの来店者は今回の調査では確認できなかった。以上から，フェスタは県全域から広域に集客する買回り商圏を有し，首都圏とは反対の北部方面・東部方面において，強い集客力を発揮していると考えられる。なお，平日と休日で「市内：市外：県外」の比率はほとんど変わらなかった。

　フェスタ来店に用いた交通手段は，自転車・鉄道・自家用車が約3割ずつとなった。市内・市外別にみると，市内は自転車，市外は鉄道の利用者の割合が顕著に高い。年齢層別には，中高生世代において自転車の利用割合が最も高い。この結果は，オリオン通りが高校生の通学路として機能しているという現状とも整合的である。一方で，19歳以上の年齢層は自家用車の利用割合が最も高く，地方都市の交通事情をよく反映している。

　フェスタへの来店頻度は，月2・3回程度という回答者が最も多く（全体の約28%），月1回程度（全体の約20%）という回答が2番目に多い。これを年齢層別にみると，中学生世代から年齢とともに来店頻度が上がり，大学生世代で週1回以上という回答割合が最も高くなる。社会人世代になると若干来店頻度が下がるが，週1回～月1回は来店するという回答が約4分の3を占め，「ほとんど来ない」の割合は中高生世代より明らかに低い。年齢層が高くなるほどフェスタのリピート率が上がる，すなわち固定客が増えるという傾向がみてとれる。

②来店者の消費行動

　フェスタ来店者が立ち寄った店の数と支出した店の数の割合をみると，約3分の2の来店者が2店以上のテナントに立ち寄っているが，実際にお金を使ったのは1店という回答が多い。テナント別にみると，立ち寄った人数・支出した人数ともに5階のアニメイトが突出して高く，特に女性の立寄率は82%に上った。

　支出額については，1,000円未満の最少額支出，すなわちコミックやグッズといった単価の低い商品を1つか2つ買うというような利用が全体の約4分の1を占める（図16-4）。男女別では女性，年齢層別では中高生世代に，そのような最少額支出の傾向がみられる。年齢が上がるとともに2,000円以上支出する来店者の割合も上昇する傾向にあるが，全体として1回の来店当たりの支出額は少なめとなった。

　アンケートではまた，その日フェスタ以外に利用した中心市街地の商業施設・

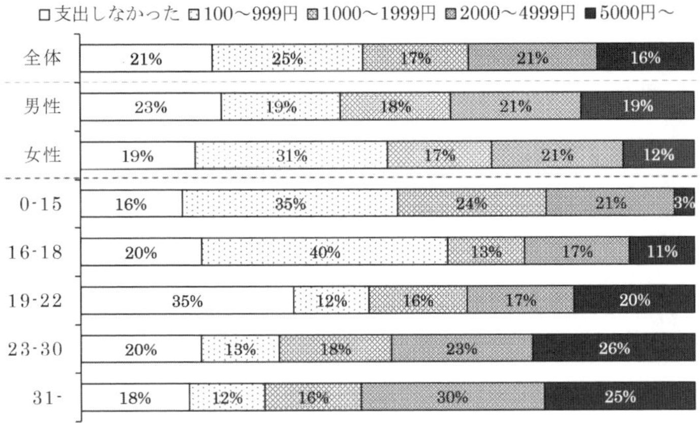

図 16-4　フェスタ来店者の支出額（男女別・年齢層別割合）

	支出しなかった	100〜999円	1000〜1999円	2000〜4999円	5000円〜
全体	21%	25%	17%	21%	16%
男性	23%	19%	18%	21%	19%
女性	19%	31%	17%	21%	12%
0-15	16%	35%	24%	21%	3%
16-18	20%	40%	13%	17%	11%
19-22	35%	12%	16%	17%	20%
23-30	20%	13%	18%	23%	26%
31-	18%	12%	16%	30%	25%

出典：アンケート調査より阿賀作成。

商店街についても聞いているが，商業施設ではフェスタに近接するドン・キホーテを利用する来店者が最も多く，2番目にララスクエア，3番目にパルコと続く。商店街では，オリオン通り商店街の利用者が圧倒的に多い他，ユニオン通り商店街の利用者も少なくない。

4　地方都市におけるオタク関連商業集積の形成

　以上，宇都宮市を事例として，地方都市におけるオタク関連商業集積の形成過程をみてきた。最後に，地方都市に一般的に適用可能なモデルを提示することにしたい。

　地方都市ではファミリー層が郊外SCに流れる一方，若年層はなおも中心市街地に来街する。それは，運転免許を持たない学生を中心に公共交通への依存度が高く，また大都市に日常的に出かけられるほどの可処分所得を有していないためである。宇都宮でも2000年前後から，中心市街地で若者の人通りが目立つようになった。その一方で，郊外SCとの競争に直面した中心商業地のビルオーナーや商店主は業態転換を図ったり，空き店舗化を避けるためテナント料を下げたりするようになる。その結果，中心商業地にはファッションビルが出現し，その周辺にファッションストリートが形成される。ファッションビルは人気ブランドを

誘致しようと店舗側にも働きかけるのに対し，ファッションストリートは若い個人経営者らの活動によって自然発生的に形成される。宇都宮では前者がパルコやフェスタ，後者がユニオン通りに当たる。

　一方のオタク系ショップは，1990年代にはその大半が大都市圏に出店する。ただ唯一アニメイトは90年代半ばから地方進出を本格化させ，ほとんどの地方都市でオタク系ショップの第1号店となる。その際アニメイトは，「若年層にとって身近な本屋でありたい」という経営者の意思を反映した出店戦略に基づき，郊外ではなく中心市街地に立地する。そしてこの立地が，その後のオタク関連商業集積の形成にとって大きな意味を持つ。

　その後，インターネットの普及等によって「ライト化」が始まり，市場の拡大を認識したオタク系ショップはチェーン展開を加速させる。その際，既に中心市街地に立地するアニメイトが核店舗として機能する。ジャンルが多彩なオタク系商品には同業種集積の利益がはたらくため，後続の店舗は集客力の高いアニメイトに近接立地する。もちろん，若者の来街や賃料の低下などの要因も，立地選択に作用するだろう。こうしたオタク系ショップの出店・立地戦略によって，主に広域中心都市においてオタク関連商業集積が形成され始める。宇都宮の場合は，当時ファッションビルのフェスタに開業当初からアニメイトが入居していたが，その後メロンブックスや地元店の遊基が自らの出店戦略に基づいて同じビルに入居した。また，この段階では具体的な動きとしては顕在化しないが，地域の持つオタクとオタク文化に対するイメージ改善も着実に進む。

　一方で，ファッションに関する商業集積の間では，顧客の獲得競争が激化し始める。中心商業地に新たなファッションビルが開業するだけでなく，郊外にも若者向けの専門店街を併設したSCがオープンする。宇都宮でも，中心商業地ではフェスタ開業の直後に109が開業し，郊外のインターパークには若者向け商業施設がオープンした。その結果，ファッション関連商業集積の中でも，業績の悪化する店や施設が出始める。

　2000年代も後半になると，オタクのライト化がさらに進展する（図16-5）。オタク文化はもはや若者全体が広く享受するものとなり，「オタクと若者一般」という区別から，消費行動に基づく「コア層とライト層」という区分に変わる。同時に，オタク文化は「市民権を得た」という認識が地域全体に広がる。

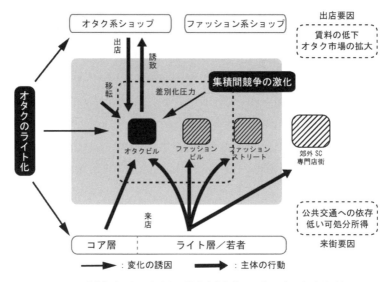

図 16-5　地方都市におけるオタク関連商業集積の形成モデル（阿賀作成）

そこから1歩進んで，市場としてのオタク文化の価値を認識し，それを積極的に活用しようと考える主体も現れ始める。多くの場合その先導者となったのが，競争の激化によって他店との差別化を検討するようになった，ファッションビルの経営者である。その結果，オタク系ショップはビル経営者によって積極的に誘致され，既に別の場所に立地していた店舗も同ビルに移転，集中するようになる。この段階において，オタク関連商業集積は「計画的」に形成される。宇都宮のフェスタも，経営者が「生き残り」と表現するように，オタク系ショップを導入することで戦略的に差別化を図った。なおここでは「オタクビル」の形成過程を取り上げたが，2010年代に入って，中心商業地の代表的な商業施設にオタク系ショップが集中するケースもみられるようになってきた。オタク系ショップの都市における地位は，「ライト化」によって積極的に，集積間競争の激化によって消極的に，向上を続けていると言える。

オタク文化はその「濃度」が薄まることによって多くの若者の支持を獲得し，地方に商業集積として実体化することが可能となった。その頃地方の街中では消費文化の主流たるファッション関連の商業が，伝統的な買回り品商業に代わって隆盛したが，それらも次第に飽和し差別化を迫られるようになった。すなわち地

方都市におけるオタク関連商業集積の成立は，都市空間の若年層化が新たな局面を迎えたことを示唆している。

(阿賀　巧)

注
1) 戦後高度成長期に「家電製品の街」として成長した東京の秋葉原は，1980年代の「パソコンの街」を経て，90年代後半にはフィギュア等を取扱うガレージキット専門店の集積が形成された。これが「オタクの街」へと変貌する端緒とされ，アニメ・コミック・ゲームなどのオタク系コンテンツを取扱う店舗が急増することになった。大阪の日本橋も，高度成長期に電気街として発展し，80年代にはPCを取り扱う店舗が増加する一方で家電量販店の廃業が相次ぎ，2000年代に入るとメイドカフェやオタク系ショップが台頭し始めた。なお，秋葉原については，森川嘉一郎 (2008)，Nobuoka (2010)，牛垣雄矢 (2012)，日本橋については杉山武志・瀬田史彦 (2009)，和田　崇 (2014)，杉山武志ほか (2015) などを参照。また山本浩史 (2009) は，JRの中野駅北口・立川駅北口・池袋駅東口を取り上げ，「オタク街」の集客力は，「魅力ある核店舗の存在」と「周辺店舗を含めた取扱商品分野の広さ」にあるとした。
2) 「秋葉マップ」，「Pombashi Map」という観光客向けの地図をもとにオタク・ホビー系ショップを抽出し，各店公式ウェブサイトの店舗情報をもとに，チェーン展開状況によって店舗を，首都圏のみ展開する店舗，近畿圏のみに展開する店舗等に分類し，特に広域中心都市以外の地方都市にも展開する店舗を「全国チェーン店」とした。なお，秋葉原では首都圏のみのチェーン，日本橋では全国チェーンの比率が高いという違いがあるものの，両地区ともチェーン店が7割，ローカル店が3割となっていた。
3) 関連事業として，コスプレ用品の専門店「ACOS」を13店舗，アニメ系コンテンツと連動したサービスを提供する「アニメイトカフェ」を12店舗展開する。また2011年に同じくオタク系商品を総合的に取扱う「ゲーマーズ」がグループ会社に加わり，現在同ブランドで全国に17店舗を展開する。アニメイトが女性向け商品に強みを持つのに対し，ゲーマーズは男性を主要な顧客とする。なお，アニメイトで販売されるグッズの多くはグループ会社で企画・製作されたオリジナル商品であり，中でもイラスト入りの文房具や衣料品が主力となっている。
4) 金沢のベルセルは，北陸有数のファッションストリートとして知られる竪町に1976年に開業し，老舗のファッションビルとして古着やカジュアル衣料を主に取扱ってきたが，2006年金沢駅前に若者向けの大型商業施設がオープンするなど競争が激化し，売上が伸び悩むようになった。そこで運営会社はオタク市場に目をつけ，2007年に全国チェーン店のアニメイトとボークスを誘致した。この2店の売上が好調だったことから，2008年にファッション系のショップからオタク系ショップへと，テナントの総入れ替えが実行された。
5) JR仙台駅前のファッションビル「イービーンズ」が典型的な事例といえる。「イー

ビーンズ」は，1999年から渋谷系の若者女性向けファッションを中核としてきたが，ファッション関連商業施設の競争が激化する中，1階に入居していたファッション系のテナントが2階に集められ，2014年11月，1階に仙台初出店のソフマップが入居した。2015年1月には大型書店の閉店によって空いた7・8階に，ビル周辺に点在していたアニメイトなどのオタク系ショップ3店が入居，その後もコスプレやキャラクターグッズの専門店の入居が続き，2015年12月現在8店にまで増加している。

6) 北九州では，2012年JR小倉駅北口に，アニメやアイドルなどのサブカルチャーに特化した複合商業施設「あるあるCity」がオープンした。同ビルには元々「ラフォーレ原宿」という若者向けファッションビルが入居していたが，小倉駅南口の中心商業地から離れていることもあり集客面で苦戦が続き，2007年に撤退した。北九州市が2014年に策定した「都心集客アクションプラン」では，「あるあるCity」と連携してコスプレイベントや同人誌即売会を開催する事業が盛り込まれた。その狙いは若者の集客増であり，中心市街地活性化の1つの施策として，小倉駅北口エリアをサブカルチャーの一大拠点とすることが目指されている。

7) 筆者は，フェスタ管理事務所の協力を得て，フェスタ来店者に対して直接アンケート用紙への記入を依頼する形式の調査を，2015年11月6日（金）・7日（土）の午前11時～午後6時に実施し，436人から回答を得た。

文献一覧

青木栄一（1986）「日本の鉄道車両工場－その歴史的考察－」『鉄道ジャーナル』20（11）：41-48.

青木栄一（1996）「日本の鉄道車両メーカーの系譜」『鉄道ピクトリアル』46-1: 10-21.

青木栄一（2002）「日本の鉄道車両工業－その歴史的考察－」『鉄道ジャーナル』36 (12)：66-74.

青木栄一（2009）「わが国における産業考古学の研究系譜と問題点」（高崎経済大学付属研究所編『群馬産業遺産の諸相』日本経済評論社）12-31.

秋田市教育委員会（1983）『秋田の竿灯』秋田市教育委員会．

秋田市民俗芸能伝承館（2003）『調査報告書　秋田の竿燈』秋田市民俗芸能伝承館．

秋葉美知子（1998）「パブリックアート概念の整理：建設的なパブリックアート議論のために」『デザイン学研究』45（4）：35-44.

阿南　透（2000）「青森ねぶたとカラスハネト」（日本生活学会編『祝祭の100年』ドメス出版）175-198.

阿南　透（2005）「都市祭礼の空気は自由にする？－青森ねぶた祭における騒動と統制」『三田社会学』10: 46-56.

阿部和俊（1996）『先進国の都市体系研究』地人書房．

安保有希子（2015）「全国映画ロケ地ランキング－"どこでもロケ地"の『いばらきFC』がNo.1に－」『日経エンタテインメイト』292: 40.

飯塚浩二（1949）『人文地理学説史』日本評論社．

池上　惇（2004）「知的所有における創造活動の位置付けを問う」（池上　惇・中谷武雄『知的所有と文化経済学』実教出版）43-62.

石川　淳・石田英夫（2002）「研究開発人材マネジメントの国際比較－日本・アジア・EU－」（石田英夫編『研究開発人材のマネジメント』慶応義塾大学出版会）331-348.

石原三妃・中村昌子・金子龍呼・茂木信太郎（2010）「長野県の伝統食品製造会社におけるイノベーション－伊那食品工業株式会社の事例について－」『地域総合研究（松商学園短期大学総合研究所）』11: 15-28.

石丸哲史（2000）『サービス経済化と都市』大明堂．

石丸靖男（2002）『"ものづくり"の危機に立ち向かう－新幹線"のぞみ"生産現場の技術者の挑戦－』文芸社．

礒部啓三（2003）「フランスの地域構造－パリとフランス砂漠への眼差し－」（松原　宏編『先進

国経済の地域構造』東京大学出版会）53-87.

井上伸一郎・高橋　豊・大塚英志（2011）「角川書店の肌感覚，アニメイトの哲学」『熱風：スタジオジブリの好奇心』9（12）: 31-48.

今治市海事都市交流委員会（2011）『日本最大の海事都市　今治』今治市.

今治市企画振興部海事都市推進課（2009）『海のまち・今治－日本一の海事都市・いまばりを探る』今治市.

今治市教育委員会（2010）『今治史談会』今治市.

今治市誌編纂委員会（1974）『新今治市誌』今治市.

今治造船（2006）『船造り一筋』海事プレス社.

岩田　智（2007）『グローバル・イノベーションのマネジメント－日本企業の海外研究開発活動を中心として－』中央経済社.

岩塚製菓（1992）『地域とともに－岩塚製菓株式会社創業45周年記念誌－』.

岩間英夫（1993）『産業地域社会の形成・再生論－日立鉱工業社会を中心として－』古今書院.

岩本晃一・飯村亜紀子（2014）「愛媛県今治地域」（松原　宏編『地域経済論入門』古今書院）103-116.

上田恭嗣（2003）『薬師寺主計－アール・デコの建築家－』山陽新聞社.

牛垣雄矢（2012）「東京都千代田区秋葉原地区における商業集積地の形成と変容」『地理学評論』85: 383-396.

牛山久仁彦（2011）「市町村合併に伴う地域自治強化と協働政策－平成の大合併と住民自治－」『政経論集』79: 567-590.

内田忠賢（1992）「都市と祭り：高知『よさこい祭り』へのアプローチ（1）」『高知大学教育学部研究報告』第2部45: 1-15.

枝川明敬（2015）『文化芸術への支援の論理と実際』東京藝術大学出版会.

榎本　秋（2009）『オタクのことが面白いほどわかる本：日本の消費をけん引する人々』中経出版.

大原謙一郎（2002）『倉敷からはこう見える－世界と文化と地方について－』山陽新聞社.

大原謙一郎（2006）「地方の文化・歴史と景観の保全－倉敷のケーススタディー」『新都市』60（9）: 46-49.

大原孫三郎傳刊行会編（1983）『大原孫三郎傳』大原孫三郎伝刊行会.

岡部遊志（2009）「フランスにおける地方分権と地域開発政策の変容」『経済地理学年報』55: 253-266.

岡部遊志（2014）「フランスにおける『競争力の極』政策」『E-journal GEO』9: 135-158.

岡部遊志（2015）「フランスにおける航空宇宙産業クラスターと地域間連携－ミディ・ピレネー地域圏を事例として－」『経済地理学年報』61: 101-120.

小川喬義（1971）「Ｓ造船所と地域経済－合理化の進展と地元中小下請企業－」『調査と研究』2 (2)：66-108.

小澤純雄（2002）「松下電器研究開発（中国）有限公司の設立」『月刊グローバル経営』2002年9月号．

遠城明雄（1992）「都市空間における『共同性』とその変容－1910～1930年代の福岡市博多部」『人文地理』44: 341-365.

柏木　宏（2007）『指定管理者制度とNPO－事例研究と指定獲得へのマネジメント－』明石書店．

鎌倉夏来（2012）「首都圏近郊における大規模工場の機能変化－東海道線沿線の事例」『地理学評論』85: 138-156.

鎌倉夏来（2014a）「化学産業における技術軌道と研究開発機能の立地力学－機能性化学企業3社の事例－」『経済地理学年報』60: 92-115.

鎌倉夏来（2014b）「研究開発機能の空間的分業と企業文化－繊維系化学企業の事例－」『人文地理』66: 38-59.

亀田製菓三十年史編纂委員会（1987）『製菓展道三十年－亀田製菓30年史－』．

亀田製菓株式会社企画室（1999）『ひと・こめ・みらい－亀田製菓40年史－』．

鴨澤　巖（1960）『経済地理学ノート』法政大学出版局．

嘉屋　実（1952）『日立鉱山史』日本鉱業日立鉱業所．

川島哲郎（1955）「経済地域について」『経済学雑誌』32-3・4: 1-35.

河島伸子（2011）「都市文化政策における創造産業」『経済地理学年報』57: 295-306.

河野善隆（1977）「造船不況と地域経済の転換－長崎県内の現状－」『調査と研究』8: 1-37.

絹川真哉・湯川　杭（2001）「ネット企業集積の条件－なぜ渋谷～赤坂周辺に集積したのか」*Economic Review* 5（2）：28-47.

工藤安代（2008）『パブリックアート政策－芸術の公共性とアメリカ文化政策の変遷』勁草書房．

倉敷市史研究会編（2005）『新修倉敷市史』倉敷市．

倉敷紡績株式会社編（1988）『倉敷紡績百年史』倉敷紡績．

クリエイティブセンター大阪（2016）「CCOご案内」http://www.namura.cc/（最終閲覧日2016年10月26日）．

経済協力機構（OECD）編，寺尾　仁訳（2014）『創造的地域づくりと文化』明石書店．

経済地理学会編（1984）『経済地理学の成果と課題　第Ⅲ集』大明堂：3-12.

黒正　巌（1941）『経済地理学原論』日本評論社．

国土庁大都市圏整備局特別整備課監修（1999）『サイエンスシティのまちづくり－都市経営と新産業創造の潮流』大蔵省印刷局．

小林保彦（1998）『広告ビジネスの構造と展開－アカウントプラニング革命』日経広告研究所．

紺野　登（1998）『知識資産の経営』日本経済新聞社．

蔡　芢錫（2002）「研究開発組織におけるベスト・プラクティス」（石田英夫編『研究開発人材のマネジメント』慶応義塾大学出版会）187-208．

齋藤昭三（1982）『私の一筋の道－米研究から地域振興まで－』（私家本）．

坂上茂樹（2005）『鉄道車輌工業と自動車工業』日本経済評論社．

佐世保重工業 60 年史編纂委員会（2006）『佐世保重工業 60 年史：海を走り陸を拓く』．

沢井　実（1998）『日本鉄道車輌工業史』日本経済評論社．

澤田廉路（2004）『歴史的まちなみの再生－倉吉，鹿野，智頭のまちづくりに関する研究－』財団法人とっとり政策総合研究センター．

鹿野町誌編集委員会（1995）『鹿野町誌　下巻』鹿野町．

柴田むつみ（2009）「企業特集　日立製作所　初の財務危機で"脱総合"必至　川村新体制に問われる実行力」『週刊ダイヤモンド』97: 26, 130-137．

島　恭彦（1951）『現代地方財政論』有斐閣．

新日鉱ホールディングス（2006）『新日鉱グループの百年－ビジュアル社史 1905-2005 －新日鉱グループ創業 100 周年記念』新日鉱ホールディングス．

車　相龍（2011）『日韓の先端技術産業地域政策と地域イノベーション・システム』花書院．

庄林二三雄（1983）「京都の映画産業」『社会科学（同志社大学人文科学研究所）』32: 125-158．

杉山武志・瀬田史彦（2009）「商業立地に起因するコンテンツ企業の集積化とプロデュース行動に関する研究－大阪・日本橋地域を事例に」『都市計画論文集』44 (3)：199-203．

杉山武志・元野雄一・長尾謙吉（2015）「大阪の日本橋地区における『趣味』の場所性」『地理学評論』88: 159-176．

スピンオフ研究会（2003）『スピンオフ研究会報告書－大企業文化からの開放と我が国経済構造の地殻変動に向けて』．

須山　聡（2004）『在来工業地域論：輪島と井波の存続戦略』古今書院．

造船業基盤整備事業協会（2001）『造船業基盤整備事業協会史－波濤を越えて－』．

総務省地域力創造グループ地域自立応援課（2012）『創造的人材の定住・交流の促進に向けた事例調査－定住自立圏の形成を目指して－』．

高橋伸夫・手塚　章・ジャン＝ロベール・ピット編(1998)『パリ大都市圏－その構造変容』東洋書林．

高橋英博（2003）「花巻市の工業におけるスピンオフの土壌と起業化支援」『東北都市学会研究年報』5: 2-17.

高橋浩夫（2000）『研究開発のグローバル・ネットワーク』文眞堂．

竹内啓一（1998）『地域問題の形成と展開』大明堂．

竹田直樹（1997）『日本の彫刻設置事業－モニュメントとパブリックアート』公人の友社．

田村大樹（2000）『空間的情報流と地域構造』大明堂．

塚本僚平（2013）「地場産業の産地維持とブランド化：愛媛県今治タオル産地を事例として」『経済地理学年報』59: 291-309.

辻　泉・岡部大介（2014）「今こそ，オタクを語るべき時である」（辻　泉・岡部大介・伊藤瑞子編『オタク的想像力のリミット：「歴史・空間・交流」から問う』筑摩書房）7-30.

辻　雅司（2008）「中小食品業とイノベーション」『イノベーション・マネジメント研究（信州大学経営大学院）』4: 1-21.

寺岡　寛（2012）『瀬戸内造船業の攻防史』信山社出版．

堂野智史（1992）「わが国造船業の立地再編に関する一考察－1970年代中盤から80年代後半を中心として」『経済地理学年報』38: 125-142.

特定非営利活動法人ジャパン・フィルムコミッション編（2012）『フィルムコミッション（FC）活用ハンドブック』．

富田和暁（1982）「大阪市における情報サービス業と広告業のサービスエリアと立地地区」『経済地理学年報』28: 314-324.

中野茂夫（2009）『企業城下町の都市計画－野田・倉敷・日立の企業戦略』筑波大学出版会．

中原秀登（1998）「企業の国際開発戦略」『千葉大学経済研究叢書』2.

永橋爲介・神谷雅子・宮西恵津子（2011）「2000年代におけるフィルム・コミッション論の検証」『立命館産業社会論集』46-4: 59-83.

中牧弘充（2003）「会社の神殿としての企業博物館－序論をかねて」（中牧弘充・日置弘一郎編『企業博物館の経営人類学』東方出版）19-36.

長山宗広（2012）『日本的スピンオフ・ベンチャー創出論－新しい産業集積と実践コミュニティを事例とする実証研究』同友館．

新潟県食品研究所（1982）『新潟県食品研究所40年の歩み－新潟県食品研究所・研究報告特別号－』．

新潟県米菓工業協同組合（1969）『米菓の新潟創業史』．

新潟県米菓工業協同組合（1985）『創立30周年記念誌　新潟県米菓の歩み』．

日経広告研究所編（2006）『広告白書　2006年版』日経広告研究所．

日本造船工業会（2011）『造船関係資料』．

日本鉄道車輛工業会（1978）『鉄道車両工業30年の歩み』白泉社．

日本鉄道車輛工業会（1998）『鉄道車両工業50年の歩み』白泉社．

日本貿易振興機構（2010）『平成22年度日本企業の海外事業展開に関するアンケート調査概要』日本貿易振興機構．

根本　孝（1990）『グローバル技術戦略論』同文館．

野澤一博（2011）『イノベーションの地域経済論』ナカニシヤ出版．

野村　清（1997）「広告サービス業」（浅井慶三郎・清水　滋編『サービス業のマーケティング（三訂版）』同文館出版）228-241.

野村総合研究所（2005）『オタク市場の研究』東洋経済新報社．

埴淵知哉（2007）「NGOと『地域』との関わり－日本の地方圏に所在するNGOによる『地域からの国際協力』」『地理学評論』80: 49-69.

濱野智史（2012）「デジタルネイティブ世代の情報行動・コミュニケーション」（小谷　敏・土井隆義・芳賀　学・浅野智彦編『文化〈若者の現在〉』日本図書センター）63-106.

林田治男（2003）「鉄道車両の製造・設計における鉄道会社とメーカーとの関係」『大阪産業大学経済論集』4（3）: 107-117.

原沢久夫（1986）『小さな明星をみつめて : 新潟県食品研究所の歩いた苦難と栄光の道』．

半澤誠司（2014）「日本のコンテンツ産業の特徴と立地」『地理・地図資料』2014-1学期号 : 3-6.

半澤誠司（2016）『コンテンツ産業とイノベーション : テレビ・アニメ・ゲーム産業の集積』勁草書房．

日立製作所笠戸工場（1975）『日立製作所笠戸工場史』．

日立製作所笠戸工場（1996）『七十五年の思い出－母なる海よ周南の－』．

藤沢市（2015）『藤沢市観光振興計画見直し』https://www.city.fujisawa.kanagawa.jp/kankou/kyoiku/leisure/kanko/documents/minaoshi.pdf（最終閲覧日 : 2016年1月14日）

藤野町（1996）『藤野ふるさと芸術村センター施設基本構想調査委託事業報告書』．

布施鉄治編（1992）『倉敷・水島－日本の資本主義の展開と都市社会』東信堂．

古川智史（2013）「東京における広告産業の組織再編と地理的集積の変容」『地理学評論』86: 135-157.

ふるさと芸術村メッセージ事業実行委員会（1996）『藤野・アートスフィア95 ふるさと芸術村キャ

ンペーン報告書－シンポジウム芸術村構想の経緯と今後の課題』．

文化経済学会＜日本＞編（2016）『文化経済学－軌跡と展望』ミネルヴァ書房．

細田吉蔵（1993「日本の車両工業について」『汎交通』93 (12) : 1-31.

堀田正治（1995）『竿燈の本』秋田文化出版．

堀田正治（2001）『竿燈 70 年－ねぶり流しへの想い』秋田文化出版．

本田洋一（2016）『アートの力と地域イノベーション：芸術系大学と市民の創造的協働』水曜社．

前田　昇（2003）「欧米先進事例から見たクラスター形成・促進要素」（石倉洋子ほか『日本の産業クラスター戦略』有斐閣）129-174.

増淵敏之（2010）『欲望の音楽：「趣味」の産業化プロセス』法政大学出版局．

松石泰彦（2010）『企業城下町の形成と日本的経営』同成社．

松平　誠（1990）『都市祝祭の社会学』有斐閣．

松原　宏（1999）「集積論の系譜と『新産業集積』」『東京大学人文地理学研究』13: 83-110.

松原　宏（2001）「多国籍企業の立地と産業集積の理論」『経済学研究（九州大学）』67 (4/5): 27-42.

松原　宏（2003）「経済地理学の方法論」（経済地理学会編『経済地理学の成果と課題　第Ⅵ集』大明堂）1-10.

松原　宏（2006）『経済地理学－立地・地域・都市の理論』東京大学出版会．

松原　宏（2007）「知識の空間的流動と地域的イノベーションシステム」『東京大学人文地理学研究』18: 22-43.

松原　宏（2013）「経済地理学方法論の軌跡と展望」『経済地理学年報』59: 419-437.

松原　宏編（2013a）『現代の立地論』古今書院．

松原　宏編（2013b）『日本のクラスター政策と地域イノベーション』東京大学出版会．

松村　茂（2005）「コンテンツ産業の立地と地域産業創成プロジェクト」（長谷川文雄・水鳥川和夫編著『コンテンツ・ビジネスが地域を変える』NTT 出版）51-83.

水野真彦（1999）「制度・慣習・進化と産業地理学－ 90 年代の英語圏の地理学と隣接分野の動向から－」『経済地理学年報』45: 120-139.

三菱重工（2010）Press Information 第 4964 号, http://www.mhi.co.jp/news/story/1007214964.html（最終閲覧日 2016 年 10 月 26 日）．

三菱重工（2015）Press Information 第 5685 号, http://www.mhi.co.jp/news/story/1509285685.html（最終閲覧日 2016 年 10 月 26 日）．

三菱重工業株式会社長崎造船所（2008）『長崎造船所 150 年史』昭和堂．

宮田　登・小松和彦編（2000）『青森ねぶた誌』青森市．

森川嘉一郎（2008）『趣都の誕生－萌える都市アキハバラ－増補版』幻冬舎．

森田三郎（2000）「祭りの創造－よさこいネットワークを考える」（日本生活学会編『祝祭の 100 年』ドメス出版）237-260．

八木健太郎・竹田直樹（2010）「日本におけるパブリックアートの変化に関する考察」『環境芸術学会論文集』91: 65-70．

矢田俊文（1973）「経済地理学について」『経済志林』41-3・4: 375-410．

矢田俊文（2015）『矢田俊文著作集　第二巻　地域構造論（上）理論編』原書房．

矢田俊文編（2005）『地域構造論の軌跡と展望』ミネルヴァ書房．

山口隆之（2007）「フランスにおける産業クラスター政策の源流－「地域生産システム」の振興政策と中小企業－」『商学論究』55: 55-83．

山口隆之（2011）「産業クラスター政策と地域活動の課題－フランスの事例をもとに－」『産研論集（関西学院大学）』38: 51-59．

山田幸三（2013）『伝統産地の経営学：陶磁器産地の協働の仕組みと企業家活動』有斐閣．

山田桑太郎（2002a）「わが国の鉄道車輌工業の推移・現状および展望」『鉄道ジャーナル』36 (12): 58-65．

山田桑太郎（2002b）「鉄道車両業界の課題」『鉄道車両工業』日本鉄道車輌工業会, 422: 29-42．

山本健兒（2004）「産業クラスター計画の論理に関する批判的考察」『経済志林』72: 311-336．

山本浩史（2009）「集客装置としてのオタク街－ Cool Japan による賑わい創出の可能性－」『S&E 総合研究所 調査研究報告』．

若杉隆平・伊藤萬里（2011）『グローバルイノベーション』慶応義塾大学出版会．

和田　崇（2014）「オタク文化の集積とオタクの参画を得たまちづくり－大阪・日本橋の事例－」『経済地理学年報』60: 23-36．

黄奇鏘（2008）「台湾広告代理産業 50 年の発展」（台湾市広告代理商業同業公会編『台湾広告 50 年専書』動脳雑誌社）8-11 (中国語)．

卜彦芳（2012）『伝媒経済理論』中国広播電視出版社 (中国語)．

上海市広告協会（2013）『2012 年度上海広告市場状況報告』(中国語)．

許俊基（2006）『中国広告史』中国伝媒大学出版社 (中国語)．

楊文延（2012）『産業化路径与本土化思惟：中国広播電視産業海外戦略実例研究』商務印書館 (中国語)．

中国広告協会（2013）『中国広告史』中国伝媒大学出版社 (中国語)．

Arai,Y. et al. (2004) Multimedia and Internet Business Clusters in Central Tokyo, *Urban Geography* 25: 483-500.

Arthur,B. (2009) *The Nature of Technology*, New York: Free Press. アーサー著, 有賀裕二監修・日暮雅通訳（2011）『テクノロジーとイノベーション』みすず書房.

Asheim, B., Coenen, L. and Vang, J. (2007) Face-to-face, Buzz, and Knowledge Bases: Sociospatial Implications for Learning, Innovation, and Innovation Policy, *Environment and Planning C: Government and Policy* 25: 655-670.

Balassa, B. (1961) *The Theory of Economic Integration*, Homewood, Illinois: Richard D.Irwin. バラッサ著, 中島正信訳（1963）『経済統合の理論』ダイヤモンド社.

Barnes, T. and Coe, N.M. (2011) Vancouver as Media Cluster: The Cases of Video Games and Film/TV. In Karlsson, C. and Picard, R.G. eds. *Media Clusters: Spatial Agglomeration and Content Capabilities*, Cheltenham: Edward Elgar: 251-277.

Barthet, M.-F. et Thoin, M. (2009) *Les pôles de compétitivité*, Paris: La documentation française.

Bathert, H., Malmberg,A. and Maskell,P. (2004) Clusters and Knowledge: Local Buzz, Global Pipelines and the Process of Knowledge Creation, *Progress in Human Geography* 28: 31-56.

Baumol, W.J. and Bowen, W.G. (1966) *Performing Arts: The Economic Dilemma*, New York: Twentieth Century Fund. ボウモル・ボウエン著, 池上惇・渡辺守章監訳（1994）『舞台芸術―芸術と経済のジレンマ』芸団協出版部.

Becker, R. and Hellmann, T. (2005) The Genesis of Venture Capital: Lessons from the German Experience, In Keuschnigg, C. and Kanniainen, V. eds. *Venture Capital, Entrepreneurship, and Public Policy*, Cambridge, Mass.: MIT Press: 33-67.

Behrman, J.N. and Fischer, W.A. (1980) *Overseas R&D Activities of Transnational Companies*, Cambridge, Mass.: Oelgeschlarger, Gunn and Hain.

Bessler, W., Holler, J. and Seim, M. (2010) Venture Capital and Private Equity in Germany, In Cumming, D. ed. *Private Equity*, Hoboken, N.J.: Wiley.

Bienkowska, D., Lundmark M. and Malmberg, A. (2011) Brain Circulation and Flexible Adjustment: Labour Mobility as a Cluster Advantage. *Geografiska Annaler: Series B* 93: 21-39.

Bio M (2012) *Biotechnology in Munich*, Martinsried, Germany: Bio M Biotech Cluster Development GmbH.

Boyer, J.-C., Carroué, L., Gras, J., Le Fur, A. et Montagné-Villette, S. (2005) *La France-Les 26 régions*, Paris: Armand Colin.

Bradley, M. and Sundaram, A. (2003) The Emergence of Shareholder Value in the German Cooperation, Working Paper (Duck University-Fuqua School of Business).

Castells, M. (1989) *Informational City: Informational Technology, Economic Restructuring, and the Urban-Regional Process*. Oxford: Blackwell.

Castells, M. and Hall, P. (1994) *Technopoles of the World-The Making of Twenty-first-century Industrial Complexes*, London and New York: Routledge.

Chemetov, P. et Gilli, F. (2006) *Une région de projets : l'avenir de Paris*, Paris : La documentation Française.

Choudhury, P. (2016) Return Migration and Geography of Innovation in MNEs: A Natural Experiment of Knowledge Production by Local Workers Reporting to Return Migrants, *Journal of Economic Geography* 16: 585-610.

Christaller, W. (1933) *Die zentralen Orte in Süddeutschland*, Jena: G.Fischer. クリスタラー著，江澤譲爾訳（1969）『都市の立地と発展』大明堂.

Coe, N.M. (2000) On Location: American Capital and Local Labour Market in the Vancouver Film Industry, *International Journal of Urban and Regional Research* 24: 79-94.

Cooke, P. (2010) Global Bioregions: Knowledge Domains, Capabilities and Innovation System Networks, In Viale, R. and Etzkowits, H. ed. *The Capitalization of Knowledge*, Cheltenham, UK: Edward Elgar.

Cortright, J. and Mayer, H. (2001) *Signs of Life: The Growth of Biotechnology Centers in the US*, Brookings Institution, Center for Metropolitan Policy.

Crang, P. (1997) Cultural Turns and the (Re) constitution of Economic Geography, In Lee, R. and Wills, J. eds. *Geographies of Economies*, London: Arnold: 3-15. クラング著，森　正人訳(2004)「文化論的転回と経済地理学の再構成」『空間・社会・地理思想』9: 54-71.

Dahl, M. S. , Østergaard, R. and Dalum, B. (2010) Emergence of Regional Clusters: The Role of Spinoffs in the Early Growth Process, In Boschma, R. and Martin, R. *The Handbook of Evolutionary Economic Geography*, Cheltenham, UK: Edward Elgar: 205-220.

DATAR (2004) *La France puissance industrielle, une nouvelle politique industrielle par la territoire réseaux d'entreprises, vallées technologique, pôle de compétitivité.*, Paris: La documentation française.

Dosi, G. (1982) Technological Paradigms and Technological Trajectories, *Research Policy* 11: 147-162. ドーシ著，川村尚也訳（1989）「技術パラダイムと技術軌道」（今井賢一編『プロセスとネットワーク―知識・技術・経済制度』NTT出版）71-112.

Dunning, J. H. (1998) Location and the Multinational Enterprise: A Neglected Factor?, *Journal of International Business Studies* 29: 45-66.

Duranton, G., Martin, P., Mayer, T. and Mayneris, F. (2010) *The Economics of Clusters-Lessons from the French Experience*, Oxford: Oxford University Press.

Fallick, B., Fleischman, C. A. and Rebitzer,J.B.（2006）Job-Hopping in Silicon Valley: Some Evidence Concerning the Microfoundations of a High-Technology Cluster, *The Review of Economics and Statistics* 88: 472-481.

Faulconbridge et al.（2011）*The Globalization of Advertising: Agencies, Cities, and Spaces of Creativity*, New York: Routledge.

Feldman, M. P.（2001）The Entrepreneurial Event Revisited: An Examination of New Firm Formation in the Regional Context, *Industrial and Corporate Change* 10: 861-891.

Feldman, M. P.（2007）Perspectives on Entrepreneurship and Cluster Formation: Biotechnology in the US Capital Region, In Polenske, K. ed. *The Economic Geography of Innovation*, Cambridge: University Press of Cambridge: 241-260.

Fiedler, MO. and Hellmann, T.（2001）Against All Odds: The Late but Rapid Development of the German Venture Capital Industry, *Journal of Private Equity*, 4（4）, 31-45.

Florida, R.（2005）The Flight of the Creative Class: The New Global Competition for Talent, New York: Harper Business. フロリダ著, 井口典夫訳（2007）『クリエイティブ・クラスの世紀－新時代の国, 都市, 人材の条件』ダイヤモンド社.

Florida, R.（2008）*Who's Your City?*, New York :Basic Books. フロリダ著, 井口典夫訳（2009）『クリエイティブ都市論』ダイヤモンド社.

Frost, T. and Zhou, C.（2000）The Geography of Foreign R&D within a Host Country: An Evolutionary Perspective on Location-technology Selection by Multinationals, *International Studies of Management & Organization* 30-2: 10-43.

Fujiwara, H.（2013a）What Shapes Venture Capital Firms' Expansion across the Globe? Country-Specific Factors and Firm-Specific Factors, *Journal of Private Equity* 17: 7-13.

Fujiwara, H.（2013b）Are Venture Capital Firms Multinational Enterprises: Factors that Stimulate Firms' Expansion Across the Globe, *SMS 33rd Annual International Conference（Atlanta）*, SESSION 183: Managing the Headquarter-Subsidiary Relationship.

Fülop, R.（2006）*Erfolgreiche Biotechnologieregionen in Deutschland*, Frankfurt: Development Bank of Japan. フュロップ著, 加藤秀行訳（2006）『ドイツ・バイオクラスターにみる地域イノベーション戦略』日本政策投資銀行.

Gassler, H. and Nones, B.（2008）Internationalisation of R&D and Embeddedness: the Case of Austria, *Journal of Technology Transfer* 33: 407-421.

Gassmann, O. and Zedtwitz, M.（1999）New Concepts and Trends in International R&D Organization, *Research Policy* 28: 231-250.

Gertler, M.S. (2004) *Manufacturing Culture : The Institutional Geography of Industrial Practice*, Oxford, New York: Oxford Univ. Press.

Gertler, M. S. and Wolfe D. A (2006) Spaces of Knowledge Flows. Clusters in a Global Context, In Asheim, B. T., Cooke, P. and Martin, R. eds. *Clusters and Regional Development. Critical reflections and explorations*, London and New York: Routledge: 218-235.

Gompers, P. and Lerner, J. (1999) *The Venture Capital Cycle, Cambridge*, MA: The MIT Press. ゴンバース, ラーナー著, 吉田和男監訳 (2002)『ベンチャーキャピタル・サイクル』シュプリンガー・フェアラーク東京.

Gompers, P., Kovner, A., and Lerner, J. (2009) Specialization and Success: Evidence from Venture Capital, *Journal of Economics and Management Strategy*, 18: 817-844.

Grabher, G. (2001) Ecologies of Creativity: The Village, the Group, and the Heterarchic Organisation of the British Advertising Industry, *Environment and Planning A* 33: 351-374.

Haig, R. M. (1926) Toward an Understanding of the Metropolis, *The Quarterly Journal of Economics* 40: 402-434.

Harvey, D. (1982) *The Limits to Capital*, Oxford: Basil Blackwell. ハーヴェイ著, 松石勝彦・水岡不二雄ほか訳 (1989/90)『空間編成の経済理論 (上) (下)』大明堂.

Harvey, D. (2009) *Cosmopolitanism and the Geographies of Freedom*, New York: Columbia Univ. Press. ハーヴェイ著, 大屋定晴ほか訳(2013)『コスモポリタニズム―自由と変革の地理学』作品社.

Howells, J. (2008) New Directions in R&D: Current and Prospective Challenges, *R&D Management* 38: 241-252.

Iriyama, A., Li, Y., and Madhavan, R. (2010) Spiky Globalization of Venture Capital Investments: The Influence of Prior Human Networks, *Strategic Entrepreneurship Journal* 4 (2): 128-145.

Jain, S. and Sharma, D. (2013) Institutional Logic Migration and Industry Evolution in Emerging Economies: The Case of Telephony in India, *Strategic Entrepreneurship Journal* 7: 252-271.

Jeng L.A. and Wells, P.C. (2000) The Determinants of Venture Capital Funding: Evidence across Countries, *Journal of Corporate Finance* 6: 241-289.

Jonston, R.J. (1991) *Geography and Geographers*, London: Edward Arnold. ジョンストン著・立岡裕士訳 (1997)『現代地理学の潮流：戦後の米・英人文地理学説史』地人書房.

Keeble, D., Lawson, C., Moore, B. and Wilkinson, F. (1999) Collective Learning Processes, Networking and 'Institutional Thickness' in the Cambridge Region, *Regional Studies* 33: 319-322.

Kenney, M. (1986) Schumpeterian Innovation and Entrepreneurs in Capitalism: A Case Study of the Genetic Engineering Industry, *Research Policy* 15 (March): 21-31.

Krabel, S. and Mueller, P. (2009) What Drives Scientists to Start Their Own Company?: An

Empirical Investigation of Max Planck Society Scientists, *Research Policy* 38: 947-956.

Krugman, P.（1991）*Geography and Trade*, Cambridge, Mass. :The MIT Press. クルーグマン著, 北村行伸・高橋亘・姉尾美起訳（1994）『脱「国境」の経済学』東洋経済新報社.

Kuemmerle, W.（1999）The Drivers of Foreign Direct Investment into Research and Development: An Empirical Investigation, *Journal of Management Studies* 30: 1-24.

Kurokawa, S., Iwata, S. and Roberts, E.（2007）Global R&D Activities of Japanese MNCs in the US: A Triangulation Approach, *Research Policy* 36: 3-36.

Lacy, S. eds.（1995）*Mapping the Terrain: New Genre Public Art*, Seattle: Bay press.

Landry, C.（2000）*The Creative City: A Toolkit for Urban Innovators*, London: Earthscan. ランドリー著, 後藤和子監訳（2003）『創造的都市－都市再生のための道具箱』日本評論社.

Lange, K.（2009）Institutional Embeddedness and the Strategic Leeway of Actors: The Case of German Therapeutical Biotech Industry, *Socio-Economic Review* 7: 181-207.

Lerner, J. and Hardymon, F.（2002）*Venture Capital and Private Equity: A Case Book, volume two*, Hoboken, NJ: Wiley. ラーナー・ハーディモン著, 前田俊一訳(2004)『プライベート・エクイティ: ケースと解説』東洋経済新報社.

Leslie, D.（1997）Abandoning Madison Avenue: The Relocation of Advertising Services in New York, *Urban Geography* 18: 568-590.

Lösch, A.（1940）*Die raumliche Ordnung der Wirtschaft*, Jena: G. Fischer. レッシュ著, 篠原泰三訳（1991）『経済立地論　新訳版』大明堂.

Lukinbeal, C.（2004）The Rise of Regional Film Production Centers in North America, 1984-1997, *Geo-journal* 59: 307-321.

Malecki, E. J.（2010）Global Knowledge and Creativity: New Challenges for Firms and Regions, *Regional Studies* 44: 1033-1052.

Maskel P. and Malmberg A.（1999）Localized Learning and Industrial Competitiveness, *Cambridge Journal of Economics* 23: 167-185.

Massey, D.（1984）*Spatial Divisions of Labour*, London: Methuen. マッシィ著, 富樫幸一・松橋公治訳（2000）『空間的分業』古今書院.

Masson, A.（2011）*Repenser la politique des pôles de compétitivité*, Paris: Ministère de l'enseignement supérieur et de la recherche.

Mayer, H.（2013）Spinoff Regions: Entrepreneurial Emergence and Regional Development in Second-tier High-technology Regions - Observations from the Oregon and Idaho Electronics Sectors, In Giarratani, F., Hewings, G. and McCann, P. eds. *Handbook of Industry Studies and Economic Geography*, Cheltenham, UK: Edward Elgar: 207-229.

Metrick, A. (2006) *Venture Capital & The Finance of Innovation*, Hoboken,NJ: Wiley.

Meyer, K. E., R. Mudambi and R. Narula (2011) Multinational Enterprises and Local Contexts: The Opportunities and Challenges of Multiple Embeddedness, *Journal of Management Studies* 48: 235-252.

Mudambi, R. (2008) Location, Control and Innovation in Knowledge Intensive Industries, *Journal of Economic Geography* 8: 699-725.

Miles, M. (1997) *Art, Space and the City: Public Art and Urban Future*. London: Routledge.

Nachum, L. and Keeble, D. (1999) Neo-Marshallian Nodes, Global Networks and Firm Competitiveness: The Media Cluster of Central London, ESRC Centre for Business Research, University of Cambridge Working Paper No. 138.

Nobuoka, J. (2010) User Innovation and Creative Consumption in Japanese Culture Industries: The Case of Akihabara, Tokyo, *Geografiska Annaler: Series B, Human Geography* 92: 205-218.

OECD (2002) *International Mobility of the Highly Skilled*, Paris: OECD Publications.

OECD (2008) *The Global Competition for Talent: Mobility of the Highly Skilled*, Paris: OECD Publications. OECD 編, 門田 清訳 (2009)『科学技術人材の国際流動性－グローバル人材競争と知識の創造・普及－』明石書店.

OECD (2011) *Regions and Innovation Policy, OECD Reviews of Innovation*, Paris: OECD Publications.

Offner, J.-M. (2007) *Le Grand Paris, Paris*: La documentation Française.

Porter, M.E. (1998) *On Competition*, Boston: Harvard Business School Publishing. ポーター著, 竹内弘高訳 (1999)『競争戦略論 I , II』ダイヤモンド社.

Powell, W.W., Koput, K. W., Smith-Doerr, L., and Bowie, J. I. (2002) The Spatial Clustering of Science and Capital, *Regional Studies*, 36: 291-305.

Power, D. and Scott, A.J. (2004) *Cultural Industries and the Production of Culture*, London: Routledge.

Pratt, A.C. (2004) Creative Clusters: Towards the Governance of the Creative Industries Production System?, *Media International Australia* 112: 50-66.

Pred, A. (1977) *City-systems in Advanced Economies: Past Growth, Present Processes and Future Development Options*, London: Hutchinson.

Reddy, P. (2000) *Globalization of Corporate R&D: Implications for Innovation Systems in Host Countries*, London: Routledge.

Reimer, S., Pinch, S. and Sunley, P. (2008) Design Spaces: Agglomeration and Creativity in British Design Agencies, *Geografiska Annaler: Series B. Human Geography* 90: 151-172.

Ronstadt, R.C.(1978) International R&D: Establishment and Evolution of Research and Development Abroad by Seven U.S. Multinationals, *Journal of International Business Studies* 9: 7-24.

Salamon, L. M.(1995) *Partners in Public Service*, Baltimore: The John Hopkins University Press. サラモン著,江上　哲監訳(2007)『NPOと公共サービス―政府と民間のパートナーシップ―』ミネルヴァ書房.

Sassen, S.(1988) *The Mobility of Labor and Capital: A Study in International Investment and Labor Flow*, Cambridge U.K. : Cambridge University Press. サッセン著,森田桐郎ほか訳(1992)『労働と資本の国際移動』岩波書店.

Saxenian, A.(1994) *Regional Advantage: Culture and Competition in Silicon Valley and Route 128*, Cambridge, Mass: Harvard University Press. サクセニアン著, 山形浩・柏木亮二訳（2009）『現代の二都物語―なぜシリコンバレーは復活し,ボストン・ルート128は沈んだか―』日経BP社.

Saxenian, A.(2006) *The New Argonauts: Regional Advantage in a Global Economy*, Cambridge, Mass.: Harvard University Press. サクセニアン著, 酒井泰介訳（2008）『最新・経済地理学―グローバル経済と地域の優位性―』日経BP社.

Schein, E. H.(1985) *The corporate Culture Survival Guide*. Jossey-Bass. シャイン著, 金井壽宏監訳（2004）『企業文化―生き残りの指針―』白桃書房.

Schoenberger, E.(1997) *The Cultural Crisis of the Firm*, Chambridge, Mass.:Blackwell Publisher.

Scott, A.J.(1996) The Craft, Fashion, and Cultural-products Industries of Los Angeles: Competitive Dynamics and Policy Dilemmas in a Multisectoral Image Producing Complex, *Annals of the Association of American Geographers* 86: 306-323.

Scott, A.J.(2010) Cultural Economy and the Creative Field of the City, *Geografiska Annaler, Series B, Human Geography* 92: 115-130.

Siggelkow, N.(2002) Evolution towards Fit, *Administrative Science Quarterly* 47: 125-159.

Storper, M. and Venables, A.J.(2004) Buzz: Face-to-Face Contact and the Urban Economy, *Journal of Economic Geography* 4: 351-370.

Stuart, TE. and Sorenson, O.(2003) The Geography of Opportunity: Spatial Heterogeneity in Founding Rates and the Performance of Biotechnology Firms, *Research Policy* 32: 229-253.

Subra, P. and Newman, P.(2008) Governing Paris-Planning and Political Conflict Île-de-France, *European Planning Studies* 16: 521-535.

Tallman, S. and Chacar, A. S.(2011) Knowledge Accumulation and Dissemination in MNEs: A Practice-Based Framework, *Journal of Management Studies* 48: 280-304.

Teigland, R., Fey, C. F. and Birkinshaw, J.(2000) Kowledge Dissemination in Global R&D Operations: An Empirical Study of Multinationals in the High Technology Electronics Industry,

Management International Review 40 (Special Issue 1) : 49-77.

Thomas, N. J., Hawkins, H. and Harvey, D. C. (2010) The Geography of the Creative Industries: Scale, Clusters and Connectivity, *Geography* 95: 14-21.

Throsby, C. D. (2001) *Economics and Culture*, Cambridge: Cambridge Univ. Press. スロスビー著, 中谷武雄・後藤和子監訳 (2002)『文化経済学入門』日本経済新聞社.

Throsby, C. D. (2010) *The Economics of Cultural Policy*, Cambridge : Cambridge University Press. スロスビー著, 後藤和子・阪本　崇監訳 (2014)『文化政策の経済学』ミネルヴァ書房.

Thünen, J.H.von. (1826) *Der isolierte Staat in Beziehung auf Landwirtschaft und Nationalökonomie*. チューネン著, 近藤康男訳 (1974)『農業と国民経済に関する孤立国』近藤康男著作集第1巻に所収, 農山漁村文化協会.

Thursby, J. and Thursby, M. (2006) Why Firms Conduct R&D Where They Do, *Research Technology Management* 49 (3) : 5-6.

UNCTAD (2005) *World Investment Report 2005: Transnational Corporations and the Internationalization of R&D*, United Nations.

von Hippel, Eric (1994) 'Sticky Information' and the Locus of Problem Solving Implications for Innovation, *Management Science* 40: 429-439.

Weber, A. (1909) *Über den Standort der Industrien, 1. Teil*, Tübingen: Verlag von J.C.B.Mohr. ウェーバー著, 篠原泰三訳 (1986)『工業立地論』大明堂.

Winden, W. v., Berg, L. v. d., Carvalho, L. and Tuijl, E. v. (2011) Paris: Automotive Industry, In *Manufacturing in the New Urban Economy*, New York: Routledge: 155-181.

Witt, M. A. and Redding, G. (2012) The Spirits of CSR: Senior Executive Perceptions of the Role of the Firm in Society in Germany, Hong Kong, Japan, South Korea and the United States, *Socio-Economic Review* 10: 109-134.

Yamamoto, K. (2014) *The Agglomeration of the Animation Industry in East Asia*, Tokyo: Springer.

Zebracki. M. (2011) Does Cultural Policy Matter in Public Art Production? *Environment and Planning A* 43: 2953-2970.

Zeller, C. (2004) North Atlantic Innovative Relations of Swiss Pharmaceuticals and the Proximities with Regional Biotech Arenas, *Economic Geography* 80: 83-111.

Zhou, Y. and Xin T. (2003) An Innovative Region in China: Interaction between Multinational Corporations and Local Firms in a High-Tech Cluster in Beijing, *Economic Geography* 79: 129-152.

Zukin, S. (2011) Public Art: Tracing the Life Cycle of New York's Creative Districts. URP GCOE DOCUMENT 9: International Symposium: Urban Regeneration through Cultural Creativity and Social Inclusion: 24-34. ズーキン著, 山崎孝史・五十嵐大輝訳ほか訳 (2012)「パブリックアートーニューヨーク創造地区のライフサイクルをたどる一」『空間・社会・地理思想』15: 109-118.

索　引

事項索引

【ア行】
アーティスト・イン・レジデンス　169,172
アートプロジェクト　179,180
R&D（研究開発）集積　22,23,47,49
R&D 人材　29,30,49
R&D 立地決定要因　19
IT 産業集積　26
空き店舗　258,259,264
新しい公共　237
暗黙知　10,27,28,87,124,128,134
インキュベーション　104
埋め込み　26
映画産業集積　183,199
エスニックネットワーク　28,61
エンジェル投資家　64
欧州文化首都　166
オタク関連商業集積　253-256
オフィス立地　8

【カ行】
海外研究開発拠点　33,35,38,42,43,45,46
海外研究所　18,22,34,37
改革開放　150,151,153
外注連関　143
買回り商圏　263
寡占　139
過疎対策緊急措置法　238
株主価値経営　66,68,70,71
環境彫刻　170-172,182
観光資源　206
カンパニー制　46
起業家精神　63,66,70,72,104

企業城下町　219,222,230,234
企業の地理学　3
企業文化　8,12,219,231,235
企業メセナ　219
技術軌道　10,15
技術継承　114
技術的総合力　106
CAD/CAM　117,121
キャピタルゲイン　64
行政原理　6
競争力の極　50-55, 57-60
共立地　10
均衡メトロポール　47
近接性　12,143
空間経済学　3,4
空間的取引コスト　13
空間的分業　8,10
クールジャパン戦略　253
クラスター　4,25-30,51-53,55,65,90,122,149
グラン・パリ　59
グローバル・ローカル関係　3,26
グローバル R&D　18,20-22
グローバル R&D の類型化　20,31
グローバル競争（造船業）　76,91,104
グローバルシティ　162
グローバル人材　161
グローバルパイプライン　10,15,27
経済地理学の位置　1
経済地理学の歴史　1,2
形式知　10,27,28,124,128,134
研究開発機能の「現地化」　38
研究開発機能の補完　40
研究開発組織　35,36,39
研究開発体制　41,44-46

研究開発統括会社　35,36,42,44
建築協定　240
原料指数　5,8
広域中心都市　256,265
広義の経済地理学　1,6-8,14
工業立地論　4,8
広告産業集積　140,147,154
工場間の経済　10
工場閉鎖　78-80,84
公設試験研究機関　122,126,135
構造不況　84
交通原理　6
高度人材　19,28-30,32, 87
国際環流　28
国際受注競争　106
国際的な極　51,53-55,59
国際労働力移動　28
古典的集積論　14
古典的立地論　4
コンパクトシティ　204,215

【サ行】
サードイタリー（第3のイタリア）　23,50
サイエンスパーク　24,25,31
サイバー空間　160,161
差額地代　4
サテライト生産拠点　200
サプライヤー　106,107,110,113,116-120
サプライヤーシステム　118,119
産学連携　84
産業観光　227,232,233
産業ロボット　84
市場圏　6
市町村合併　237
実践コミュニティ　27
指定管理者制度　237,241,243
社宅　229
社内分社　35,36,39,41

集積　5
集積間競争　266
主導産業　7
消費者行動　138,143
情報の粘着性　87,90
人的資源管理　29
信頼関係　87
スクラップアンドビルド　79
ストックオプション　69
スピンアウト　140,142
スピンオフ　64,68,74,91,94,95,97-105
スピンオフ連鎖　103
生活様式論　2
生産配置論　2,3
整備新幹線計画　106
政府間関係　58
成立閾　6
世界遺産　219
世界都市　13,138
セクターイノベーションシステム　10
創意産業集積区　156,157,163
相互依存立地　256
造船業集積　83,84,87
造船（業）不況　91,93,94,105
創造産業　146
創造的人材　180
創造都市　14,166
装置産業化　114
組織文化　12,219

【タ行】
対面接触　87,142,144,157
貸与図　119
脱造船化　79
地域アイデンティティ　194,233
地域イノベーション　3,27,122,133
地域イノベーションシステム　7,10
地域イメージ　180,190

索引　287

地域科学　3
地域活性化　173,180,220,256
地域圏　47-49,52-54,57-60
地域構造論　3,7,14
地域再生　237
地域資源　122,180,232,233
地域生産システム　50
地域的循環　7
地域的不均等論　3
地域的分業　1,14
地域ブランド　197,259
地域文化　209
地域編制論　2, 14
地域（都市）名望家　222,223,227
地域問題　1
知識の一般的特性　14
知識フロー　7,9,10,15,26,29
知識ベース　9,15,27
地人相関論　2
知的所有権　19
中心市街地活性化　215,256,259
中心地理論　3,6
中枢管理機能　8
チューネン圏　4
定住化モデル事業　247
デファクトスタンダード　35
転回　3
東京一極集中　139,140
同業種集積　265
到達範囲　6
都市間集積　8
都市景観　222
都市再開発　166,167,181
都市システム　8
都市祝祭の概念　205
都市美運動　166
都心居住　259
取引コスト　86, 87

【ナ行】
内生化　145
農業立地論　4

【ハ行】
バイオ産業(テクノロジー)クラスター　25,62,64-74
バイオベンチャー企業　25
廃校利用　169
舶用工業　81,82,85,90
パブリックアート　166,167,170,177,179-181
パリ一極集中　47
半導体不況　115
非営利組織　237,247,251
BioRegio　65,68
フィルムコミッション(FC)の組織　186,187,200
「4A」協会制度　152,163
複数工場制　77
フラウンホーファー協会　65
フローの空間　9
文化産業　12
文化消費　13
文化政策　13,14
文化戦略　219,220,231
文化地理学　14
分割民営化　108,109,114
文化的価値　11,231
文化的近接性　12
文化論的転回　3,12
分社化　115
ベンチャーキャピタル(VC)　61-64,66,67,69-72
補給原理　6
ポストフォーディズム　3,149
ポストモダニズム　3
ボランタリの失敗　238,252

【マ行】
マザー工場　10
まちづくり3法　259

町並み保存　225
マックス・プランク協会　64,74
マルクス主義経済地理学　3
ミッテルシュタンド　71,74
メディアミックス　253
モータリゼーション　258

【ヤ行】
野外彫刻展　166,167
輸送費指向　5

【ラ行】
リサーチパーク　26

リスボン戦略　50,60
立地慣性　82,103
立地原理　8
立地単位　8
立地調整　78, 80
立地論　2,3
理論・計量革命　3,4
労働費指向　5
ローカルバズ　10,15,27
ローカル・ミリュー　7
ローカルメディア　152,159
ロードサイド　258
ロケ地の選定　184,185,200

人名索引

【ア行】
アーサー（Arthur, B.）　10
飯塚浩二　3
石川　淳　29
石田英夫　29
伊藤萬里　19,22
岩田　智　18,23
ウェーバー（Weber, A.）　4,8
【カ行】
ガートラー（Gertler, M.）　12
カステル（Castells, M.）　9,22,23
鴨澤　巖　3
川島哲郎　3
キーブル（Keeble, D.）　23
クラング（Crang, P.）　11
クリスタラー（Christaller, W.）　3,5,6
クルーグマン（Krugman, P.）　4
黒正　巖　2,14
紺野　登　9

【サ行】
蔡　芒錫　29
斎藤昭三　126,129,135
サクセニアン（Saxenian, A.）　12,23,28,61
サッセン（Sassen, S.）　28
シェーンバーガー（Schoenberger, E.）　12
島　恭彦　3
車　相龍　23
ズーキン（Zukin, S.）　181
スコット（Scott, A. J.）　12,149
スロスビー（Throsby, C. D.）　11,13

【タ行】
高橋浩夫　25,32
竹内啓一　7
ダニング（Dunning, J. H.）　25
田村大樹　7
チューネン（Thünen, J. H. von）　4
ツェラー（Zeller, C.）　25

【ナ行】
中原秀登 22,31
根本 孝 22
野澤一博 25

【ハ行】
ハーヴェイ（Harvey, D.） 4
バラッサ（Ballassa, B.） 10
パワー（Power, D.） 12,149
プラット（Pratt, A.C.） 149
プレッド（Pred, A.） 8,14
フロスト（Frost, T.） 25
フロリダ（Florida, R.） 181
ヘイグ（Haig, R. M.） 8
ポーター（Porter, M.） 4
ホール（Hall, P.） 22,23

【マ行】
マッシイ（Massey, D.） 3
松原 宏 25,26
マレッキ（Malecki, E.J.） 30
水野真彦 7
メイヤー（Meyer, K. E.） 26

【ヤ行】
矢田俊文 14

【ラ行】
ランドリー（Landry, C.） 181
レッシュ（Lösch, A.） 5,6
レディ（Reddy, P.） 19,32

【ワ行】
若杉隆平 19,22

執筆者紹介（執筆順）

鎌倉 夏来（かまくら なつき）　第1章
　2016年　　東京大学大学院総合文化研究科博士課程修了
　現在　　　東京大学大学院総合文化研究科助教

村田 彩子（むらた あやこ）　第2章
　2007年　　東京大学大学院総合文化研究科修士課程修了
　現在　　　シュプリンガー・ネイチャー

岡部 遊志（おかべ ゆうし）　第3章
　2013年　　東京大学大学院総合文化研究科博士課程修了
　現在　　　帝京大学経済学部助教

藤原 久徳（ふじわら ひさのり）　第4章
　1999年　　東京大学大学院総合文化研究科修士課程修了
　2010年　　東京大学大学院薬学系研究科博士課程単位取得退学
　2014年　　東京大学大学院総合文化研究科博士（学術）
　現在　　　第一三共エスファ株式会社

内波 聖弥（うちなみ せいや）　第5章
　2012年　　東京大学教養学部広域科学科人文地理分科卒業
　現在　　　国土交通省

森永 亜由美（もりなが あゆみ）　第6章
　2016年　　東京大学教養学部学際科学科地理・空間コース卒業
　現在　　　株式会社ワオ・コーポレーション

船倉 翔一朗（ふなくら しょういちろう）　第7章
　2009年　　東京大学大学院総合文化研究科修士課程修了
　現在　　　公益財団法人鉄道総合技術研究所

清水 希容子（しみず きよこ）　第8章
　2013年　　東京大学大学院総合文化研究科博士課程修了
　現在　　　株式会社日本政策投資銀行

古川 智史（ふるかわ さとし） 第 9 章
 2014 年 東京大学大学院総合文化研究科博士課程修了
 現在   東京大学大学院総合文化研究科学術研究員

趙 政原（Zhao Zhengyuan） 第 10 章
 2015 年 東京大学大学院総合文化研究科博士課程修了
 現在   中国・東南大学人文学部講師

三宅 さき（みやけ さき） 第 11 章
 2014 年 東京大学大学院総合文化研究科修士課程修了
 現在   独立行政法人物質・材料研究機構

虫明 英太郎（むしあき えいたろう） 第 12 章
 2016 年 東京大学大学院総合文化研究科修士課程修了
 現在   日本通運株式会社

府中 裕紀（ふちゅう ゆうき） 第 13 章
 2008 年 東京大学大学院総合文化研究科修士課程修了
 現在   四国旅客鉄道株式会社

森嶋 俊行（もりしま としゆき） 第 14 章
 2012 年 東京大学大学院総合文化研究科博士課程修了
 現在   四天王寺大学人文社会学部講師

佐藤 正志（さとう まさし） 第 15 章
 2010 年 東京大学大学院総合文化研究科博士課程修了
 現在   静岡大学学術院教育学領域准教授

阿賀 巧（あが たくみ） 第 16 章
 2016 年 東京大学大学院総合文化研究科修士課程修了
 現在   静岡県庁

【編著者略歴】

松原　宏（まつばら ひろし）
東京大学大学院総合文化研究科教授。1956年神奈川県生まれ。
東京大学大学院理学系研究科地理学専門課程博士課程修了。理学博士。専門は経済地理学。
主著：『不動産資本と都市開発』ミネルヴァ書房，『経済地理学』東京大学出版会，（編著）『先進国経済の地域構造』東京大学出版会，『立地調整の経済地理学』原書房，『現代の立地論』古今書院，『日本のクラスター政策と地域イノベーション』東京大学出版会，『地域経済論入門』古今書院，（共著）『工場の経済地理学』原書房．

書　名	知識と文化の経済地理学
コード	ISBN978-4-7722-5295-9　C3036
発行日	2017年1月12日　初版第1刷発行
編著者	松原　宏 Copyright　©2017 MATSUBARA Hiroshi
発行者	株式会社古今書院　橋本寿資
印刷所	株式会社太平印刷社
発行所	(株)古今書院 〒101-0062　東京都千代田区神田駿河台2-10
電　話	03-3291-2757
ＦＡＸ	03-3233-0303
ＵＲＬ	http://www.kokon.co.jp/

検印省略・Printed in Japan

いろんな本をご覧ください
古今書院のホームページ

http://www.kokon.co.jp/

★ 800点以上の**新刊・既刊書**の内容・目次を写真入りでくわしく紹介
★ 地球科学やGIS, 教育など**ジャンル別**のおすすめ本をリストアップ
★ 月刊『地理』最新号・バックナンバーの特集概要と目次を掲載
★ 書名・著者・目次・内容紹介などあらゆる語句に対応した**検索機能**

古 今 書 院
〒101-0062　東京都千代田区神田駿河台 2-10
TEL 03-3291-2757　　FAX 03-3233-0303
☆メールでのご注文は order@kokon.co.jp へ